新编人身保险学

(第五版)

魏巧琴 编著

·上海·

内容提要

本书在借鉴、吸收国内外人身保险著作和最新研究成果的基础上,结合我国人口的老龄化、保险科技的应用以及人身保险市场的最新发展动态,全面、系统地阐述了人身保险的基本原理和实务操作,体现了人身保险的理论性、实务性和时代性的有机结合。

本书适合作为保险专业和精算专业本科生的教学用书,也可以作为保险专业研究生的辅助用书,还可以作为人身保险从业人员、保险代理人在研究和业务培训中的参考用书。

图书在版编目(CIP)数据

新编人身保险学/魏巧琴编著. --5 版. --上海:
同济大学出版社,2021.11(2024.12重印)
ISBN 978-7-5608-9943-5

Ⅰ. ①新… Ⅱ. ①魏… Ⅲ. ①人身保险学 Ⅳ.
①F840.62

中国版本图书馆 CIP 数据核字(2021)第 206336 号

新编人身保险学(第五版)
魏巧琴 编著

责任编辑 荆 华 责任校对 徐春莲 封面设计 张 微

出版发行 同济大学出版社 www.tongjipress.com.cn
(地址:上海市四平路1239号 邮编:200092 电话:021-65985622)

经 销	全国各地新华书店
印 刷	常熟市大宏印刷有限公司
开 本	710mm×960mm 1/16
印 张	18.5
字 数	370 000
版 次	2021 年 11 月第 5 版
印 次	2024 年 12月第 3 次印刷
书 号	ISBN 978-7-5608-9943-5
定 价	75.00 元

本书若有印装质量问题,请向本社发行部调换　　版权所有　侵权必究

第五版前言

《新编人身保险学》(第四版)问世已经三年了,在这三年中,我国人身保险市场发生了深刻的变化。随着我国人口老龄化的加剧和人口出生率的下降,人们对未来养老保障和健康保险的需求不断增加。移动互联网、大数据、区块链、可穿戴设备、基因检测等保险科技的运用,极大地改变了人身保险业的经营生态。为了适应人身保险领域发展的新变化,需要对《新编人身保险学》(第四版)进行适当的修改。

笔者自1989年上海财经大学保险系本科毕业留校以来,一直致力于保险和精算专业本科生和硕士研究生"人身保险"课程的教学和研究工作。本书是在笔者的"人身保险"授课讲稿的基础上,结合《保险法》的修订、人身保险市场的发展动态、人身保险业务管理的新规以及保险科技在人身保险领域的运用,不断删减充实编写而成。全书的内容包括人身保险的理论、人身保险的险种以及人身保险的实务操作三部分。修改的内容主要包括人身保险发展简史、人寿保险险种中的年金保险和养老金保险、人寿保险保费的计算和保险责任准备金的计提、保险科技在人身保险核保和理赔中的应用;相关链接中增加了我国个税递延型商业养老保险、《重大疾病保险的疾病定义使用规范》(修订版)的新规摘要。修订后的教材结构合理,内容简洁,重点突出,不仅体现理论性、实务性和时代性的结合,而且避免了教材内容与实际现状的脱节,让学生能够学以致用。

本书第五版适合作为保险专业和精算专业本科生的教学用书,也可以作为保险专业研究生的辅助读物,还可以供人身保险从业人员、保险代理人在实务工作中参考。衷心感谢为本书第五版的修订提供了资料和建议的朋友们,特别感谢付出辛勤劳动的同济大学出版社的工作人员。本书在修订过程中存在的疏漏和不当之处,也恳请专家读者批评指正。

魏巧琴
2021年5月

目 录

第五版前言

第一章　人身风险 …………………………………………………… (1)
　第一节　人身风险的概念与特征 ………………………………… (1)
　第二节　人身风险的分类 ………………………………………… (2)
　第三节　应对人身风险的对策 …………………………………… (5)

第二章　人身保险的发展简史 ……………………………………… (9)
　第一节　人身保险的发展历程 …………………………………… (9)
　第二节　英、美、日等国人身保险发展简史 …………………… (17)
　第三节　我国人身保险发展简史 ………………………………… (21)
　第四节　影响人身保险发展的因素 ……………………………… (25)

第三章　人身保险概述 ……………………………………………… (30)
　第一节　人身保险的概念 ………………………………………… (30)
　第二节　人身保险的基本特征 …………………………………… (31)
　第三节　人身保险的分类 ………………………………………… (40)
　第四节　人身保险的作用 ………………………………………… (43)
　第五节　人身保险与社会保险 …………………………………… (45)

第四章　人身保险合同 ……………………………………………… (50)
　第一节　人身保险合同的法律特征 ……………………………… (50)
　第二节　人身保险合同的主体和客体 …………………………… (52)
　第三节　人身保险合同的内容和形式 …………………………… (57)
　第四节　人身保险合同的订立、变更、终止和无效 …………… (63)
　第五节　人身保险合同主体的权利和义务 ……………………… (72)

第五章 人寿保险合同的条款 …………………………………… (80)
第一节 人寿保险合同的常见条款 ……………………………… (80)
第二节 人寿保险合同的选择权条款 …………………………… (89)

第六章 人寿保险 …………………………………………………… (97)
第一节 保障型的人寿保险 ……………………………………… (97)
第二节 储蓄型的人寿保险——年金保险 …………………… (106)
第三节 传统非分红保险的利率效应 ………………………… (111)
第四节 分红保险 ……………………………………………… (114)
第五节 投资型的人寿保险 …………………………………… (120)

第七章 人身意外伤害保险 ……………………………………… (133)
第一节 人身意外伤害保险的概述 …………………………… (133)
第二节 人身意外伤害保险的保险责任 ……………………… (137)
第三节 人身意外伤害保险的给付方式 ……………………… (139)
第四节 人身意外伤害保险的分类 …………………………… (141)
第五节 人身意外伤害保险与产险和寿险的异同 …………… (144)

第八章 健康保险 ………………………………………………… (159)
第一节 健康保险概述 ………………………………………… (159)
第二节 医疗保险 ……………………………………………… (162)
第三节 疾病保险 ……………………………………………… (167)
第四节 残疾收入保险 ………………………………………… (173)
第五节 长期护理保险 ………………………………………… (176)

第九章 团体保险 ………………………………………………… (180)
第一节 团体保险概述 ………………………………………… (180)
第二节 团体保险的特点 ……………………………………… (181)
第三节 团体保险的限制性规定 ……………………………… (184)
第四节 团体保险的分类 ……………………………………… (185)
第五节 团体保险的标准条款和特殊条款 …………………… (191)

第十章　人身保险的承保 (221)
   第一节　人身保险核保概述 (221)
   第二节　人身保险核保程序 (224)
   第三节　人身保险核保要素分析 (228)
   第四节　人身保险合同的保全 (233)

第十一章　人身保险理赔 (239)
   第一节　人身保险理赔概述 (239)
   第二节　人身保险理赔流程 (241)
   第三节　人身保险理赔实务 (246)

第十二章　人寿保险的数理基础 (255)
   第一节　人寿保险保费的构成 (255)
   第二节　人寿保险费率厘定的要素分析 (257)
   第三节　人寿保险保费的计算 (265)
   第四节　人寿保险责任准备金的计提 (272)

参考文献 (288)

第一章 人身风险

第一节 人身风险的概念与特征

"天有不测风云,人有旦夕祸福",这是对风险作出的经典概括。人的一生会面临许多人身风险。人身风险的发生不仅会导致个人或家庭经济收入的减少或中断,还会导致相关当事人精神上的悲哀、痛苦或创伤。因此,自古以来减少和规避人身风险成为人们追求的目标。

一、人身风险的概念

风险是指造成损失的不确定性。依据风险管理的对象,风险可分为财产风险、人身风险、责任风险和信用风险。其中,人身风险是指由于人的生、老、病、死的生理规律所引起的风险,以及在物质生产过程或日常生活中由于各种自然灾害、意外事故、人为灾害所引起的人身伤亡风险。

从人身风险的概念可知,人身风险包括两个方面:① 作为自然人,受生、老、病、死这一自然规律的支配而导致的人身风险,如自然死亡、疾病死亡、老年人赡养、失业等;② 作为社会人,在物质生产过程或日常生活中遭遇各种自然灾害、意外事故、人为灾害而导致的人身风险,如海啸、煤矿瓦斯爆炸,以及恐怖袭击、地震等造成的死亡或残疾。

二、人身风险的特征

1. 客观性

人身风险是客观存在的,人的生、老、病、死是一条自然规律,任何人都无法抗拒。虽然随着科学技术的进步和医疗水平的提高,一些过去对人类来说是致命的疾病已得到了彻底根治或有效控制。随着人类认识风险、管理风险和控制风险能力的增强,一些自然灾害、意外事故导致的人身风险也部分得到了控制,但是从总体上讲,人身风险是不可能完全消除的。人身风险的客观存在,是人身保险产生与发展的前提条件。

2. 损失性

无论是何种原因导致的人身风险都会造成损失,人身风险损失主要表现在两个方面:① 收入的终止或减少。家庭收入来源者的死亡、残疾、患病、失业或退休都将导致家庭收入的终止或减少,从而对家庭生活造成不同程度的影响。② 额外费用的增加。因死亡而发生丧葬费用,因患病、受伤而支出医疗费用、护理费用,这些都会导致家庭的额外费用增加。

3. 不确定性

人身风险具有不确定性,这种不确定性表现在三个方面:① 人身风险发生在空间上是不确定的。② 人身风险发生在时间上是不确定的。③ 人身风险造成的损失程度是不确定的。例如人的死亡是必然的,但是死亡发生的时间是不确定的,伤残、疾病是否发生,在什么时候发生,对健康的损害程度都是不确定的。

4. 可测定性

虽然人身风险发生具有不确定性,对于某一单一个体,人身风险的发生是无法预知的,但是就某一群体或者某一地区人口总体而言,人身风险的发生具有一定的规律性,它服从于某种概率分布,运用概率论原理对这种概率分布加以统计和研究,就能测定出一个比较准确的风险发生率,如死亡率、生存率。最为典型的就是生命表,它通过长期观察和统计某一地区人群的各个年龄的死亡概率,准确地得出该地区各年龄段的稳定的死亡率,将个人死亡的不确定性转化为可测定性。人身风险的可测定性为保险费率的厘定奠定了科学的基础。

5. 发展性

人类社会自身进步和发展的同时,也创造和发展了风险,尤其是高新科技的开发和利用,使人身风险的发展性表现更为突出。例如飞机作为交通工具带来的失事、核试验带来的核污染、生化武器的研究创造新的病毒等都成为新的人身风险,威胁人类的生命安全。人身风险的发展性是人身保险发展的客观依据,它促使人寿保险公司不断开发新业务,推出新险种来满足不断发展的人身风险的需求,最终促使人身保险业的持续发展。

第二节 人身风险的分类

按照寿险公司风险管理的对象分类,人身风险可以分为生命风险、健康风险和失业风险三大类。

一、生命风险

生命风险是指与人的寿命有关的风险,它包括死亡风险与生存风险两种。

1. 死亡风险

死亡风险是指过早死亡的风险,即死亡发生而导致的家庭收入中断的风险。家庭是社会的基本单位,每个人在家庭中扮演着不同的角色,既包括家庭的收入来源者,也包括纯粹的消费者和受抚养者。一旦家庭收入来源者死亡,将会使那些依靠死者收入生活的家庭其他成员承受收入损失的风险。

过早死亡可以导致两方面的经济损失:① 死者生前所获收入的丧失;② 与死亡本身相关的费用增加,包括丧葬费用、死亡传递成本(如遗产税)、偿还死者生前所欠债务等。过早死亡还可能导致家庭其他成员精神和心理上的痛苦和创伤,这是一种无法用金钱来衡量的损失。因此,在现实生活中,就产生了对过早死亡风险进行保险保障的需求。定期寿险、终身寿险、两全保险就是为了防范过早死亡风险而开办的。虽然投保人寿保险不能避免死亡,但是人寿保险的定额给付能让家人的生活不致因死亡而受到影响,让人即使去世了也能信守照顾家人一生的诺言。

2. 生存风险

生存风险指老年退休风险,它涉及老有所养问题,因此从某种意义上讲,生存风险是指一种"活得太久"的风险。人的衰老和死亡一样是一条自然规律,到达国家规定的退休年龄退休,还有一些人因为身体因素或其他原因提前退休。退休意味着人们收入的减少或终止,但它对家人的威胁比过早死亡风险要小。老年退休风险主要表现在两个方面:① 个人到退休时没有积蓄,无法负担退休后个人与家庭的生活需要;② 工作期间积累的可用于退休后的资金不足以维持余生的生活需要。随着科技的进步,生活的改善,医疗水平的提高,人类寿命的期望和老年人所需要的社会服务成本不断提高,舒适富有的老年生活,需要年轻时对退休生活备用金作出充分的财务规划和积累。除了社会保险和企业年金外,还要通过适当的个人储蓄、投资或购买商业性的年金保险、养老金保险来满足退休收入需求。当然退休所需收入的积蓄取决于一个人所处的生活环境、经济环境以及希望退休后所维持的生活水平的高低。

二、健康风险

健康风险主要影响人体的健康和健全程度,它的发生具有明显的不确定性。健康风险包括疾病风险和残疾风险。无论是疾病风险还是残疾风险,对个人或家庭产生的经济影响主要表现在两个方面:① 收入损失风险,即由于疾病或残疾使个人失去收入能力,而病人在患病期间,残疾者在伤残期间对收入的需求非但不会减少,甚至可能还会提高的风险;② 医疗费用风险,即由于疾病和残疾对个人或家庭带来巨额的医疗费用以及护理费用等风险。

1. 疾病风险

从健康保险的角度分析,疾病风险包括狭义疾病风险和广义疾病风险两种。狭义疾病风险仅指人体内部患病的风险,如肺结核、胆囊炎、癌症等;广义的疾病风险除了人体内部患病风险外,还包括生育和意外伤害等导致的人身风险。疾病风险有以下几个特点:

(1) 疾病风险是一种危害严重的风险,它不仅会影响人体健康,造成暂时或永久性的劳动能力丧失,给个人的生活和工作带来困难,甚至危及人的生命。

(2) 疾病风险是一种普遍存在的风险,也是每个人或家庭都无法避免的风险。有医学统计资料显示,中国人一生中罹患重大疾病的概率高达74.7%,进入32岁后,重大疾病发病概率增大,进入50岁后重大疾病发病率提高5倍。

(3) 疾病风险是复杂多样的风险,人类已知的疾病种类繁多并且因人体个体差异而表现各异,未知疾病、潜在疾病以及由于环境污染、生活方式、心理因素和社会因素等所致的疾病很难识别和防范。

(4) 疾病风险是一种社会性的风险,一些传染性的疾病如乙型肝炎、艾滋病(AIDS)、非典型性肺炎(SARS)、甲型H1N1流感,尤其是2020年暴发的新型冠状病毒肺炎等不仅直接危害个人健康,还将波及某一地区、某个国家甚至全世界。

因此,在生、老、病、死等人身风险中,疾病风险是一种危害严重、涉及面广、复杂多样而且直接危及个人生存利益,给家庭甚至整个社会造成严重危害的特殊风险。

2. 残疾风险

残疾风险是指因为疾病或伤害事故导致的人体机体损伤、组织器官残缺或器官机能丧失的风险。残疾风险和疾病风险都会使家庭遭受收入损失和医疗费用增加的双重威胁。如果残疾者是家庭的主要收入者,那么这种"活着的死亡"对个人和家庭造成的财务负担比真正的死亡更加严重。因为一个人死亡,其家庭的部分收入来源终止,而一个人残疾,不仅家庭的部分收入来源终止,而且因为医疗费用、护理费用的支出将使家庭的收入需求增加,如果残疾者是家庭中唯一的收入来源者,那么整个家庭经济将陷入困境。

在现实生活中,人们容易重视死亡风险而轻视残疾风险。其实一个人在不同的年龄阶段残疾的发生率要高于死亡的概率。以美国1980年保险监督官生命表和1985年保险监督官残疾表中65岁前死亡的概率和65岁前残疾持续至少90天的概率为例加以说明(表1-1)。

表 1-1　　　　　美国 65 岁以前不同年龄死亡和残疾概率

年龄(岁)	25	30	35	40	45	50	55	60
残疾概率	54%	52%	50%	48%	44%	39%	32%	9%
死亡概率	24%	23%	22%	21%	20%	18%	15%	9%

转引自:FPCC 组织编写.个人风险管理与保险规划.北京:中信出版社,2004.

从表 1-1 中的数据可知,25 岁的人在达到 65 岁之前发生残疾的概率是 54%,死亡的概率是 24%,30 岁的人在达到 65 岁之前发生残疾的概率是 52%,死亡的概率是 23%……除了 60 岁的人在达到 65 岁之前发生死亡和残疾的概率均为 9% 之外,其余年龄的人在达到 65 岁之前发生残疾的概率明显高于死亡的概率,这也充分说明了在人的一生之中,残疾风险比死亡风险对个人或家庭生活的影响更大。

三、失业风险

失业风险是指由于经济形势变化导致的非自愿失业使家庭主要收入者收入能力终止或暂时终止的风险。失业风险对个人或家庭经济的影响表现为收入损失风险,由于失业可以通过继续教育和职业培训等手段实现再就业,失业也不会导致高额的医疗费用和护理费用的支出,因此失业风险对个人和家庭的影响程度远低于死亡风险和健康风险。

第三节　应对人身风险的对策

人的一生会面临各种人身风险。死亡风险、健康风险和失业风险不仅会使个人、家庭的收入减少或终止,而且会导致精神上的痛苦和创伤。追求安定生活的心理促使人们寻求各种各样应对人身风险的对策。

一、非保险方式的对策

1. 风险自留

风险自留是最传统的应对人身风险的对策,主要通过个人或家庭的储蓄、投资等方式累积资金和利用家庭、亲戚、朋友之间的互帮互助来降低人身风险所造成的经济上的损失。自留风险的方式只适合于发生频率低,损失程度小的人身风险。

对于个人和家庭来说,风险自留方式有它的局限性,具体表现为:① 现有的投资方式,如股票、债券、不动产、外汇、黄金投资等蕴含很大的投资风险,投资收益既受到宏观经济形势、资本市场成熟度的影响,也受到个人的投资理财知识以及信息不对称性的制约;② 随着家庭结构由传统家庭向核心家庭转变,家庭之间、亲戚朋友之间的互助功能也大大削弱了;③ 随着我国住房体制和社会保障制度的改革以及教育费用、择校费用的提高,对于一般的工薪阶层,依靠个人储蓄投资来化解过早死亡风险、疾病风险和残疾风险并不是最充分,也不是最有效的对策。因此对于家庭主要收入来源者可能遭遇的过早死亡风险、疾病风险、残疾风险只能从社会上寻求帮助,即投保商业性的人身保险。

2. 防病健身

防病健身是防范人身风险的常用对策。随着人类财富的积累和创造,人们越来越意识到健康的重要,如果没有健康,一切将失去意义。因此,对于个人来说,通过培养良好的生活习惯、饮食习惯,加强体育锻炼,定期体检等方法增强体质,减少死亡、疾病等人身风险。对于企业来说,通过不断改善工作环境,加强安全生产,尽量减少职业病和意外伤害等人身风险。

二、保险方式的对策

1. 社会保险

社会保险是对付年老退休风险、工伤风险、生育风险、疾病风险和失业风险的一种法定对策,对稳定社会秩序、安定人民生活起到了积极的作用。但是社会保险作为对付人身风险的对策有它的缺陷:① 社会保险保障的对象不广,并不是每一个人都能享有社会保险的保障,像我国大部分农民目前就无法享受社会保险的保障;② 社会保险保障额度不高,它只是一种基本的生活保障;③ 社会保险保障的风险范围不广,在生活中还有很多人身风险需要人身保险来对付。

2. 人身保险

人身保险是通过交付保险费将人身风险转嫁给保险公司,在风险事故发生时,由保险公司按照保险合同的规定给付保险金的商业保险。与其他对付人身风险的对策相比,人身保险是一种社会化的、适用广泛的、受到法律保护的、科学的对付人身风险的对策。随着保险公司险种的多样化,保险责任范围的不断扩大,保险服务质量的不断提高,商业性人身保险已成为对付人身风险的主要对策。

在选择有效的对付人身风险的对策时,受个人或家庭的生活环境、工作环境、身体素质、收入水平等因素的影响。一般情况下,当人身风险发生的频率很高,损失程度很大时,通常采取避免风险的对策;当人身风险发生的频率低,损失程度较小时,应采取自留风险的对策;当人身风险发生的频率低,但损失程度很大时,最科学有效的方法是人身保险。当然对于那些享有社会保险保障的人群,如果希望在人身风险事故发生时获得更加充分的保险保障,也应该以商业性的人身保险作为补充。至于防病健身,在任何时候,对任何性质的人身风险都是适用的,它是一种积极的防范人身风险的对策。

[相关链接]

蓝天上的噩梦

尽管飞机目前仍然是世界上最安全的交通工具,但是自从20世纪初莱特兄弟发明飞机以来,幸福和噩梦始终伴随着人们。

- 1977年3月20日下午,在摩洛哥以西大西洋西属加那利群岛上的圣克鲁斯机场,由于机场有雾,能见度很低,泛美航空公司的波音747飞机和荷兰航空公司的波音747飞机发生相撞导致焚毁,造成580人死亡。这是人类航空史上最大的惨案。
- 1978年1月1日,一架飞往迪拜的飞机从孟买起飞,不到2分钟便坠毁在阿拉伯海,213人无一生还。
- 1979年5月25日,美国的一架DC-10客机在芝加哥国际机场起飞后,三个引擎中的一个发生故障,飞机坠毁,273人死亡。
- 1979年11月28日,新西兰的一架DC-10客机在南极洲上空作观光飞行时,坠毁于南极洲的一座高山上,机上257人全部死亡。
- 1985年被称为航空史上的灾难年。印度航空公司一架波音747客机在大西洋坠毁,329人死亡;日本航空公司一架波音747客机,由于垂直尾翼解体,520人丧身山野;英国航空公司的一架波音747客机失事;美国的一架DC-9客机坠毁。
- 2001年,美国发生"9·11"恐怖袭击事件,两架客机与世贸大楼相撞,造成将近3000人死亡。
- 2002年4月15日,中国国际航空公司在保持了47年的安全飞行后,一架飞机在韩国坠毁。
- 2002年5月7日,中国北方航空公司的一架麦道82型飞机从北京飞往大连,在大连失事,机上126人遇难。
- 2004年11月21日8时21分,东方航空公司从包头飞往上海的MU5210航班刚起飞不到1分钟,就坠入距机场不远的南海公园,机上47名乘客、6名机组人员全部遇难。

☞ 2014年3月8日凌晨,由吉隆坡国际机场飞往北京首都国际机场的马来西亚航空公司MH370航班,在马来西亚与越南的雷达覆盖边界与空中交通管制失去联系,16天后的3月24日,马来西亚总理纳吉布宣布,马航MH370航班已经在南印度洋飞行终结,至今未发现相关残骸,但相信机上人员全体遇难。航班上载有227名乘客(其中中国大陆153人,中国台湾1人),机组人员12名。

资料来源:万峰《人身保险基础知识》

思考题
1. 什么是人身风险?它有哪些特征?
2. 按照寿险公司风险管理的对象分类,人身风险可分为哪几类?
3. 简述疾病风险的特征。
4. 比较应对人身风险的各种对策的优劣?

第二章 人身保险的发展简史

第一节 人身保险的发展历程

自古以来,人身风险始终伴随着人们,如影随形。在原始社会,自然灾害、野兽袭击、食物缺乏等人身风险时刻威胁着人类。在现代文明社会,人类又面临着经济动荡、人口爆炸、大气污染、核辐射、战争、恐怖袭击等人身风险。人身风险的客观存在和不断发展,为人身保险业的产生和发展提供了前提条件。人身保险作为应对人身风险的对策,源于古代的互助团体,后者随着商品经济的发展逐渐演化成为近代比较完善的人身保险制度。

一、人身保险的萌芽

在人类的早期,生存的需要导致了原始互助行为的产生。由于生产力水平低下,生存条件恶劣,原始人选择了群居,大家共同劳动,共同生活,共同抵抗外来的风险。当一个成员发生伤残、疾病或年老等风险事故时,其他成员自觉予以扶助。随着生产力水平的逐步提高,出现了剩余产品,也产生了私有制和家庭。剩余产品的出现,使家庭具备了建立后备的条件,但是人身风险发生时间上的不确定和损失严重性程度的不确定,使单个家庭内部建立应付人身风险的后备既不可靠,也不经济。由于人身风险存在的客观性和普遍性,每个人都有防范人身风险的需要,如果将大多数人聚集在一起,集中提存后备,不仅更加可靠,在经济上也更加合理,于是就产生了以互助形式,建立社会化应付人身风险后备的人身保险思想。

原始的保险思想萌芽在西方出现较早,而且其发展是与古代社会文明发展水平和开放程度相适应的。它大多产生于贸易繁荣的国度,如古埃及、古巴比伦、古罗马等。据史料记载,早在公元前4500年的古埃及,许多石匠在大规模修建金字塔的工程中死于各种人身伤亡事故,为了在伤亡事故发生后获得一定的补偿和保障,石匠之间组织了应付人身风险的原始互助团体。参加互助团体的石匠需要订立契约,每个石匠交付一定数额的互助会费用以支付石匠死亡、受伤所需的各种费用支出或抚恤其遗属。古罗马历史上出现了被称为"士兵会"的互助团体,其成员缴纳会费后,规定成员服役期满,返还本金,成员死亡时,支付给其继承人一定的抚恤金。在公元前2世纪,古罗马还出现过丧葬互助会,交付会费后,会员一旦死亡,互助会负担柴火费及建坟墓的费用,后来还向遗属发放救济金。尤其值得一提的是,中世纪的西欧盛行的"基尔特"行会制度,它是由相同职业者基于相互扶助的精神所组成的团体。无论是商人基尔特还是工人基尔特,其目的除了保护职业利益外,大都兼有互助性质,由参与成员共同出资对其会员遭遇死亡、疾病、伤残、衰老、火灾、失窃等人身风险和财产损失进行救济。后来,基尔特的相互救济职能发生了变化,出现为专门以保护救济为目的的保护基尔特制度,并形成接近保险的运作模式。德国早期的死亡合作社和英国的支援社都是从基尔特发展而来的专门办理人身风险事故的互助组织。

从"风险分担""互助共济"等最初的保险思想出发建立起来的各种应付人身风险的古代互助团体的确起到了损失分摊的作用,也体现了"人人为我,我为人人"的现代保险宗旨。这些组织的形式及其相互扶助的内容构成了人身保险的雏形。但是这些互助团体只是一些有着共同利益,面临同样风险的人们自愿结合而成的,由一些德高望重或大家共同推选的代表主持并附带组织和管理,会费的缴纳没有经过科学的计算,管理也比较混乱,因此这一时期是人身保险的萌芽时期。

二、人身保险的产生

近代保险源于海上保险,人身保险的产生与海上保险有着密切的联系。15世纪的欧洲流行奴隶贩卖活动,将奴隶当作商品,奴隶贩子为了避免奴隶在海上贩运过程中因遭遇疾病、死亡等人身风险而造成损失,纷纷为自己的"货物"——被贩运的奴隶的身体和生命投保海上保险,这种海上保险针对的是人身风险,与以往的以船舶、货物为保险标的的海上保险不同,这就是早期的人身保险。由于海上航行中人们都面临海难、海盗抢掠、传染病等危及人体健康和死亡的风险,在奴隶保险产生后不久,以船长、船员为对象的人身保险也开始出现。到16世纪,开始办理旅客的人身保险。

从16世纪开始,人们逐渐认识了人身风险,也试图通过保险的手段来防范死亡、疾病、伤残、年老等人身风险所造成的经济损失。英国伦敦市参议员理查德·马丁(Richard Martin)最先提出将保险范围扩展至人命保险,他被世人公认为开创了人寿保险的先河。迄今发现最早的人寿保险单是1583年6月18日由伦敦皇家交易所保险行会的16名商人共同签发的以一个名叫威廉·吉朋(William Gybbons)的人为被保险人、保险期限为12个月、保险金额为382.33英镑的短期性人寿保险,1584年5月8日,威廉·吉朋去世,其家属领取了保险金。

三、近代人身保险制度的形成

公典制度、年金制度以及精算技术对近代人身保险制度的形成和发展起到了积极的作用。

1. 公典制度(Mount of Piety)

公典制度对近代人身保险的形成和发展产生了不可忽视的影响。15世纪后半期,为对抗当时犹太人的高利贷,在意大利北部及中部城市出现了一种慈善性质的金融机构,向一般平民提供低利率贷款。机构资金源于捐赠,后因经营困难,机构开始吸收存款资金,在最初一定期间内不计利息,经过一定时期后,存款者可获得数倍于存入资金的本利。例如在女儿出生之际,父母向公典缴存一定金额,到女儿结婚时(18岁以后)可收取10倍于当初缴存的金额。如果女儿未满18岁死亡,又没有配偶,缴存的金额为公典所有。这种制度就是有名的公典制度。

16世纪中叶,德国纽伦堡市市长博尔查诺(B. Bolzano)创立了类似于公典制度的儿童强制保险,子女出生后,父母每年缴纳定额的保费,等子女成年后,获得数倍于本金的给付,这个给付额,从当时儿童死亡率看是适当的,但这种做法得不到人们的欢迎而没能广泛推行。

1575年开始,奥布雷特在其故乡斯特拉斯堡大学设计出一份保险计划,子女一出生,父母便开始将一定金额存入国库,当男子达到24岁、女子达到18岁时给付本金和利息,如果儿童中途死亡,则存款没收。奥布雷特提出的类似公典制度的方法与现代人身保险中的儿童保险非常相似,一方面给付额与死亡率相联系,另一方面给付的金额除了利息还包括本金。

2. 年金制度(Annuity)

年金制度对近代人身保险的形成和发展起到了举足轻重的作用。年金买卖在中世纪开始实行,在16、16世纪英国、荷兰最为盛行。洛伦佐·佟蒂(L. de Tonti)在1653年首次提出了联合养老保险法(简称佟蒂法),这是一种不偿还本金的筹集国债方法。时隔30年后,法王路易十四为了筹集战争经费,于1689年第一次实施了佟蒂法。当时每个国民缴纳300法郎,共筹集了总额140万法郎的资金,规定一定时期以后开始每年支付利息;把认购人按年龄分为14个组,如有认购人死亡,则利息总额在该组生存者中间平均分配,若该群认购人全都死亡,就停止付息。由于这种办法不偿还本金,还引起了自相残杀,最后被教会废止了。

佟蒂法是养老年金的一种起源,它引起了人们对生命统计研究的重视,对人寿保险技术的提高有较深的影响。

3. 精算技术

无论是基尔特制度、公典制度还是年金制度,费用的承担都没有通过科学的计算。随着商品经济的发展,人们要求按照等价交换原则,根据享有的权利负担费用,许多学者开始研究通过不同年龄人的死亡和生存概率科学、精确地计算保险费,促进了人身保险精算技术的发展。

17世纪中叶,伦敦流行疫病,各教区每周公布死亡人数的记录,英国数学家约翰·格兰特(John Graunt)对各教区公布的死亡记录进行研究,于1661年发表了关于生命表思想的论文。

1671年荷兰数学家约翰·德·威特(John de Witt)运用概率论的原理,完成了"生命年金理论",并依据人的生存和死亡概率计算出年金的现值。

1693年英国著名的数学家和天文学家埃德蒙·哈雷根据德国布勒斯劳市的居民死亡资料,编制了一张完整的生命表,用科学的方法精确地计算出各年龄人口的死亡率,为现代人寿保险奠定了数理基础。

18世纪初,英国数学家托马斯·辛普森(Thomas Simpson)主张按不同年龄分别计算人寿保险费,并以伦敦市民的死亡统计为基础编制了生命表。

1746年,德国的巴尔修以联合养老保险年金和寺院的记录为基础,出版了关于生命概率论的著作。

生命表和生命年金理论的研究,为寿险精算技术的产生奠定了基础,以后不断有新的生命表编制出来,取代旧的生命表,这使保险技术日益精确,保险经营也不断科学化。英国伦敦精算师协会的成立,标志着人身保险精算科学的建立。

4. 近代人身保险制度的建立

近代人身保险制度的发源地在英国,1699年英国出现了世界上第一家人寿保险组织——孤寡保险社。

18世纪,英国曾盛行一种福利社团组织,参加社团的成员死亡后给付约定的金额,费用由生存的成员分摊,到1720年类似的组织在英国有50家左右。由于老年人的死亡概率大于年轻人,而负担的费用却相同,所以要求参加社团的老年人越来越多,而年轻人则纷纷脱离社团。逆选择的存在给福利社团造成非常不利的影响。为了改变这种状态,有些福利社团规定参加者年龄不得超过45岁。1756年,詹姆斯·道德逊教授因为年龄已达到46岁而被福利社团拒之门外。詹姆斯·道德逊教授对此极为不满,他认为福利社团难以为继是由于保险费计算不科学,成员负担费用不合理导致的,如果对于最需要保险保障的年龄大的人按照较高的死亡率缴纳费用,就没有理由拒绝他们保险。于是他按照托马斯·辛普森的理论,根据哈雷编制的生命表计算出各年龄组的人投保死亡保险应缴纳的保险费。这种依据被保险人在每一年内的死亡概率计算的当年应缴纳的保险费称为"自然保险费"或"危险保险费"。自然保险费的特点就是随着被保险人年龄增加,应缴纳的保险费逐年增加。许多老年人特别希望获得保险保障,但因年老退休收入减少无力负担高额的保险费而退出保险。为了解决这一问题,詹姆斯·道德逊又提出了均衡保险费理论。其原理是:首先将定期死亡保险由一年改为20年、30年甚至更长时间;其次要求投保人在此期间缴纳相同数额的保险费,这样既避免了每年调整费率的烦琐,也解决了老年人无力支付保费的困境。詹姆斯·道德逊提出的均衡保险费理论,对于人寿保险费计算技术的提高和人寿保险经营的完善是一个重大的贡献。

1762年,托马斯·辛普森和詹姆斯·道德逊在英国创办了世界上第一家科学的人寿保险公司——人寿及遗属公平保险社,又称"老公平"。这家保险公司第一次依据生命表,采用均衡保险费理论科学地计算保险费,并在保单中规定了有关缴纳保险费宽限期以及保险单失效、复效等条款。该公司的创立使人身保险业务经营建立在科学精算的基础上,实现了保险当事人权利义务的对等。因此公平人寿保险公司的创立被认为是近代人身保险制度形成的标志,也是现代人寿保险的开端。

四、现代人身保险的发展

虽然人身保险的产生要晚于以海上保险为代表的财产保险,但从世界范围来看,人身保险业从开始经营之初就一直保持着稳步增长的态势,并最终于1987年超过财产保险成为世界第一大险,至今,人身保险业仍然呈现出旺盛的生命力。

现代人身保险业的发展可以从以下几个方面来考察。

(一)业务发展状况

1. 保费收入规模和增长速度

20世纪60年代,世界非寿险保费收入年平均增长率为9.9%,寿险保费收入平均增长率为8.4%,非寿险业务的增长速度高于寿险业务。70年代世界非寿险保费收入的年平均增长率为14.2%,寿险保费收入年平均增长率为14.5%,寿险业务的增长速度已超过非寿险业务。80年代中后期以来,寿险的保费收入增长速度一直明显地高于非寿险业务。1987年世界寿险保费收入占全部保费收入的50.904%,第一次从总量上超过非寿险保费收入,这种超出状态一直保持至今。

2. 保险密度和保险深度

保险密度又称人均保费,它是保费收入与全国人口总数之比,反映了保险的普及程度。保险深度是保费收入占国民生产总值的比重,反映了一个国家保险业的发展程度。从保险密度和保险深度这两个指标可以体现出发达国家和发展中国家的保险发展水平的不平衡。人身保险发达的国家,不仅保费收入高,而且人身保险保费占总保费的比重大,寿险密度和寿险深度也高。1950年对15个保险业比较发达的国家统计表明,寿险深度平均为2%,超过2%的有美国、英国、加拿大、瑞士、南非5国。1980年对55个保险业比较发达国家进行统计表明,寿险深度达到5%以上的有美国、英国、瑞士、加拿大、德国、日本等9国。1990年寿险深度达5%以上的国家有15个。2000年寿险深度最高的为南非和英国,均在10%以上,而最低的是沙特阿拉伯和卡塔尔,寿险深度几乎为零。同样寿险密度居前三位的一直是日本、英国和瑞士,2000年寿险密度最大的是日本和英国,分别为3165.1美元和3028.5美元,其他工业化国家的寿险密度也在1200~2500美元之间,而发展中国家的寿险密度几乎都低于100美元。2010—2018年美英中日四国寿险密度和寿险深度状况表见表2-1和表2-2。

表 2-1　　　　2010—2018年美英中日四国寿险密度状况表(美元)

年份 国家	2010	2011	2012	2013	2014	2015	2016	2017	2018
美国	1632	1716	1808	1684	1657	1719	1724	1674	1810
英国	3436	3347	3256	3474	3638	3292	2982	2873	3532
中国	106	99	103	110	127	153	228	225	221
日本	3473	4138	4143	3346	2926	2717	2803	2411	2629

资料来源:《中国保险年鉴》。

表 2-2　　　　2010—2018年美英中日四国寿险深度状况表

年份 国家	2010	2011	2012	2013	2014	2015	2016	2017	2018
美国	3.5%	3.6%	3.65%	3.2%	3%	3.06%	2.98%	2.82%	2.88%
英国	9.5%	8.7%	8.44%	8.8%	8%	7.53%	7.36%	7.22%	8.32%
中国	2.5%	1.8%	1.7%	1.6%	1.7%	1.96%	2.91%	3.15%	2.3%
日本	8%	8.8%	9.17%	8.8%	8.4%	8.27%	7.15%	6.26%	6.72%

资料来源:《中国保险年鉴》。

（二）险种发展状况

人身保险险种结构的发展也从另一个侧面反映了现代人身保险业的发展。人身保险的主要险种有人寿保险、人身意外伤害保险和健康保险,其中人寿保险占人身保险的绝大部分,从某种意义上讲,人寿保险险种的变迁基本上反映出人身保险的发展状况。

普通人寿保险适合高收入水平的人投保。为了适应低收入工薪阶层的需要,20世纪初开办了简易人寿保险,40年代至60年代,简易人寿保险发展异常迅速,业务量一度超过了普通人寿保险,成为国际寿险市场的主要险种。进入70年代以后,随着经济发展、收入水平提高以及社会保险的实施给工薪阶层提供基本的生活保障,使得简易人寿保险业务开始萎缩,而普通人寿保险稳步增长。

传统的人寿保险险种有保障型的定期死亡保险、终身死亡保险、定期生存保险、两全保险和储蓄型的年金保险。20世纪六七十年代,寿险公司为了规避利率波动的风险,开发了传统的分红保险,80年代后,随着资本市场的发展以及金融工具间竞争的加剧,变额寿险、万能寿险等投资型寿险发展迅速,尤其是2000年中期股票市场的上扬带动了投资型寿险保单的热销。

早期人身保险的业务都是个人保险。工业革命之后,经济生活的社会化程度提高,出现了企业为职工投保的团体人身保险,进入20世纪70年代以后,许多企业把为职工投保团体人身保险作为一项企业福利,团体人身保险高速增长,增长速度明显高于普通寿险,甚至在80年代中后期团体人身保险的新合同件数超过了普通寿险。

随着人们对生存、养老、健康、医疗等方面保障需求越来越高,虽然从20世纪40年代到80年代寿险的保费收入一直稳步增长,但是年金保险和健康保险的保费收入增长更快。进入21世纪,随着世界人口老龄化的加剧,人们越来越重视生存保障,尤其是年老的生活保障,因此年金保险、养老金保险以及健康保险中的长期护理保险业务将持续增长。2000年全球寿险业之所以有如此高的增长率,原因之一就是西欧和美国个人养老年金需求的上升。

（三）组织结构发展状况

国外通常把保险业务分为寿险业务和非寿险业务,保险公司分为寿险公司、非寿险公司和兼营寿险和非寿险的综合性公司。人身保险业务由寿险公司经营和由兼营寿险和非寿险的综合性公司经营,人身意外伤害保险和健康保险可以由非寿险公司经营,有些国家还存在专营意外伤害保险和健康保险的保险公司。

寿险公司的组织形式有相互保险公司和股份制保险公司两种。相互保险公司为人寿保险的独特经营组织形式,在西方国家的寿险业中占有特别重要的地位。相互保险公司是由古代的互助团体延续下来，经过发展演化而成的。例如作为现代人寿保险开端的英国公平人寿保险公司就是于1762年以相互保险公司的形式成立的。股份制保险公司是当前世界各国寿险公司中比较通行的组织形式。虽然相互保险公司和股份制保险公司在设立和经营方式上有所区别，但是对于投保人来说，投保选择时主要考虑险种、费率、分红率、售后服务水平、公司信誉等因素，至于公司的组织形式并不重要。因此目前两种公司的数量都不少，只是由于历史传统和法律制度的原因，有些国家的人寿保险公司主要采用相互保险公司的形式，如日本，有些国家的人寿保险公司主要采用股份制保险公司的形式，如美国。

随着寿险业的发展，相互保险公司和股份制保险公司的区别已不再明显，在实行两种公司形式的国家，出现了相互保险公司和股份制保险公司之间的相互转化。股份制保险公司考虑到股票易手导致的公司控制权转移和税务（一般情况下，股东须纳税，相互公司社员红利不纳税）等因素，向相互保险公司转化。例如在美国成立相互保险公司的条件比较严格，从20世纪90年代开始，要成立相互保险公司几乎不可能，唯一可行的办法就是先成立股份制保险公司，等公司财务稳定后再转为相互保险公司。同样由于金融市场竞争的加剧，寿险公司利润下降，对资本的需求增加，不少相互保险公司转化为股份制保险公司。例如从20世纪70年代至今，美国有16家相互保险公司转化为股份制保险公司，而且随着投资的国际化发展，相互保险公司向股份制保险公司转化的趋势还将进一步加强。

随着人身保险业务的发展，经营人身保险的保险公司及其分支机构也不断增加。19世纪初，全世界只有30多家寿险公司，到1985年年初，全世界寿险公司达到3477家，到了20世纪90年代，全世界寿险公司的数量超过了3万家。20世纪80年代以前，人寿保险公司之间的并购行为很少见，从80年代开始，尤其是进入90年代以后，面临全球化的竞争，涌现出许多国国家内部寿保险公司之间的兼并和收购案件，以及各国之间保险公司的联盟、收购或者合营，产生了一批巨型保险集团。例如1996年7月，英国太阳联合保险和皇家保险合并，成立了英国第一大综合性保险公司——皇家太阳联合保险公司。日本明治生命保险公司和安田相互生命保险公司在2004年4月合并成为日本第三大人寿保险集团。除了寿险公司之间的并购外，许多人寿保险公司还购买银行、证券公司或者财产保险公司。

例如，2001年德国安联保险集团成功并购德累斯顿银行，获得超过95%的股权，成为世界第四大保险集团，开创德国市场上集保险、投资、银行为一体的综合服务集团。2006年法国安盛保险以109亿美元的高价收购瑞士丰泰保险公司。

在人寿保险市场,从事保险业务活动的人员除了寿险公司的员工外,还有大量的保险中介机构的从业人员,如保险代理人、保险经纪人及其他辅助服务人员。由于人身保险业务有较强的专业性和技术性,现代寿险公司的保险从业人员不仅要精通各种相关的技术,尤其是随着操作技术日趋标准化、规范化和现代化,对保险从业人员的道德素质、技术素质和知识水平的要求也越来越高,保险从业人员的专业化,提高了保险机构的经营水平,促进了整个保险行业的健康发展。

进入20世纪90年代,随着寿险公司承保技术和精算技术的进一步提高,在科技创新、巨灾频繁、环境污染严重、人口老龄化加剧、恐怖主义威胁等背景下,人身风险的内容发生了新的变化,它不仅要求寿险业从全球的、动态的角度去识别人身风险,而且在新型人身保险险种开发方面也进行了大量的创新。例如日本推出严重慢性病保险,英国推出人类疯牛病保险,美国、西欧推出了绑架勒索保险,甚至针对全球气候变暖,许多寿险公司推出了相关的人身保险险种。险种的创新既满足了一些客户的特殊需要,也推动了人身保险业向更高层次发展。

第二节 英、美、日等国人身保险发展简史

英国是世界人身保险的发源地。英国创立的人身保险制度首先传入德国和法国,其后传入美国,并在美国获得了迅速的发展,长期以来,美国是世界上寿险业务量最大的国家。第二次世界大战后,寿险业务在日本发展迅猛,从1987年以后,日本寿险业务总量和保险密度均居世界首位。因此,从英国、美国、日本的人身保险业的发展中可以看出整个世界人身保险发展的概貌。

一、英国人身保险发展简史

1762年英国公平人寿保险社的创立,标志着现代人寿保险的开端。1774年通过的《英国人寿保险法》成为英国人寿保险发展史上的第二个里程碑。该法律规定,"这是管理有关人寿保险的法令,除了投保人对被保险人的生存和死亡有利益关系者外,其他人都不得办理这种保险",从而有效地遏制了投保人为谋取保险金替与自己无利益关系的人投保人寿保险后对被保险人实施谋杀的道德风险。

从18世纪末开始,英国人寿保险有了较大的发展,出现了许多新的保险公

司。但是寿险业务的主要承保对象是贵族、地主、富商、军官和自由职业者。根据相互人寿保险协会会长在1845年的估计,当时英国有2500万人口,只有不到10万人与人寿保险公司打过交道,普通市民对人寿保险知之甚少。从19世纪中期开始,英国人寿保险公司通过保险代理处和设置分支公司来扩大普通寿险业务,当时人寿保险公司委派的代理人有商人、店主、银行家、遗产管理人和专职代理人。

英国是最早完成工业革命的国家,工业革命产生了工人阶级,这些工人既没有疾病、死亡和年老后的经济保障,也没有购买普通寿险的经济能力,1854年英国下议院经过社会调查,建议通过保险为低薪阶层解决生、老、病、死等人身风险。伦敦谨慎保险公司首先创办了简易人寿保险,这种保险由保险代理人每周上门收取保险费,一旦被保险人死亡,由保险公司给付金额不高的保险金,以提供丧葬费用和维持家庭短期生活需要。1864年英国又开办邮政简易人寿保险。19世纪后期,简易人寿保险吸引数以百万计的低薪收入阶层投保,并且流传到其他国家。与此同时,英国还出现承保雇员的团体人身保险计划,该计划采用从工资中扣除保险费的办法。19世纪80年代,团体人身保险计划只占所有签发保险单的19%,到1900年这一比例上升至47%。

19世纪中期,英国又推出人身意外伤害保险,1848年铁路旅客保险公司开始办理旅客人身意外伤害保险。1885年设在爱丁堡的疾病和意外保险公会办理保险期限为1年的疾病保险。后来又推出了一种"永久健康保险",被保险人须体检合格后方可承保签单,承保期限到规定年龄(一般是退休年龄)时为止。20世纪30年代,英国实行了团体养老金保险计划,进一步推动了英国人寿保险的发展。

1844年英国政府曾制定股份公司法,对保险公司经营进行监管,但是没有收到明显的效果。1870年英国又通过了人寿保险公司法,明确规定保险公司要账务公开,接受社会的监督,从而将寿险公司的经营引入正轨,并标志英国人身保险制度走向成熟。

英国作为现代人身保险的发源地,曾是人身保险业最发达的国家,但到了19世纪末先后被美国和日本超过。

二、美国人身保险发展简史

在发达国家中,美国人身保险业的发展过程比较完整,具有较强的代表性,研究美国寿险发展历程对了解寿险发展的大体趋势十分有益。

在19世纪以前,美国的人寿保险是由个人或合伙经营的保险业者承保水险业务的附带险种。1759年在费城教会会议上成立的长老教会牧师基金是美国第一个提供死亡保障的社团。该基金为长老教会中的死亡牧师遗属给付终身年金，给付额按缴费期限的长短而定。1794年4月14日注册成立的北美洲保险公司是美国第一家经营寿险业务的股份保险公司，该公司在成立初的5年内只签发了6份人寿保险单，1804年中止了其寿险业务。

1809年美国第一家商业性人寿保险公司——宾夕法尼亚人寿与赠予年金保险公司成立。该公司签发的定期寿险和少量终身寿险都要求投保人填写投保单，并对被保险人进行体格检查，保险费随年龄增加而增加。1818年成立的马萨诸塞州医院人寿保险公司和1830年成立的纽约人寿保险和信托公司也经营寿险业务，只是业务量有限，纽约人寿保险和信托公司还以最先采用保险代理人制度而闻名。1836年成立的费城吉拉德人寿保险、年金和信托公司推出分红保险。

随着美国经济的飞速发展和人口的增加，人寿保险的需求与日俱增，尤其是相互人寿保险公司的出现更是推动了美国寿险业的发展。在1840—1850年间成立的寿险公司大多采用了相互保险公司的形式，其中著名的有纽约相互人寿保险公司(1842)、新英格兰相互人寿保险公司(1843)、新泽西相互福利人寿保险公司(1845)。基于税务方面考虑，一些股份人寿保险公司通过退股变为相互保险公司，例如1859年成立的美国公平人寿保险公司于1925年变为相互保险公司，1873年创建的美国谨慎保险公司于1943年变为相互保险公司，现为美国最大的人寿保险公司，1868年成立的大都会人寿保险公司也于1915年变为相互保险公司，现为美国第二大人寿保险公司。

在精算方面，1775—1812年哈佛大学魏格里斯瓦诗根据马萨诸塞州的统计资料编制和出版了修正生命表，使美国寿险保费和责任准备金的计算有了科学依据。1853年马萨诸塞州首任保险监督官伊莱泽·赖特出版了人寿保险单的估价表，这是美国人寿保险精算工作的又一大进步。1868年美国精算师豪门斯(Homans)根据1843—1858年期间的生命统计资料编制美国经济生命表，这是美国精算方面的又一里程碑。

19世纪后半期，由于人寿保险限制性条款的放松和人寿保险代理制度的推行，使人寿保险逐渐普及。1875年美国谨慎保险公司首先在美国推出简易人寿保险，1879年大都会人寿保险公司也销售了简易人寿保险，简易寿险业务极大地唤起了美国公众的人寿保险意识，19世纪末美国人寿保险规模已经超过其他国家。进入20世纪，尤其是1905年著名的"阿姆斯特朗调查"后，美国对人寿保险业进行了一系列的改革，并制定了一些较为严密的法律，不仅促进了寿险业的规范经营,使美国保险业进入了一个接受严格监督的阶段,而且也使美国人寿保险业有了更大的发展。美国人寿保险迅速发展的另一个重要因素是与雇员福利计划有关的团体人寿保险和年金保险的开办。1911年公平人寿保险公司承保了美国第一笔雇员团体人寿保险,1925年大都会人寿保险公司签发了美国第一份团体养老金保险,此后团体人身保险在美国全部人身保险业务中所占比例逐年递增。1928年美国谨慎保险公司首创了信用人寿保险。

美国的健康保险始于19世纪60年代,但它仅作为人身保险的附加责任,直到1929年商业健康保险才作为独立险种出现。第二次世界大战后,因为经济的复苏、医疗费用水平的提高,美国健康保险得以迅速发展。到20世纪50年代中期,美国有7700万人购买住院医疗保险,6000万人拥有手术医疗保险,2100万人拥有手术费用和医生诊治保险。20世纪60—80年代是美国健康保险飞速发展的年代,商业保险公司开始为大众提供大额综合医疗保险、特种疾病保险,并使用精算技术确定保险费率。

从美国人身保险发展的整个历程看,20世纪30年代是美国人寿保险业的困难时期,主要原因是1929—1933年世界经济大危机使人寿保险公司的投资收益降至最低水平,不少寿险公司因此倒闭。20世纪五六十年代是美国人寿保险业发展的黄金时代。20世纪70年代西方世界发生严重的通货膨胀和剧烈的利率波动,使美国的人寿保险面临严峻的挑战,许多寿险公司及时调整经营策略,开发了变额寿险、万能寿险等新险种,不仅度过了危机,而且使人寿保险继续保持高的增长率。

三、日本人身保险发展简史

日本的人身保险制度是在明治维新后从欧美引进的。1881年日本第一家以保险数理为基础的寿险公司——明治生命保险公司成立,1887—1896年间又先后设立了20家寿险公司。1900年日本实行保险立法,使日本的人身保险走上了正常发展的轨道。1902年日本第一家相互保险公司——第一生命保险公司成立。1916年又实行了简易保险法,即允许邮局办理无体检、每月交付保费的简易人身保险。

20世纪前期,日本的人身保险已获得长足的发展,1931年保费规模为100亿日元,1940年达到300亿日元。第二次世界大战期间,日本的人寿保险业遭受重创,战争结束时,寿险业面临崩溃局面。经过一段时间的恢复和调整后于六七十年代进入高速发展时期,成为世界上人寿保险发展速度最快的国家。进入80年代以后,由于保险市场逐步成熟、经济进入低速发展时期和个人收入增长缓慢等原因,寿险业从高速发展转入稳定发展时期。1980—1993年期间,人寿保险年保费收入从405亿美元增加到4305.53亿美元;1995年日本人身保险保费收入已达到5104.5亿美元,占世界份额为41.28%,居世界首位。从1996年开始由于日本泡沫经济破灭,股票和房地产市价暴跌,对日本寿险公司形成一连串的打击,不仅使寿险保费收入出现负增长,而且许多大的寿险公司因严重的利差损和投资效果不理想出现了信用等级严重滑坡,一些中型寿险公司破产。从1997年4月至今,日本持续有8家生命保险公司破产,这使日本战后生命保险不倒的神话破灭了。

20世纪60年代以前,日本个人寿险的主要险种是养老保险,进入60年代以后逐步演变为附加定期的养老保险和附加定期的终身保险。从80年代开始日本寿险市场的主要险种有个人寿险、个人年金、团体保险、团体年金。进入90年代后,日本险种结构发展出现新的趋势,险种由定期寿险改为终身寿险,个人年金市场中多元化的年金品种辈出,尤其是变额年金最受消费者欢迎。女性人身保险的投保率大大提高,专业险种也不断得到开发。

英、美、日是当今世界上人寿保险业最为发达的国家,在世界寿险市场上有着举足轻重的地位。英国是人身保险的发源地,也曾是人身保险最为发达的国家。美国在二战后的绝大部分时间是世界上头等保险大国,无论是寿险保费收入、保险公司数量、保险资产均居世界首位。日本是二战后世界人身保险业发展最快的国家,无论是保费收入还是人均保费均居世界首位。英、美属于西方文化背景的国家,代表了典型的欧美发展道路。日本则是既具东方文化背景又深受西方文化影响的国家,代表了亚洲工业化国家的发展道路。

第三节 我国人身保险发展简史

一、新中国成立前的人身保险简况

我国早在古代就产生了养老恤贫、互助共济的思想,民间也曾出现过类似保险组织的互助团体,如长老会、福利会、丧葬会。但是由于我国漫长的封建社会,一直以自给自足的自然经济为主,人们习惯于依靠家庭成员之间的互助扶助,亲属邻里之间的互助以及民间借贷等方法应付人身风险,所以始终未能形成人身保险制度。

近代人身保险制度是随着西方的入侵传入中国的,鸦片战争后,沿海一些地区成为海外贸易的中心,人身保险也随着外国资本一起进入中国。1884年英国率先在上海设立了永福和大东方两家人寿保险公司,之后美国的友邦、联邦以及加拿大的永明、永康、宏利等人寿保险公司纷纷建立。1894年成立的永宁人寿保险公司是我国自己经营的最早的人寿保险公司,之后又陆续成立了华安人寿、允康人寿、延年人寿等几家华资寿险公司,这几家寿险公司均因经营管理不善,业务难以开展而先后歇业倒闭。1912年成立的华安合群保险公司则发展成1949年以前规模最大、组织最健全的一家华商人寿保险公司。1935年民国政府的立法院通过了《简易人寿保险法》,命令由邮局办理寿险业务。民国政府的中央信托局曾设立保险部,经营公务员和军人的人身保险。日本帝国主义发动侵华战争以后,曾在其统治下的伪"满洲国"设立满洲生命保险会社,经营人寿保险业务。由于经济落后,再加上战乱使得民不聊生,人民流离失所,因此从鸦片战争到新中国成立之前的100多年里,虽然近代人身保险制度已传入我国,并且民间成立了寿险公司,但是我国的人身保险业始终没有得到发展。

二、新中国成立初期人身保险业的发展

中华人民共和国成立之后,人民政府对原有的保险业进行接管和改造。1949年9月25日—10月6日第一次全国保险工作会议在北京召开。1949年10月20日中国人民保险公司在北京成立。国营性质的中国人民保险公司在全国范围内经营财产保险和人身保险,揭开了我国人身保险业务发展的新篇章。

中国人民保险公司根据每一时期的主客观条件,开办了一些适应群众需要的人身保险业务。为了保障旅客及其家属的经济利益,中国人民保险公司根据国务院公布的铁路、轮船和飞机旅客意外伤害强制保险条例,于1951年7月1日办理旅客强制保险。各地保险公司还根据地方公布的地方性公路旅客意外伤害强制保险办法,陆续举办了地方的公路旅客强制保险。

1949年中国人民保险公司在华东地区办理职工团体人身保险,保险责任包括死亡和意外伤害,还可以附加疾病医疗津贴和意外伤害医疗津贴,这一险种成为私营工商企业工会争取职工福利的项目之一,很受欢迎。后来由于实施劳动保险和公费医疗,从1952年起取消了疾病津贴,1954年又取消了意外伤害医疗津贴,职工团体人身保险仅作为职工福利的一种补充。

1950年中国人民保险公司在几个大城市开办了个人寿险业务中的两全保险和终身寿险,限于当时的经济水平和保险知识的缺乏,业务量很小。1951年又开办了简易人身保险,这一险种收费少,投保手续简单,适应一般大众的需要,曾在一些地区得到稳步发展。1953年,中国人民保险公司修订了简易人身保险的条款,降低了费率,提高了保险金额,到了1958年,简易人身保险的承保人数达到180万人,仅上海地区就有60多万人参加。

除此之外,中国人民保险公司还开办了渔工团体人身意外伤害保险、建筑工人意外伤害保险、电梯乘客意外伤害保险、汽车司机意外伤害保险等险种。

正当人身保险业务逐步发展的时候,1958年的"人民公社化"错误地认为在国民经济和社会生活中保险的作用已经消失,保险在中国已经完成了它的使命,于是1958年12月武汉全国财政工作会议正式决定停办国内保险。从1959年起,铁路、轮船、飞机旅客意外伤害强制保险分别移交给铁路、交通、民航部门办理,其他人身保险业务则清理停办。

据中国人民保险公司统计,从1949—1958年十年间人身保险保费收入达1.41亿元,占全部保险业务的8.81%。虽然人身保险在保障人民生活、促进社会安定方面发挥了一定的作用,但是由于险种较少,再加上占全国人口的80%的农民习惯于家庭内部和亲属之间的互助,对人身保险缺乏了解,收入水平低,缴费能力有限,所以人身保险的业务量不大,未能在群众中广泛开展。

三、改革开放以来人身保险的发展

党的十一届三中全会以后,经国务院批准,从1980年开始恢复国内保险业务,首先恢复的是财产保险业务,1982年开始恢复人身保险业务,从此人身保险业进入了一个全新的历史阶段,获得了前所未有的发展。中国人民保险公司最先恢复办理的人身保险业务有:团体人身保险、团体人身意外伤害保险、简易人身保险、公路旅客意外伤害保险。此后陆续开办的主要险种有学生团体平安保险、子女教育金和婚嫁金保险、个人养老金保险,城镇集体职工养老金保险等。从1982—1987年人身保险恢复的最初5年,人身保险保费收入增长速度惊人,平均增长达到330%,保费收入由1982年的159万元增加到1987年的25亿元,人身保险业务占全部保险业务的比重由1982年的0.2%上升为1987年的31.53%,导致这一现象的原因有三个:一是党的十一届三中全会后,国民经济发展较快,人民收入水平大幅提高,保费交付能力增强;二是长期被压抑的寿险需求因人身保险业务的恢复迅速被释放出来;三是恢复初期,保险费基数较小。

从1988年至今,我国寿险业在前一阶段高速发展的基础上,进入一个相对平稳的发展时期。同时1988年深圳平安保险公司成立,打破了中国人民保险公司独家垄断的局面,标志着我国的人身保险业已进入了一个市场主体多元化的崭新阶段。这一时期我国的人身保险业的发展呈现出以下几个特点:

(1)从保费收入看,1988—1997年虽然人身保险业务量的增长仍很快,但增长速度明显放缓,保费收入的年平均增长率为35.8%,保费规模低于财产保险。1997年因降息效应，人身保险的保费收入首次超过财产保险，此后就一直保持着保费规模上的优势。虽然我国人身保险业已取得令人瞩目的成就，也达到了保险业发达国家产、寿险的保费收入比例，但从保险深度和保险密度看，我国人身保险业与发达国家仍存在相当大的差距。

（2）从市场格局看，1992年国务院批准美国友邦保险公司在上海设立分公司，使其成为第一家进入中国保险市场的外资保险公司，经营寿险业务。为了实现我国加入世界贸易组织（World Trade Organization，WTO）后开放保险市场的承诺，我国允许英国、美国、法国、德国、澳大利亚等国的外资寿险公司通过与国内保险公司合资或参股的形式进入中国寿险市场。从注册资本构成看，既有国有独资寿险公司、中资股份制寿险公司，又有外国独资寿险公司和中外合资寿险公司；从经营范围看，既有全国性的寿险公司，又有区域性的寿险公司，我国的寿险市场已形成了多元化市场主体并存的市场格局。

（3）从险种结构看，在恢复人身保险业务之初，短期的意外伤害保险占的比重最大，1986年以后简易人身保险和养老金保险的保费收入超过了短期意外伤害保险。简易人身保险曾一度是业务量最大的险种，1989年以后发展趋缓，1990年养老金保险的保费收入超过了简易人身保险，成为人身保险中业务量最大的险种。1986年开办的子女教育金婚嫁金保险和意外伤害满期还本保险的保费收入绝对量不大，但增长速度最快。1995年《保险法》的实施、央行持续的利率下调以及保险投资渠道的逐步放宽，人身保险的险种由保障型、储蓄型的产品逐步向将保障和投资功能融为一体的分红型产品和投资型产品发展。1998年开办了分红保险，1999年推出了投资连结保险和万能保险，分红保险已经成为人寿保险市场的主打产品。

（4）从寿险中介队伍发展看，自从1992年美国友邦保险公司成立，为我国寿险营销带来了个人代理人行销制度，保险代理人如同雨后春笋般在全国迅速发展。1996年开始实施保险代理人资格考试制度，到2004年12月，全国已通过国家统一资格考试并获得保险代理人资格证书的人员达140多万人。此外，其他保险中介机构如保险经纪公司，保险代理公司等也迅速增加，使人身保险业务中通过代理人招揽的业务达到了80%以上。

四、加入WTO后我国人身保险的发展

2001年11月11日我国正式加入世界贸易组织（World Trade Organization，WTO），标志着我国对外开放进入了一个新的历史阶段。"入世"意味着与世界保险业的接轨和保险市场的全面开放，这必将对我国的人身保险业的发展

产生深远的影响。

加入WTO后我国人身保险业的发展呈现以下几个特点：

(1) 人身保险经营主体大量增加，保险市场的竞争更加激烈，市场集中度下降，市场份额重新分配，人身保险市场的国际化趋势增强。

(2) 人寿保险公司的营销理念由产品导向型向客户导向型转变，网络营销、电话直销以及高层次的个人理财顾问销售模式成为寿险市场的新型营销模式。

(3) 寿险产品功能由单一的保障功能向储蓄、投资功能扩展，分红保险、投资连结保险和万能保险等新型保险产品应运而生。随着我国人口的老龄化、医疗保健服务水平的提高，社会保险不足的问题逐渐显现，健康保险、年金保险尤其是团体年金保险的市场潜力巨大。

(4) 为了适应经济全球化、金融一体化以及满足金融保险服务需求的多样化，保险机构与银行的合作趋势进一步加强。

(5) 为了能在激烈的市场竞争中获得自身生存和发展的空间，人身保险业由粗放式经营向集约化经营转化，并在经营理念、保险产品、组织形式、管理技术、客户服务、营销方式等方面进行全面创新。

(6) 2016年4月我国正式实施第二代偿付能力监管制度体系（简称"偿二代"）。采用国际通行的"三支柱"监管框架，即定量风险监管要求、定性监管要求和市场约束机制三大监管支柱。同时，"偿二代"将偿付能力监管指标由"偿一代"下单一的偿付能力充足率，扩展为核心偿付能力充足率、综合偿付能力充足率和风险综合评级三个有机联系的指标体系，引导和促使保险公司持续提升风险管理水平，以满足保险市场的持续高速发展背景下风险日益多元与复杂化的监管需要。

第四节　影响人身保险发展的因素

人身保险业的发展受诸多因素的影响，这些因素所形成的方向和合力决定了人身保险业发展的方向和速度。影响人身保险业发展的主要因素有自然因素、经济因素、人口因素、法律政策因素、技术因素、社会因素、文化因素等。

一、自然因素

科技的创新、工业化和城市化的进程在满足人们对基础设施、交通以及各种消费需求的同时，也导致了日益严重的环境污染，再加上人类对自然环境的破坏，使得洪水、地震、海啸等巨灾发生更加频繁，人员伤亡和损失越来越大。自然灾害给整个世界带来的危害日趋严重,已成为世界各国关注的焦点。根据瑞士《西格玛》杂志对1970—1997年28年间的巨灾统计资料分析,从1989年起,巨灾风险的发生进入高峰期,巨灾发生的频率大幅度提高,巨灾损失越来越严重。1992年美国的Andrew飓风,保险损失183亿美元;1994年美国Northridge地震,保险损失135亿美元;1991年日本的Mireille台风,保险损失65亿美元;美国"9·11"恐怖袭击,造成近3000人死亡,保险损失750亿美元;2004年的印度洋海啸造成20多万人死亡。由此可见,自然灾害的频繁发生刺激了人们对人身保险的需求。

二、人口因素

人口因素是指人口密度、出生率、死亡率、人口的年龄结构、地理分布、婚姻状况、受教育程度以及人口的性别差异、文化差异、地域差异、种族差异和职业差异所导致的生活习惯和消费方式的差异。人口因素不仅决定了人身保险市场需求的潜在容量,还决定了人身保险市场的需求格局。

人口因素与人身保险的经营关系非常密切。从人口的年龄结构看,随着生活水平的提高和医疗技术的进步,一方面婴儿的出生率和人口的死亡率降低;另一方面人的寿命不断延长,人口老龄化趋势加剧,使人们对养老保险的需求不断上升。从人口的职业结构看,不同职业者面临不同的人身风险,有着不同的保险需求。在职者比非在职者收入水平高,更容易接受保险这一风险防范方式。从人口的素质看,人口素质是人身保险发展的重要条件,人口的素质越高,对保险的接受程度也越高,保险的发展也越快。从家庭结构看,家庭结构和功能发生变化,晚婚、节育、高离婚率、妇女就业率提高以及单亲家庭等因素削弱了传统的家庭互助和赡养功能,增加了人们对商业性人身保险的需求。城市化进程和全球性市场的形成,使人口在地区与地区、国家与国家之间的流动性增大,对保险产品和保险技术提出了新的挑战。

三、经济因素

经济因素包括国民收入水平、经济周期等多个方面。西方学者的研究表明:人身保险的发展与国民经济的运行密切相关,保险产品的销售与经济周期在很大程度上相吻合。经济增长和国民可支配收入水平与人身保险的发展相关性最高。

从经济周期看,经济周期的不同阶段对人身保险的供求和业务经营产生很大的影响。在经济繁荣时期,社会生产力大幅度提高,国民生产总值大大增加,人们的可支配收入水平不断提高,交付保费的能力增强了,对生活质量的追求也更为强烈,从而激发了有效的保险需求。在经济衰退时期,社会生产力遭受破坏,人们的经济生活水平日益降低,保费的交付能力下降,保险有效需求不足。由于人寿保险大多为长期性、储蓄性的保险业务,受经济周期波动的影响比财产保险大,尤其是经济周期变动中的通货膨胀因素和利率变动因素,会威胁寿险公司的偿付能力。此外,人寿保险采用分期交付保费的方式,对一些新签发的保单,一旦经济步入衰退期,投保人因支付不起保费而退保,使寿险公司的保单继续率降低,保单继续率的高低将直接影响寿险公司的利润和财务稳定。

由此可见,经济因素对人身保险业的经营水平、发展速度、经营规模起着决定性的作用。当然除了经济周期、国民可支配收入水平、通货膨胀等因素外,其他经济因素如就业状况、经济发展导致的社会结构的变迁等也会间接地影响人身保险的发展。

四、法律政策因素

法律政策因素是人身保险业赖以生存和发展的重要环境。例如在我国计划经济时期,人们的生、老、病、死由国家和企业全包,人身保险退出了人们的经济生活。改革开放后,随着市场经济体制的建立,养老、医疗等社会保障制度的改革,企业和个人对人身保险的需求不断提高,人身保险重新成为社会保障制度的重要组成部分。因此,人身保险业必须在国家既定的宏观政策和法令法规下运作,法律政策因素的宽松与否直接影响到人身保险业的发展。法律政策因素对人身保险发展的影响表现在以下几个方面:①为了充分发挥人身保险的社会稳定器和经济助动器的作用,各国政府均对人身保险采取一些优惠政策,扶植其发展;②利率政策是国家宏观调控的工具,频繁的利率波动不仅会影响投保人的投保行为和保单持有人的保单维持行为,还会影响人寿保险公司的资产、负债和利润;③随着人身保险业的全球化,汇率政策也将影响人身保险业务的发展;④为了保证保险资金运用的安全,各国保险法都明确规定了保险投资的范围和比例。投资限制的宽松与否直接影响人身保险的投资收益和投资风险。

五、社会因素

社会因素是由社会上每个人的信念、态度、习惯、行为和教育程度等因素组成的。社会因素通过人们的生活观念、生活习惯、日常行为等影响人身保险业经营的价值观和策略观。社会因素具有较强的区域性,不同地区、不同民族的人们有着不同的风俗习惯,这些风俗习惯会影响人们对生活的态度、观念和行为准则,从而影响人们的价值观。不同的价值观对保险商品的需求产生深刻的影响。例如,同样在我国的农村,东部沿海地区开放较早,人们的意识形态比较先进,计划生育政策也贯彻得较好,很多人通过购买人身保险解决自己"老有所养、病有所医"问题,因此东部地区人身保险密度和保险深度都较高。而在西部地区和一些少数民族地区,"养儿防老"的思想仍根深蒂固,这在很大程度上影响了人身保险业务的开展。

社会因素具有可变性,随着科学技术的发展,教育文化水平的提高以及国际经济、文化交往的日趋频繁,人们的生活信念、态度、风俗习惯和行为也将发生变化,这将为人身保险业的发展腾出更多的空间。

六、文化因素

文化因素潜移默化地影响甚至决定着人们的价值观、生活方式和消费习惯。人们的风险意识和保险意识是人身保险经营中非常重要的文化因素。明确而积极的风险意识和保险意识,不仅为人身保险经营提供良好的心理氛围,便于保险业务的营销,还有利于降低投保人的心理风险,提高保险公司的经济效益和社会效益;明确和积极的风险意识和保险意识,使投保人可以根据自身风险的特点和保险需求,自行设计投保方案,保险公司根据保户的投保方案,开发特种保险业务,为保险公司的险种开发提供各种信息,减少因信息不对称而导致的险种开发定位风险;明确和积极的风险意识和保险意识,投保人可以为保险经营提出各种建议,监督保险公司的经营活动,保护自己的合法权益,促进保险公司不断加强内部管理,提高经营管理水平。

消费习惯也直接影响和制约人们对保险的接受程度,例如,东方人注重储蓄,习惯于通过自我储蓄和家庭成员互助实现保障,对保险的接受需要一个过程;而西方人喜欢超前消费,乐于把人身风险通过财务处理的方式转嫁给保险公司。

七、技术因素

科学技术是现代社会生产力中最活跃的因素,也是保证人身保险稳健发展的条件。影响人身保险发展的技术因素包括两个方面:一是保险精算技术。保险精算是人身保险经营的内在要求和技术保证,它是运用数学、统计学、人口学、金融学和保险学等学科的知识和原理去解决商业保险中需要精确计算的问题,如保险费率的确定、准备金的提取、利源分析和红利分配、再保险计划的安排、资产负债现金流的测试以及综合性的风险管理。保险精算技术的提高和完善不仅为人寿保险中集保障、储蓄和投资功能于一体的多元化险种以及特种人寿保险的开发创造了条件,也为人身保险的持续稳健经营奠定了科学的基础。二是保险科技包括大数据、云计算、物联网、人工智能、区块链、基因诊疗、可穿戴设备等技术对保险业务流程的全面渗入,提升了业务效率,改变了产品形态,改进了服务和交互方式,构建了新的保险生态。例如保险业将人脸识别技术应用于保单变更服务;运用区块链的去中心化特点,重构信用体系,实现差别定价,并且运用区块链的分布式技术,帮助保险公司进行客户身份识别,防止保险欺诈事件的发生;基因诊疗技术的运用,有助于保险公司辨别发病风险,依据风险的高低进行更准确的定价。因此科技赋能保险,科技正在全方位地影响保险业的未来。

思考题

1. 名词解释:公典制度　佟蒂法　保险密度　保险深度
2. 简述美国和英国人身保险发展的简史。
3. 分析影响人身保险业发展的人口因素。
4. 分析影响人身保险业发展的科技因素。

第三章 人身保险概述

第一节 人身保险的概念

人身保险是以人的身体和生命作为保险标的的保险。它的基本内容是投保人与保险人通过订立保险合同明确双方的权利和义务,投保人向保险人交付保险费,在保险期限内,当被保险人发生意外死亡、伤残、疾病、衰老等保险事故或者生存至保险合同约定年龄或期限时,由保险人向被保险人或者指定的受益人给付保险金。

一、人身保险的保险标的

人身保险的保险标的是人的生命和身体。人的生命是一个抽象的概念,当生命作为保险保障的对象时,以生存和死亡两种状态存在。生存保险和死亡保险就是与人的生命因素有关的保险。人的身体作为保险保障对象时,以人的健康、生理机能、劳动能力(即人赖以谋生的能力)等状态存在。人身意外伤害保险、健康保险保障的就是被保险人由于身体上的伤害而完全或部分丧失劳动能力时所产生的经济需要。

二、人身保险的保险责任

人身保险的保险责任包括生、老、病、死、残等各个方面,也就是说人们在日常生活中可能遭受的意外伤害、疾病、死亡、衰老等各种事故。

三、人身保险的给付条件

人身保险的给付条件是被保险人遭受保险责任范围内的保险事故导致死亡、残疾、丧失工作能力或者保险期满、年老退休时,由保险人按照人身保险合同的规定向被保险人或指定的受益人给付保险金。

对于人身保险的概念,还可以从多个角度理解。从经济的角度看,人身保险是分摊人身风险损失的一种财务安排;从法律的角度看,人身保险是一种合同行为,体现了民事法律关系主体之间的权利和义务关系;从社会的角度看,人身保险是社会保障制度的重要组成部分,是社会的稳定器和经济的助动器;从风险管理的角度看,人身保险是人身风险管理的一种方法,通过人身保险起到分散风险、分摊损失的作用。

第二节 人身保险的基本特征

无论是财产保险还是人身保险都是由大量面临同质风险的人,通过交付保险费,把风险转嫁给保险人,保险人利用集中起来的保险基金分摊风险和补偿损失。由于财产保险和人身保险的保险标的不同,使得两类业务存在诸多的差异。下面通过财产保险和人身保险的比较,概括人身保险的基本特征。其实,在人身保险业务中,最能体现人身保险基本特征的是人寿保险业务。

一、保险标的的不可估价性

财产保险的保险标的是有形的财产以及有关的利益,各种财产都有客观的实际价值,这个价值可以是用货币表示的市价或者用货币估算的价值,保险标的的实际价值是确定财产保险保险金额的依据。在定值保险中,保险金额是保险双方在投保时约定的保险标的物的价值。在不定值保险中,保险金额可以由投保人按保险标的的实际价值确定,也可以由投保人和保险人协商按保险标的的实际价值确定,还可以根据投保人投保时保险标的的账面价值来确定。无论是定值保险还是不定值保险,财产保险的保险金额不得超过实际价值,超过部分无效。

在财产保险中,根据投保人确定的保险金额与出险时保险标的的保险价值的关系的不同,就会出现足额保险、不足额保险和超额保险。如果投保人将同一保险标的的同一风险向两家或两家以上的保险公司投保,总的保险金额超过了保险标的的实际价值就构成了重复保险。在财产保险中,投保人恶意重复保险,保险人有权解除保险合同。

人身保险的保险标的是人的身体和生命,其价值无法用货币来衡量,因此人身保险无法根据保险标的物的价值来确定保险金额。在保险实务中,人身保险的保险金额是由投保人和保险人双方约定的。为了避免过低的保险金额而失去人身保险的意义,保险金额过高诱发道德风险而危及被保险人的生命安全,以及超过投保人经济承受能力而导致保险合同的失效,人身保险保险金额确定时要考虑两个因素:一是被保险人对人身保险的需求程度,二是投保人的保费交付能力。这两者的结合点就是恰当的保险金额。

人身保险需求额度即保险金额的确定有两条思路：一是死亡保险的保险金额根据被保险人死亡风险一旦发生造成的家庭收入损失来确定，具体方法有生命价值法和收入置换法。二是死亡保险的保险金额根据被保险人死亡风险一旦发生造成的家庭收入缺口来确定，具体方法有家庭需求法。

1. 生命价值法

1924年美国宾夕法尼亚大学保险学教授休布纳（S. S. Huebner）提出了生命价值理论。该理论认为，人的生命价值是指个人未来收入或个人服务价值扣除个人生活费用后所剩余部分的资本化价值。人的生命价值可能因早逝、疾病、伤残、失业或年老退休而丧失，任何影响个人收入能力的事件都会影响人的生命价值。从某种意义上讲，购买人身保险的根本目的就是谋求生命价值的保障，因此人身保险的保险金额可以根据生命价值的大小来确定。

对于生命价值理论，休布纳教授从定性角度出发，将一个人拥有的财产分为两类：一类是"已获得的财产"，即一个人已经获得并被其拥有的物质财产；另一类是"潜在财产"，即作为一个经济劳动力的货币价值，衡量个人赚取收入的能力，这种能力取决于一个人的性格、健康、教育程度、经验、技能、勤奋、创造力、判断力、耐心和实现理想的驱动力等因素，在一定时候，这种能力会转化为"已获得的财产"。在定性描述的基础上，休布纳教授又进一步从定量的角度提出生命价值是一个人预期净收入的资本化价值，要评估一个人的生命价值需要预测其工作预期寿命中的一些收入项目，这些项目将随一个人的职业、年龄、性别、种族、教育、婚姻状况、亲属数量等因素而变化。因此要精确估计一个人的生命价值是非常复杂的，一种简单的方法是：① 确定个人的工作和服务年限；② 估计未来工作期间的年平均收入；③ 从预期年平均收入中扣除自身的各种支出，得到净收入，供家庭受抚养者使用；④ 选择适当的贴现率计算预期净收入的现值，得到个人的经济价值。

生命价值法以生命价值理论为基础，利用上述方法计算人的生命价值，这个生命价值就是一个人投保人身保险的保险金额。

运用生命价值法确定人身保险保险金额存在一些缺陷：① 生命价值法忽视了社会保险等收入来源；② 预期收入受到诸多因素的影响，难以准确预计；③ 生命价值法忽视了通货膨胀因素。

上述缺陷限制了生命价值法的实用价值，但是休布纳教授的生命价值理论明确了人身风险的基本衡量方法，阐明了人身保险的目的是保障生命价值可能遭受的损失，在一定程度上回答了如何衡量一个人的生命价值问题，是一套颇有影响力的理论，被美国人寿保险总会的会员们普遍接受，成为人身保险的经济学基础。

例如,张某现年30岁,预计工作至60岁退休,当前年薪为10万元,个人年消费支出为5万元,预计未来工作期间年收入和个人年消费支出均按每年5%递增。假定年贴现率也为5%,试求张某30岁时的生命价值。

根据前面介绍的计算生命价值的方法可知:

(1) 确定未来工作年限为30年;

(2) 估计未来工作期间的年收入:第t年($t=1,2,\cdots,30$)的年收入为$10\times(1+5\%)^t$万元;

(3) 估计未来工作期间的年净收入:第t年($t=1,2,\cdots,30$)的年净收入为$(10-5)\times(1+5\%)^t=5\times(1+5\%)^t$万元;

(4) 预期净收入现值:第t年($t=1,2,\cdots,30$)的年净收入现值为:$5\times(1+5\%)^t\div(1+5\%)^t=5$万元。那么30岁时张某的生命价值为$5\times30=150$万元,也就是说张某30岁时投保人身保险应确定的保险金额为150万元。

如果张某因不幸事故死亡,他的家庭可以获得150万元的保险金,把这笔资金存入银行,按5%的年利息率计算,每年支取5万元,可以连续支取30年,相当于张某在其退休前的30年间为其家庭提供5万元的净收入。因此张某的家庭生活不会因为张某的死亡而发生大的变化。虽然张某死亡了,但是通过人身保险的定额给付,张某同样可以履行对家庭的承诺。

2. 收入置换法

收入置换法类似于生命价值法,它是根据家庭需求和收入确定保险金额,同时还考虑了通货膨胀和社会保险因素,保险金额用家庭年收入的倍数表示。在保险实务中,美国一些寿险公司根据收入置换法编制了各种年龄和收入的人们需要的人寿保险金额表,供投保人确定保险金额时参考(表3-1)。

表3-1　　　　合理的保险金额与年龄、年收入之间的关系

年龄(岁)	最高保险金额(人寿保险加意外伤害保险)
16～30	14倍年收入
31～35	13倍年收入
36～40	12倍年收入
41～45	10倍年收入
46～49	9倍年收入
50～52	8倍年收入
53～56	6倍年收入
57～60	4倍年收入

资料来源:张洪涛,庄作瑾.人身保险.北京:中国人民大学出版社,2002.

3. 家庭需求法

家庭需求法是根据家庭的主要收入来源者死亡后,家庭在未来的时间内仍维持原有生活水准而需要的收入缺口的现值来确定保险金额。

在实务中,运用家庭需求法确定保险金额的简单的步骤为:①假定意外就发生在今天,确定未来有多少年存在收入缺口(通常以孩子22周岁大学毕业为限);②假定维持原来生活水平不变,估计未来每年的家庭收入缺口额(所需收入－实际收入);③假定一个合理的折现率计算出未来各年收入缺口的现值之和,即为投保人投保时确定的保险金额。

由于保险标的的不可估价性,在人身保险中不存在足额保险、不足额保险和超额保险,也不存在重复保险问题,只要投保人有保险需求和保费的交付能力,买几份保险都是允许的,但是为了避免总计的保险金额过高,保险公司也会根据投保人的需要和收入水平加以控制。

二、保险金的定额给付性

补偿原则是保险的最基本的原则。财产保险属于补偿性保险。因此财产保险必须严格遵循保险的补偿原则以及补偿原则的两个派生原则——代位追偿原则和重复保险的分摊原则。根据补偿原则,财产保险赔付时有三个限额,即以保险金额为限,以实际损失为限,以保险利益为限。如果保险标的物的损失是由第三者的责任造成的,保险公司赔付了被保险人的损失后可行使代位追偿权,向有责任的第三者追偿。如果出现重复保险,各家保险公司按照比例责任分摊制或责任限额分摊制进行分摊。代位追偿原则和重复保险的分摊原则有力地维护了保险补偿原则,使被保险人获得的赔偿仅限于实际损失,不可能因保险额外获利。

由于保险标的的不可估价性,人身保险是定额给付性保险,它偏离了保险的补偿原则,也偏离了代位追偿原则和重复保险的分摊原则。在人寿保险中,只要保险合同中约定的保险事故发生,保险人就要按照约定的保险金额给付保险金,而不问被保险人有无损失以及损失金额的多少。如果被保险人的死亡或伤残是由于第三者的责任造成的,保险人在向被保险人或者受益人定额给付后不得行使代位追偿权。如果被保险人同时拥有数份有效保单,在保险事故发生后可以同时向多家保险公司要求索赔,任何一家保险公司都必须按照保险合同的规定作定额给付,不得有所增减。

我国《保险法》第四十六规定:被保险人因第三者的行为而发生死亡、伤残或者疾病等保险事故的,保险人向被保险人或者受益人给付保险金后,不享有向第三者追偿的权利,但被保险人或者受益人仍有权向第三者请求赔偿。

人身保险中的医疗保险可以采用定额给付方式,也可以采用补偿方式。当医疗保险采取补偿方式时,适用保险补偿原则,保险人对被保险人赔付的医疗保险金不超过被保险人实际支出的医疗费用。如果是第三者责任导致医疗费用支出,适用于代位追偿原则,如果医疗保险出现重复保险,适用重复保险的分摊原则。因为医疗保险的保险标的是支出的医疗费用,它是可以用货币准确计算出来的,也可以获得充分补偿的,医疗保险是一种费用损失保险,从严格意义上讲属于财产保险的范畴。

三、保险利益的特殊性

保险利益是指投保人或者被保险人对保险标的所拥有的法律上认可的、经济上的利害关系。保险利益是保险合同的基础。

(一) 定性规定

我国《保险法》第十二条规定:人身保险的投保人在保险合同订立时,对被保险人应当具有保险利益。财产保险的被保险人在保险事故发生时,对保险标的应当具有保险利益。这是保险利益原则在定性上的规定。

由于财产保险保险标的的实际价值可以用货币来衡量,因此财产保险合同是以人与物的关系为基础来判断投保人对保险标的是否具有保险利益。

人身保险是以人的身体或生命作为保险标的,因此在人身保险合同中,投保人必须对被保险人的身体或生命具有保险利益,否则他就不能为被保险人向保险人投保,即使投保了,人身保险合同也是无效的。但是由于人身保险保险标的的特殊性,人身保险的保险利益不能以确定的经济利益作为判断投保人对被保险人是否具有保险利益的衡量标准。在人身保险合同中,判断投保人对被保险人是否具有保险利益只能以人与人之间的关系为基础。

(二) 定量规定

在财产保险中,保险利益有量的规定。财产保险投保时不仅要考虑投保人对保险标的有没有保险利益,还要考虑保险利益的金额是多少。投保人对保险标的的保险利益就是保险标的的实际价值,其保险金额不应超过保险标的的实际价值。

人身保险的保险标的是身体和生命,由于保险标的的不可估价性,从理论上讲,人身保险的保险利益没有量的规定,投保人身保险时只考虑投保人有无保险利益,而不考虑保险利益的金额是多少。但是在某些特殊情况下,人身保险的保险利益有量的规定,例如债权人以债务人为被保险人投保定期死亡保险,保险利益以债务金额为限。

（三）保险利益的确认

财产保险中保险利益的确认可分为：① 财产所有人、经营管理人的保险利益。② 抵押权人与质押权人的保险利益。③ 负有经济责任的财产保管人、承租人、承包人的保险利益。④ 合同双方当事人的保险利益。

虽然各国保险立法对人身保险利益的规定有共同之处，即投保人对自己的身体和生命具有保险利益。但是当投保人为他人的身体和生命投保时，保险利益的确认采取了不同的原则。

1. 利益原则

利益原则是指投保人以他人为被保险人订立人身保险合同时是否具有保险利益，以投保人和被保险人之间是否存在金钱上的利害关系或者其他利害关系为判断标准。只要被保险人死亡或伤残会造成投保人精神上的痛苦和经济上的损失，就认定投保人对被保险人具有保险利益，例如认定债权人对债务人具有保险利益，企业对职工具有保险利益。英美等国法律一般采用利益原则。

2. 同意原则

同意原则是指投保人以他人为被保险人订立人身保险合同时是否具有保险利益，均以取得被保险人同意为判断标准。只要投保人征得被保险人同意，就认定投保人对被保险人具有保险利益。德国、日本、瑞士等国采用同意原则。

3. 法定原则

法定原则通过法律列明一定范围的亲属关系，或者规定一定的法律关系，投保人只要与被保险人具有法律所列明范围的亲属关系或规定的法律关系，便可被认为对被保险人有保险利益。

4. 混合原则

混合原则是将以上几种确认方式相结合，既规定一定的亲属范围，又规定应取得被保险人的同意来确认投保人对被保险人是否具有保险利益。

我国《保险法》在认定投保人对他人身体和生命是否具有保险利益时就采取了混合原则，即通过限制家庭成员关系范围并结合被保险人同意的方式来确定保险利益，而且在保险利益的表达方式上采用了"列举式"。

根据我国《保险法》第三十一条规定，投保人对下列人员具有保险利益：

(1) 本人；

(2) 配偶、子女、父母；

(3) 前项以外与投保人有抚养、赡养或者扶养关系的家庭其他成员、近亲属；

(4) 与投保人有劳动关系的劳动者。

除前款规定外,被保险人同意投保人为其订立合同的,视为投保人对被保险人具有保险利益。

其实在社会生活中,除了家庭成员、近亲属之外,人与人之间还存在着很密切的朋友关系或经济关系,例如债权人与债务人之间的债务关系、合同当事人之间的合同关系、合作合伙人之间的合作合伙关系,雇主与雇员之间的雇佣关系等。对具有上述经济利害关系的人,法律也应该容许他们为保障自己的利益为他人投保,即以对方为被保险人,与保险人订立人身保险合同。但是这种投保行为必须在征得被保险人同意的前提下才有效,才可视同投保人对被保险人具有保险利益。可见,双方之间具有某种经济上的利害关系是认定"同意"情况下存在保险利益的条件。

(四)时效规定

财产保险强调保险利益必须在损失发生时存在,如果在损失发生时被保险人对保险标的不具有保险利益,那么被保险人不能获得保险赔偿金。但是根据国际贸易惯例,海洋货物运输保险的保险利益在时效上具有一定的灵活性:一是保险人同意买方在暂时对保险标的还无保险利益的情形下可以为保险标的投保,并确认保险合同可以生效,但可赔条件是保险人只在买方对货物拥有保险利益时才履行赔偿责任;二是规定海洋货物运输保险的保单只要被保险人背书后可以随意转让,不会影响保单的效力。

在人身保险中,由于保险期限的长期性和储蓄性,保险利益只是订立保险合同的前提条件,而不是维持合同有效或者给付保险金的条件。因此人身保险只要求投保人在订立保险合同时对被保险人必须具有保险利益,而索赔时不追究有无保险利益,即使投保人对被保险人因离异、雇佣合同解除或其他原因而丧失保险利益,并不影响保险合同的效力,保险人仍负有给付保险金的责任。因为严格规定人身保险合同的投保人在投保时对被保险人必须具有保险利益,目的是保护被保险人的生命安全,避免道德风险的发生,但是人身保险合同却不要求受益人也必须对被保险人具有保险利益。

四、人身保险的长期性

财产保险合同是短期性合同,保险期限一般为一年,保险期满后可以续保。而投保人投保人身保险的目的是为了自己过早死亡后给家庭提供经济保障,或者为自己年老后提供经济保障,这种保障的需要是长期的,因此人身保险尤其是人寿保险都是长期性的保险,保险期限短则数年,长则数十年甚至一个人的一生。当然人身保险中也有短期性险种,如人身意外伤害保险。由于人身保险的长期性,使人身保险业务在经营中存在一些特殊性。

(1) 财产保险期限短,保费采用趸缴方式,而且每年期满后必须办理续保手续。人身保险中除人身意外伤害保险等短期性业务保费采用趸缴方式外,长期性人身保险合同的保费通常采用年缴方式或限期交付方式,保险公司每年有保费收入,保单也不需要每年更新。

(2) 人身保险长期稳定的保费收入,可以积聚巨额的保险基金供中长期投资,在保险投资时,对资金的流动性要求不像财产保险那么迫切。

(3) 人身保险的长期性,使人身保险业务的内部管理比财产保险更加严格,要求做到管理业务标准化、管理工作程序化和管理资料档案化。

(4) 人身保险的长期性,保险人在保险有效期内不得随意终止保险合同。为了给投保人提供方便,人身保险合同常规定宽限期条款、保单质押贷款条款和复效条款等。

(5) 传统的人寿保险不仅保险期限长,而且保额和保费都是固定不变的,很难随着经济形势的变化进行调整,尤其容易受到利率波动和通货膨胀的冲击,给人寿保险公司的稳健经营带来影响。此外,由于保险期限的长期性,使寿险公司对于未来因素诸如死亡率因素、利息率因素、费用因素、保单失效率因素等的预测变得十分困难,对寿险精算和险种创新提出了更高的要求,也增加了人寿保险合同拟订和履行的难度。

五、保险的储蓄性

财产保险是补偿性保险,如果在保险期限内发生保险事故造成被保险人损失,保险人在保险金额的限度内按财产的实际损失赔付,如果保险期满没有发生任何保险事故,保险合同自然终止,保险人不作任何赔付,也不退还保费。

人身保险中的人寿保险,除了提供一般的保险保障外,还兼有储蓄的性质。人寿保险的储蓄性可以从人寿保险保费的构成以及人寿保险保费的转换两个方面加以分析。

1. 人寿保险保费的构成

人寿保险的营业保费由纯保费和附加保费两部分构成,纯保费是用于将来保险金赔付的,附加保费是用于保险公司费用支出的。纯保费又可分为危险保费和储蓄保费,危险保费是用于当年保险金给付,储蓄保费则累积成为责任准备金用于将来保险金给付。这笔储蓄保费就相当于投保人存放在保险公司的储蓄存款,保险公司必须将它进行投资运用,使它不断增值,以保证将来保险金的给付。如果投保人中途退保,保险公司必须将累积储蓄保费以退保金的方式返还给保单持有人。如果被保险人临时经济上有困难,也可以将保单质押向保险公司申请贷款。

2. 人寿保险保费的转换

死亡率是人寿保险费率厘定的基本要素之一。随着年龄增加,死亡率也会逐年增加,特别是到了老年以后,死亡率上升的幅度更大。自然保费是按照各年龄的死亡率计算的保费,正好用于当年的保险金给付,没有积累。由于死亡率逐年递增,自然保费也逐年递增,而且增加速度越来越快,给寿险公司的业务经营带来困难,这种困难表现在两个方面:一是如果寿险公司按照自然保费方式收取保险费,被保险人年龄越大,保费越高,大多数被保险人在晚年最需要保险保障时因为缺乏保费的负担能力而退出保险,从而使人寿保险失去存在的意义;二是容易出现逆选择,身体健康的人考虑保险费率上升无力承担高额保费而退出保险,体弱多病者考虑到风险程度增大而坚持投保,持续缴费到保单期满,从而使正常情况下计算出的保险费率难以维持。

为了避免保险费率的频繁变动,保证保险人的正常经营,人寿保险多采用均衡保费代替每年更新的自然保费,均衡保费是指将投保人每年所交的自然保费考虑到利率因素后在缴费期内进行年度均衡得出的保险费。采用均衡保费,投保人在缴费期内每年所缴的保费相等。

均衡保费和自然保费在数额上存在很大的差异。表 3-2 中的保费是按保险金额为 1000 元,年利率为 3%,35 岁参加保险,90 岁到期的死亡保险计算而得。从表中的数据可知,保险早期的均衡保费高于自然保费,保险晚期均衡保费远远低于自然保费,保险人用保险早期多收的保费弥补保险晚期不足的保费,相当于投保人将年纪轻时多缴的保费储存在寿险公司,由寿险公司进行投资运用使它不断增值用于弥补年纪大时均衡保费远远低于自然保费的部分。自然保费向均衡保费的转换,既可以使投保人经济上能够负担均衡,使被保险人晚年也有能力享受保险的保障,还可以保证保险人正常的业务运营。从自然保费和均衡保费的转换中,也显示了人身保险的储蓄性。

虽然人身保险的储蓄性和银行储蓄一样都体现了有备无患的思想,通过减少现时消费,将一部分货币使用权暂时让渡,经过一段时间逐渐形成后备,以应付各种风险事故的发生,保障个人和家庭生活的安定,因此人身保险是一种强制储蓄。但是与银行储蓄还是存在本质的区别。

(1) 储蓄只是资金的使用权作暂时的让渡(储户与银行之间),只要银行正常经营,资金所有权最终还是属于储户。而人身保险不仅是保费的使用权发生了让渡(投保人与保险人之间),而且保费的所有权也发生了让渡。

表 3-2　　　　　　　　自然保费与均衡保费的比较

年龄(岁)	死亡率	自然保费(元)	均衡保费(元)
35	2.51‰	2.44	16.29
40	3.53‰	3.43	16.29
45	5.35‰	5.19	16.29
50	8.32‰	8.08	16.29
55	13.00‰	12.62	16.29
60	20.34‰	19.75	16.29
70	49.79‰	48.33	16.29
80	109.98‰	106.77	16.29
90	228.14‰	221.49	16.29

资料来源:魏华林,等.保险学.北京:高等教育出版社,1999.

(2) 储蓄属于应付人身风险的对策之一——自留风险,它是一种纯粹的个人自助行为。而人身保险是一种互助合作的行为,体现了"我为人人,人人为我"的保险宗旨,目的在于分散风险,分摊损失。

(3) 储蓄是个人单独形成的财产准备,是所有权与使用权暂时分离的后备资金,采取存取自由的原则。而人身保险除非投保人中途退保领取退保金,否则保险人只有在保险事故发生时或者被保险人生存至保险合同约定的年龄或期限时才给付保险金。

(4) 储蓄的计算技术非常简单,就是本金加利息,计算方法有单利和复利两种。储蓄的关键是利率的确定,但是利率对于银行和储户来说是不可控的,它是国家宏观调控的工具,受到一国金融市场和金融政策的影响。

人身保险中寿险费率的厘定不仅要考虑预定的死亡率、利息率、营业费用率,还要考虑被保险人的性别、职业、习惯爱好、健康状况、家族病史、经济收入等多种因素,因此人身保险费率厘定要求精算技术更高、专业性也更强,远远超过对储蓄的要求。

第三节　人身保险的分类

一、按投保方式分类

按投保方式分类,人身保险可以分为个人保险和团体保险。

个人保险是指一张保险单只为一个被保险人提供保险的保障。个人保险可以细分为普通人寿保险和简易人寿保险、人身意外伤害保险、健康保险。

团体保险是指以一张总的保险单为某一团体单位的所有成员或者其中大多数成员（一般要求至少为总人数的75%）提供保险的保障。团体保险可以细分为团体人身保险、团体人身意外伤害保险、团体年金保险、团体健康保险等。

二、按承保技术分类

按承保技术分类，人身保险可以分为普通人寿保险和简易人寿保险。

普通人寿保险是指保险金额高，投保时要严格检查被保险人身体的死亡保险或者两全保险。由于保险金额高，普通人寿保险要求投保人的保费交付能力强，适合收入水平较高的群体投保。

简易人寿保险是一种保险金额低，不检查被保险人身体的死亡或者两全保险。简易人寿保险是按保险费单位出售的，而不是按保险金额单位出售，简易人寿保险适合收入水平较低的工薪阶层投保。

简易人寿保险的保险费率相对高于普通人寿保险，原因在于：① 简易人寿保险的被保险人一般是低收入阶层，又未经过体检，因而死亡率较高；② 简易人寿保险保险费是由保险公司的代理人按月或按周上门收取，增加了保险公司的销售和管理费用；③ 简易人寿保险保单失效率高。

三、按保障范围分类

按保障范围分类，人身保险可以分为人寿保险、人身意外伤害保险和健康保险。

人寿保险是以人的生命作为保险标的，以被保险人生存或死亡作为保险金给付条件的人身保险业务。人寿保险承保的风险可以是死亡，也可以是生存，还可以同时承保生存和死亡两种风险。死亡保险、生存保险和两全保险、年金保险属于传统人寿保险，变额寿险、万能寿险属于投资型人寿保险。人寿保险是人身保险的基本险种，也是最主要的险种。

人身意外伤害保险是以人的身体和生命作为保险标的，以被保险人在保险期限内遭受意外伤害事故造成的死亡、残疾为保险金给付条件的人身保险业务。人身意外伤害保险保险期限短，投保简便，无须检查被保险人身体。

健康保险是以被保险人支出的医疗费用、疾病、生育或因疾病、意外伤害不能工作而导致的收入损失作为保险事故的人身保险业务。狭义的健康保险就是指医疗保险、疾病保险、生育保险和残疾收入保险。广义的健康保险还包括人身意外伤害保险。

四、按人身保险的需求效用分类

按人身保险的需求效用分类,人身保险可分为保障型人身保险、储蓄型人身保险和投资型人身保险。

保障型人身保险是指体现保险保障功能的人身保险业务。如定期寿险、终身寿险、人身意外伤害保险、医疗保险、重大疾病保险等。

储蓄型人身保险是指体现保险储蓄功能的人身保险业务。如年金保险、养老金保险、子女教育金保险等。

投资型人身保险是指在基本保障功能的基础上凸现保险投资功能的人身保险业务。如美国的变额寿险、万能寿险、变额万能寿险;我国的投资连结保险、万能保险;等等。

五、按有无利益分配分类

按有无利益分配分类,人身保险业务可分为分红保险和不分红保险。

分红保险是保险人将每年年末盈利的一部分以红利的方式分配给保单持有人的人身保险。分红保险最早是相互人寿保险公司提供的产品,投保人购买分红保险后不仅可以获得保险保障,还可以获得保险公司的经营利润。早期商业性人寿保险公司一般不出售分红保险单,但是为了与相互保险公司竞争保险业务,现在股份制保险公司也开办了分红保险。

不分红保险是指投保人在购买保险后只能获得保险保障,没有盈利分配的人身保险。通常分红保险的费率要高于不分红保险。

六、按风险程度分类

按风险程度分类,人身保险可分为标准体保险、次标准体保险和弱体保险。

标准体保险又称健体保险,是指被保险人的风险程度属于正常标准范围,保险人可以按标准费率正常承保的人身保险。

次标准体保险又称次健体保险,是指被保险人的风险程度高于正常标准范围,保险人不能按标准费率承保,但可以条件承保的人身保险。

弱体保险是指被保险人的风险程度明显高于正常标准范围,保险人一般不予承保,但是考虑到市场竞争或者其他原因保险人按特约条件承保的人身保险。弱体保险通常要运用再保险分散风险。

第四节 人身保险的作用

人身保险作为一种转移人身风险的方法,充分体现了保险的基本职能和派生职能,对个人和家庭、企业和国家发挥了非常重要的作用。

一、微观作用

(一) 对个人和家庭的作用

1. 经济保障

人一生面临各种人身风险,疾病、意外事故的发生往往令人猝不及防,即便能顺顺利利地过完一生,每个人又都不可避免地要衰老和死亡。如果在健康时不作打算,年轻时不作规划,就很难应付突如其来的人身风险。同样,对于一个家庭而言,家庭经济支柱的残疾或者死亡,常常使家庭生活陷入困境,要想使自己及家人经济上有所保障,就必须尽早作财务安排,人身保险就是这种财务安排中极为重要的一环。通过人身保险,一方面解除了被保险人的后顾之忧,让被保险人安心工作生活;另一方面,在被保险人发生衰老、伤残、疾病、死亡等保险事故后,被保险人或其受益人可从保险公司领取一笔保险金,以保证家庭生活的稳定。

2. 投资手段

与其他保险产品相比,人身保险具有长期性和储蓄性的特点。人身保险的保费收取与保险金给付之间存在较长的时间差,在保单存续期内,保险人可以将责任准备金进行投资。保险公司的投资具有许多个人投资无法企及的优势,如资金规模大,信息来源广,操作专业规范,从而可以最大限度地分散风险,及时化解许多个人投资者无法克服的投资风险,保证资金的安全。因此,对个人和家庭而言,人身保险不失为一种安全可靠的投资手段。此外,人寿保险单具有现金价值,往往被视为个人金融资产。投保人可以将寿险保单作为抵押向保险公司借款,也可以随时请求解除保险合同,领取退保金。

3. 税收优惠

人身保险的保单持有人和指定受益人可以享受税收减免。一般国家的税法规定:指定受益人领取的保险金可以免缴遗产税;保单持有人获得的所有给付,包括退保金、红利、两全保险期满生存给付等免缴所得税,只对年金的利息收入部分征税。在税收优惠政策的推动下,人身保险在许多国家成为一种合法的避税工具。

（二）对企业的作用

1. 化解企业对员工的人身风险责任

企业在雇佣员工的过程中，员工会面临因工伤残疾、患职业病等人身风险，需要企业对此给予一定的经济补偿。例如，美国的员工补偿计划（workers compensation plan）规定，因某些原因造成员工受伤、残疾、死亡，无论雇主是否存在过失责任，都需要承担赔偿责任。企业通过为员工投保团体人身意外伤害保险、团体人寿保险、团体健康保险将员工的人身风险转嫁给保险公司，从而减轻员工人身风险给企业财务造成的影响。人身保险的这种作用对经营规模较小，抗风险能力相对较弱的中小企业意义尤为重大。

2. 增加员工福利，减少人才流失

在衡量一家企业员工福利水平时，人身保险计划的完善可以说是一项重要指标，其作用主要表现为：①为员工投保人身保险可以给员工带来未来预期的经济收益，相当于增加了其劳动回报，使员工感觉到企业对自己的重视，激励其加倍努力工作；②人身保险给企业员工带来的经济收益随工龄的增加而增长，员工一旦离开该企业，将会有很大的经济损失，这就降低了人员的流动性，避免企业从外部频繁雇佣劳动力；③对企业和员工来说，保费还具有抵税和税收递延效果。因此，人身保险作为员工福利的一种变通形式，正越来越多地受到企业的青睐。

3. 补偿企业因重要员工死亡或伤残所遭受的损失

各行各业都会有一些重要员工，他们或是企业的技术开发骨干，或是操作能手，或是管理人才，企业健康运转离不开他们的积极参与，他们的能力、经验、技术是企业经营成功的关键。一旦这些重要人物死亡或丧失工作能力，会使企业遭受巨大的经济损失。因此，为这些员工投保"关键人物保险"将是企业的明智选择，使企业经营不受重要员工突然死亡或丧失工作能力的影响，保证企业的正常运营。

二、宏观作用

1. 稳定社会秩序

人身保险减轻了人身风险对个人、家庭和企业造成的消极影响，稳定了社会秩序，安定了人民生活。人身保险作为社会保障体系的重要组成部分，可以为社会成员提供多层次的风险保障，促进社会的稳定和持续发展。因此，人身保险被誉为社会的"稳定器"。美国学者把社会保险、企业保险、个人保险比喻为"三条腿的椅子"。

2. 增加就业机会

人身保险产品是一种无形的非渴求的商品,实行以人为本的营销策略,增员管理是人身保险营销管理的一个重要经营理念,综合素质差的营销人员被淘汰,综合素质好的营销人员被吸纳,使得人身保险行业可以容纳数量极大的社会富余劳动力,可以为社会带来一定的就业机会。例如我国个人代理人制度已为我国增加了140多万个就业岗位。今后随着我国人身保险的发展和日趋成熟,将会有更多人加入营销队伍中来,为社会创造更多的就业机会。

3. 促进金融市场的发展

大多数人身保险具有长期储蓄性质,可以积聚巨额的责任准备金,成为货币市场和资本市场,尤其是中长期资本市场的重要资金来源。据统计,美国货币市场和资本市场的资金来源中,保险资金长期维持在20%,仅次于商业银行和共同基金,成为资本市场重要的机构投资者,为改善资本市场的投资环境、稳定资本市场的秩序发挥了重要的作用。因此人身保险被誉为"经济的助动器"。

第五节 人身保险与社会保险

人身保险和社会保险是对付人身风险的两种对策,它们之间有共性也存在本质的区别,在发展过程中两者还存在相互作用和相互影响的关系。

一、社会保险的概述

(一)社会保险的概念

社会保险是国家通过立法以保险的形式,对劳动者因年老、疾病、伤残、死亡、生育、丧失劳动能力和失业时引起的生活困难给予补偿的一种经济制度。社会保险旨在维持依靠劳动收入生活的劳动者及其家庭成员的基本生活需要,促进社会安定。因此社会保险本质上是一种社会保障制度,它与社会福利、社会救济、社会优抚共同组成了社会保障体系,被称为稳定社会的"安全网"。

(二)社会保险的内容

由于各国经济发展水平不同,社会保险实施的内容也有所不同,但就基本方面看,可以概括为以下四个方面:①老年、残障和遗属保险;②疾病和生育保险;③工伤保险;④失业保险。

我国的社会保险主要分为养老保险、医疗保险、生育保险、工伤保险和失业保险五大类。

(三) 社会保险的特征

作为国家社会保障体系的重要组成部分,与其他社会保障形式相比较,社会保险具有以下四个特征。

1. 强制性

社会保险是国家通过立法强制实施的,凡属于社会保险规定范围的对象,不论其是否愿意,都必须参加社会保险,按时缴纳社会保险费,由国家统一规定保费和保障水平。

2. 互济互助性

社会保险的互济互助性体现在劳动者之间经济上的互济、单位或行业之间的互济以及不同经济水平地区之间的互济,通过建立社会保险基金,对符合社会保险条件的被保险人及其家属提供经济补偿。

3. 对象的特定性

社会保险的保障对象是由国家法律规定的,可以是从事特定职业的劳动者,也可以是收入达到一定水平的劳动者,有些国家甚至扩大到全体国民(如北欧一些国家的老年、残障和遗属保险)。我国社会保险保障的对象仅限于符合劳动法规定的劳动者。

4. 保障水平的基本性

社会保险的保障水平过低,不能达到社会保险的目的,发挥不了社会保险保障基本生活、稳定社会秩序的作用;社会保险保障水平过高,又会造成社会保险资源的滥用,增加社会保险支出压力和道德风险。因此社会保险保障水平是满足公民的基本生活需要。

二、人身保险与社会保险的共性

人身保险和社会保险作为两种不同的保险方式,它们之间的共性表现在保险目的、保险标的、经营方式和经营技术四个方面。

1. 保险目的相同

社会保险和人身保险的最终目的都是保障人民生活安定、稳定社会秩序、保证社会再生产顺利进行和促进社会经济的繁荣。

2. 保险标的相同

社会保险和人身保险都是以人的身体和生命为保险标的。在人身保险的保险期限内,当被保险人发生意外死亡、伤残、疾病、衰老等保险事故或者生存至保险合同约定年龄或期限时,由保险人向被保险人或者指定的受益人给付保险金。在社会保险中当劳动者因年老、疾病、伤残、死亡、生育、丧失劳动能力和失业引起的生活困难时由政府给予经济上的补偿。

3. 经营方式相同

社会保险和人身保险都采用保险方式,以建立保险基金作为提供经济保障的物质基础。为了使被保险人在遭受人身风险事故后获得及时可靠的经济保障,社会保险和人身保险都要将收取的保险费建立保险基金并进行投资运用,以确保保险基金的保值和增值。

4. 经营技术相同

社会保险和人身保险都以概率论和大数法则作为经营的数理基础,运用生命表厘定保险费率,只有被保险人的数量足够多才能真正发挥分摊风险和经济补偿的作用。

三、人身保险与社会保险的区别

人身保险和社会保险的区别表现在保险性质、实施方式、法律依据、保障范围和程度、保费来源和计算、保险金额的确定和给付、受益人规定等方面。

1. 保险性质不同

人身保险属于商业保险范畴,由取得了监管部门批准的开业资格的商业保险公司经营,保险公司与被保险人之间遵循对价有偿原则,保险公司的经营是以盈利为目标。

社会保险是一种政策性保险,由国家指定的机构经营(如我国的劳动和社会保障部门),为维护社会公平,社会保险遵循有利于低收入劳动者的原则。社会保险的运作不以盈利为目的,而以社会效益为宗旨,是一项国策。

2. 实施方式不同

人身保险是自愿保险,保险双方在自愿的基础上签订保险合同,保险权利义务关系的建立完全以保险合同为依据。投保人可以自行决定是否投保、向谁投保、投保险种类别以及保险金额的大小等,即使有少数强制保险,也一般拥有选择保险公司和保险金额的权利,并且投保后也可以退保。同样,保险公司对投保人的要约行为也可以作出是否承保、以何种费率承保或者附加特约的决定。

社会保险是强制保险,由国家指定的机构承保,不需要保险人与被保险人订立保险合同,双方的权利义务也不一定对等。只要是法律规定范围内的人都必须参加社会保险,投保人无权选择保险金额的多少,也不允许退保。

3. 法律依据不同

人身保险合同是双务合同,以诚信、平等、自愿、互利为前提,双方的权利义务以保险合同规定为准。人身保险合同又是普通的民事合同,涉及婚姻、继承等民事法律关系,因此人身保险适用于民法调整,属于部门立法范畴。

社会保险涉及的是国家经济、劳工、福利等政策,反映的是国家、企业、劳动者个人三者之间的物质利益关系,体现的是社会成员劳动、学习、生存、享受和发展的基本权利,因此,社会保险受国家根本大法——宪法的制约和调整,属于社会立法范畴。

4. 强调的原则不同

人身保险合同体现了保险双方当事人的权利义务对等关系,保险人承担给付保险金责任完全取决于投保人是否交付保险费以及交费数额的多少,它强调的是"个人公平"的原则。

社会保险以贯彻国家的社会政策和劳动政策为宗旨,为了体现政府的职能,投保人的交费水平和保障水平的联系并不直接,它强调的是"社会公平"的原则。

5. 保费来源不同

人身保险保费源于投保人个人,保险公司通过制定合理的保险费率,控制承保风险,积极运用资金,实现保险公司的自负盈亏。而社会保险保费来自职工个人缴费、企事业单位缴费和国家财政补贴三部分,社会保险的保险费率取决于国家宏观经济政策。

6. 保险金额的确定和给付不同

人身保险根据投保人的保险需求和缴费能力确定保险金额,按照保险合同约定的保险金额给付保险金。人身保险可以满足被保险人多层次的保障需求。社会保险根据国家经济形势确定保险金额,按工资的一定比例给付保险金。社会保险只能满足劳动者基本的生活需要。

四、人身保险与社会保险的关系

人身保险和社会保险作为对付人身风险的两种保险对策,既存在本质的区别,又密切联系,相互补充,相得益彰。

1. 社会保险是基础

社会保险虽然依靠国家立法在全社会强制推行,但是社会保险保障范围不广,只有符合社会保险法律规定的劳动者才能获得社会保险的保障。社会保险保障的风险是劳动者在经济生活中面临的基本人身风险,如年老、工伤、医疗费用支出、生育、失业。社会保险保障层次低而且单一,只提供劳动者基本的生活保障。因此,社会保险是基础。

2. 人身保险是补充

人身保险适用范围广、保障层次高,对那些不属于社会保险保障范畴的公民可以通过投保商业人身保险的形式弥补社会保险保障对象的不足。对于那些享受社会保险保障的公民，也可以通过投保商业人身保险的形式弥补社会保险保障的层次、保障的风险、保障的程度等方面的不足。投保人可以根据自己的缴费能力选择不同的险种、不同的保险金额、不同的保险期限以满足自己多方面的保障需求。因此，人身保险是补充。

社会保险是基础，人身保险是补充，只有将人身保险和社会保险有机的结合才能共同组成一个比较完整的人身保障体系。

思考题

1. 名词解释：人身保险 生命价值法 收入置换法 家庭需求法 普通人寿保险 简易人寿保险 社会保险
2. 概述人身保险的基本特征。
3. 简述我国《保险法》对人身保险中保险利益的规定。
4. 分析人身保险的储蓄性以及保险储蓄与银行储蓄的区别。
5. 如何理解人身保险的定额给付性？
6. 试从保障范围和需求效用两个方面对人身保险进行分类。
7. 简述人身保险和社会保险的异同以及相互关系。

第四章 人身保险合同

第一节 人身保险合同的法律特征

一、人身保险合同的概念

《中华人民共和国合同法》第二条规定,合同是平等主体的自然人、法人、其他组织之间设立、变更、终止民事权利义务关系的协议。我国《保险法》第十条规定,保险合同是投保人与保险人约定保险权利义务关系的协议。保险合同分为财产保险合同和人身保险合同。

人身保险合同的基本内容是投保人按照人身保险合同的约定向保险人缴纳保险费,当被保险人在保险期限内发生死亡、伤残、疾病、衰老等保险事故或者达到人身保险合同约定的年龄、期限时,保险人依照保险合同的约定向被保险人或者受益人给付保险金。

二、人身保险合同的法律特征

人身保险合同是保险合同的一种,它具有保险合同的一般特征,即保险合同是射幸合同,保险合同是双务合同,保险合同是对价有偿合同,保险合同是要式合同,保险合同是最大诚信合同。由于人身保险合同保险标的的特殊性,人身保险合同还具有一些特殊的法律特征。

1. 人身保险合同是普通民事合同

普通民事合同是相对于经济合同而言的。经济合同是法人之间为了实现一定的经济目的、明确双方的权利和义务关系而订立的合同。

从人身保险合同的当事人看,保险人是法人,投保人可以是法人,也可以是自然人,除团体保险外,人身保险合同都是法人和自然人之间订立的合同。

从人身保险合同订立的目的看,人身保险是为被保险人的生、老、病、死、残等人身风险提供保险保障。人身保险合同订立时保险利益的确认、被保险人死亡保险金的给付等都与《婚姻法》《继承法》密切相关,人身保险合同所产生的权利义务关系适用于《保险法》和《民法》来调整,因此人身保险合同是一种普通的民事合同。

2. 人身保险合同是实践性合同

实践性合同是相对于诺成合同而言。通常财产保险合同是诺成合同。投保人提出投保要约，经保险人承诺，并就合同的条款达成协议，保险合同就告成立。实际缴纳保险费并不是保险合同生效的实质条件，即使投保人还没有缴纳保险费，一旦发生保险事故，保险人仍要按照保险合同规定进行赔付，只是在赔款中扣除尚未交付的保险费。但是在保险实务中，为了避免应收保费风险和被保险人与保险人之间的纠纷，一般保险公司在财产保险合同签发之前要求投保人交付保险费。

在人身保险中，不仅要求投保人提出投保要约，经保险人承诺，并就合同的条款达成协议，而且投保人必须实际缴纳保险费，保险合同才能成立。所以人身保险合同是实践性合同，实际交付保险费是保险合同生效的前提条件。在保险合同成立之前，投保人尚未交付保险费，即使保险人已经签发了保险单，发生保险事故，保险人也不负保险金给付责任。

但是在人身保险合同订立时，投保人交付了保险费并不意味着保险合同一定能生效，如果体检后发现被保险人的身体健康状况不符合保险公司的要求，保险人可以拒绝作出承诺，退还保险费。因此，在人身保险实务中，保险公司通常以投保人交付保险费和保险公司出立保险单作为保险合同真正生效的条件。

3. 人身保险合同是定额给付性合同

定额给付性合同是相对于补偿性合同而言的。财产保险合同是补偿性合同，补偿原则是财产保险合同的最基本原则。如果发生保险事故，保险人在保险金额的限度内按被保险人的实际损失赔付。出现重复保险，保险人之间按比例分摊损失。第三者责任造成财产的损失，保险人赔付后可行使代位追偿权。总之，在财产保险中，被保险人获得的赔偿仅限于其实际损失，不可能因保险额外获利。

除医疗保险可以是定额给付性合同，也可以是补偿性合同外，人身保险合同均属于定额给付性合同。在保险事故发生时，保险人不考虑被保险人在保险事故发生时的实际收入水平如何，也不问被保险人实际上有无损失或损失金额是多少，保险人都按保险合同中约定的保险金额给付保险金。被保险人重复保险时，各家保险公司都应定额给付，不得有所增减。第三者责任造成被保险人死亡或残疾，保险人定额给付之后不得行使代位追偿权。就如我国《保险法》第四十六规定：被保险人因第三者的行为而发生死亡、伤残或者疾病等保险事故的，保险人向被保险人或者受益人给付保险金后，不享有向第三者追偿的权利，但被保险人或者受益人仍有权向第三者请求赔偿。

4. 人身保险合同大多是为第三者利益而订立的合同

为第三者利益订立的合同是相对于为订约人自己的利益订立的合同而言。财产保险合同是为订约人自己的利益而订立的保险合同。财产保险合同中投保人与被保险人是同一主体。投保人就是被保险财产的所有人、经营管理人、抵押权人或其他对被保险财产具有保险利益的人，投保人是为了自身的经济利益与保险人订立保险合同。

在人身保险中，投保人和被保险人是两个可以分离的主体。如果投保人以自己的生命作为保险标的订立生存保险合同，属于为订约人自己利益而订立的合同。如果投保人以自己的生命为保险标的订立死亡保险合同或者投保人以他人的生命作为保险标的订立生存保险合同，都属于为第三者利益订立的合同，都需要指定第三人为受益人，因此人身保险合同既可以是为订约人自己利益而订立的合同，也可以是为第三者利益订立的合同。随着人们保险需求的多元化，人身保险责任范围的不断扩大，绝大多数保单都是集死亡、残疾、医疗费用、养老年金等保险责任于一体。因此，大多数的人身保险合同是为第三者利益而订立的合同。

第二节 人身保险合同的主体和客体

一、人身保险合同的主体

人身保险合同的主体是指与人身保险合同发生直接、间接关系的自然人和法人，具体包括合同的当事人、合同的关系人和合同的辅助人。

（一）人身保险合同的当事人

人身保险合同的当事人是指直接参与保险合同的签订，确定保险合同权利和义务的行为人。人身保险合同的当事人包括保险人和投保人。

1. 保险人

人身保险合同的保险人是指经营人身保险业务的保险公司。作为人身保险合同的一方当事人，它与投保人订立人身保险合同，享有向投保人收取保险费的权利，当保险事故发生或约定的保险期限届满时，履行给付保险金的义务。

按照我国《保险法》的规定，人身保险合同的保险人必须满足三个条件：

（1）保险人要具备法定资格。具体表现在三个方面：① 保险人必须是依照法定条件和程序设立的保险公司，并且要接受保险监督管理机构的监管；② 我国保险公司的组织形式是国有独资公司和股份有限公司两种；③ 保险公司要分业经营,并且在保险监督管理机构批准的范围内经营保险业务。

(2) 保险人必须以自己的名义订立保险合同。保险人只有以自己的名义与投保人订立人身保险合同,才能成为人身保险合同的保险人。

(3) 保险人必须依照保险合同承担保险责任。当保险期限内发生了保险事故或者达到保险合同约定的年龄、期限时,保险人必须承担给付保险金的责任。

由于人身保险业务的特殊性,各国对经营人身保险业务的保险人有特殊的规定,我国《保险法》规定如下:

第八十九条:经营有人寿保险业务的保险公司,除分立、合并外,不得解散。

第九十二条:经营有人寿保险业务的保险公司被依法撤销的或者被依法宣告破产的,其持有的人寿保险合同及准备金,必须转移给其他经营有人寿保险业务的保险公司;不能同其他保险公司达成转让协议的,由国务院保险监管机构指定经营有人寿保险业务的保险公司接受转让。

第九十五条:
保险公司的业务范围:

(1) 人身保险业务,包括人寿保险、健康保险、意外伤害保险等保险业务;

(2) 财产保险业务,包括财产损失保险、责任保险、信用保险、保证保险等保险业务;

(3) 国务院保险监督管理机构批准的与保险有关的其他业务。

保险人不得兼营人身保险业务和财产保险业务。但是,经营财产保险业务的保险公司经国务院保险监督管理机构批准可以经营短期健康保险业务和意外伤害保险业务。

保险公司应当在国务院保险监督管理机构依法批准的业务范围内从事保险经营活动。

2. 投保人

投保人是与保险人订立人身保险合同,并按照保险合同规定负有支付保险费义务的人。作为人身保险合同的一方当事人,投保人必须具备三个条件:

(1) 就法律条件而言,投保人必须具备完全的民事权利能力和民事行为能力。订立人身保险合同是一种法律行为,投保人具备完全的民事权利能力和民事行为能力是人身保险合同生效的前提。由于人身保险合同专业性强,涉及当事人和关系人的切身利益,为了保证投保人充分理解人身保险合同的条款,规定无民事行为能力和限制民事行为能力的自然人,不能作为投保人与保险人签订人身保险合同。

依据我国《中华人民共和国民法通则》,不同投保人的民事能力有不同的规定。对于自然人,必须年满18周岁,或者年满16周岁但以自己的劳动收入作为主要生活来源,并且无精神性疾病。

(2) 就经济条件而言,投保人必须具有缴纳保险费的能力。首先作为投保人,无论是自然人还是法人,都必须以自己的名义与保险人订立人身保险合同,才能成为投保人。其次投保人必须依照人身保险合同的规定交付保险费,投保人只有履行了交付保险费的义务,才能成为法律意义上的投保人。如果投保人不按期交付保险费,保险人有权中止保险合同。

(3) 就特殊条件而言,投保人须对保险标的具有保险利益。为了保证投保人投保行为的合法性,防止投保人利用人身保险合同进行投机赌博等违法行为,减少道德风险的发生,各国保险立法都明确规定,投保人必须对保险标的具有保险利益。

在人身保险中,投保人可以为本人投保,也可以为他人投保,如果为他人投保,必须满足我国《保险法》第三十一条的规定,即投保人对下列人员具有保险利益:本人,配偶、父母、子女,前项以外与投保人有抚养、赡养或者扶养关系的家庭其他成员、近亲属,与投保人有劳动关系的劳动者;除前款规定外,被保险人同意投保人为其订立合同的,视为投保人对被保险人具有保险利益。

(二) 人身保险合同的关系人

人身保险合同的关系人是指不直接参与保险合同的签订,但在保险合同中享有保险金请求权的人。人身保险合同的关系人包括被保险人和受益人。

1. 被保险人

根据我国《保险法》第十二条规定,被保险人是指其财产或者人身受到保险合同保障,享有保险金请求权的人。在人身保险合同中,如果投保人为自己投保,投保人和被保险人是同一主体;如果投保人为他人投保,投保人和被保险人是分离的主体,即投保人是人身保险合同的当事人,而被保险人是人身保险合同的关系人。

在人身保险合同中,投保人以他人作为被保险人投保人身保险时必须遵守以下三个规定:① 被保险人必须是投保人在保险合同中指定的人。② 投保人对被保险人要有保险利益。③ 投保人不得为无民事行为能力人投保以死亡作为保险金给付条件的人身保险。但是我国《保险法》第三十三条规定,父母为其未成年的子女投保人身保险不受此限制,但是被保险人因死亡给付保险金额总和不得超过国务院保险监督管理机构规定的限额。

无论投保人和被保险人是否同一个人,人身保险合同的被保险人必须具备两个条件:

（1）被保险人必须是身体和生命受到人身保险合同保障的人。在人身保险合同中，当被保险人发生死亡、伤残、疾病，或者到约定的年龄、期限时，保险人要根据保险合同的约定给付保险金。

（2）被保险人须享有保险金请求权。保险金请求权的享有以人身保险合同的订立为前提，其行使是以保险事故的发生为条件，在人身保险合同中，由于被保险人的生命、身体和健康等受到保险合同的保障，所以当保险事故发生或保险期限届满时，被保险人仍健在的，保险金请求权由被保险人自己行使；被保险人死亡的，保险金请求权由被保险人指定的受益人行使；人身保险合同中没有指定受益人的，保险金的请求权由被保险人的法定继承人行使。通常满期保险金、生存年金、残疾保险金、医疗保险金等归被保险人领取，死亡保险金归指定的受益人或被保险人的法定继承人领取。

法律对被保险人的资格无其他限制，但是人身保险合同的被保险人不可以是法人，只能是满足保险合同中约定的年龄、健康、职业等条件的自然人。

2．受益人

受益人是人身保险合同的特定关系人。我国《保险法》第十八条规定，受益人是指人身保险合同中由被保险人或投保人指定的享有保险金请求权的人。投保人、被保险人可以为受益人。当投保人与受益人是同一人时，受益人就是人身保险合同的当事人，否则受益人是人身保险合同的关系人。

人身保险合同中受益人应当具备的条件有：

（1）受益人必须由被保险人或投保人指定。受益人必须是被保险人或投保人在人身保险合同中指定的人，由投保人指定受益人，必须征得被保险人同意，否则在法律上无效。我国《保险法》第三十九条规定：人身保险的受益人由被保险人或者投保人指定。投保人指定受益人时须经被保险人同意。投保人为与其有劳动关系的劳动者投保人身保险，不得指定被保险人及其近亲属以外的人为受益人。被保险人为无民事行为能力人或者限制民事行为能力人的，可以由其监护人指定受益人。

（2）受益人必须是具有保险金请求权的人。保险金请求权是受益人依照人身保险合同享有的基本权利。当被保险人与受益人不是同一个人时，如果保险责任范围内的保险事故发生导致被保险人死亡，受益人就有权从保险人处获得约定的保险金。

我国《保险法》第四十条规定：被保险人或者投保人可以指定一人或者数人为受益人。受益人为数人的，被保险人或者投保人可以确定受益顺序和受益份额；未确定受益份额的，受益人按照相等份额享有受益权。

（3）受益人的资格。法律对受益人的资格没有任何限制，受益人可以是自然人，也可以是法人和其他合法经济组织；可以是有民事行为能力人，也可以是无民事行为能力人或限制民事行为能力人。在国外，没有出生的胎儿也可以被指定为受益人，但是当出生时是死体时，受益资格自然消失。当受益人犯罪被剥夺政治权利时，其享有的受益权并不因此而丧失。对受益人的唯一限制是已经死亡的人不得被指定为受益人。

（4）受益人除了在保险事故发生时有及时通知保险人和索赔时提供单证的义务，几乎不承担其他义务，也不必对被保险人具有保险利益。受益人无须履行交付保险费的义务，却无偿享受保险金请求权，但是保险人从受益人获得的保险金中扣除投保人欠缴的保险费或扣除投保人未偿还的保单质押贷款例外。

（三）人身保险合同的辅助人

人身保险合同的辅助人是指协助人身保险合同当事人签署人身保险合同或履行人身保险合同，并办理有关保险事项的人。虽然辅助人没有直接参与保险合同的签订，在保险合同中也没有任何的权利，但是他们通过自己的业务活动辅助了人身保险合同的成立和履行。

人身保险合同的辅助人主要指保险代理人和保险经纪人。虽然同是招揽人身保险业务的中介人，但两者存在一些区别：一是保险代理人是基于保险人的利益，保险经纪人是基于投保人的利益；二是保险代理人是以保险人的名义提供保险中介服务，而保险经纪人是以自己的名义从事保险经纪活动；三是保险代理人依照保险代理合同进行活动所产生的法律责任由保险人负责，越权代理行为所产生的法律责任才由代理人自己负责。而保险经纪人在从事保险经纪业务所产生的法律责任，由保险经纪公司承担。保险代理人和保险经纪人的有关内容将在本书第十章第三节中详细介绍。

二、人身保险合同的客体

人身保险合同的客体是指人身保险合同双方当事人权利义务所共同指向的对象，是投保人对被保险人所具有的保险利益。人身保险中保险利益的确认，保险利益的定性规定、定量规定和时效规定在本书第三章第二节中已有详细的阐述，这里不再重复。

第三节 人身保险合同的内容和形式

一、人身保险合同的内容

人身保险合同的内容和人身保险合同主体、客体一样是建立人身保险合同关系的必不可少的要素之一。狭义的人身保险合同的内容仅指人身保险合同当事人依法约定的权利和义务。广义的人身保险合同内容是指以双方权利和义务为核心的保险合同的全部记载事项。

从保险法律关系的要素上看,人身保险合同的内容由四部分构成:① 主体部分,包括保险人、投保人、被保险人、受益人及其住所;② 权利义务部分,包括保险责任和责任免除、保险费以及支付方法、保险金给付方法、保险期间和保险责任的开始、违约责任和争议处理以及订立合同的年、月、日等;③ 客体部分,包括人身保险的保险金额,保险标的;④ 其他声明事项部分,包括其他法定应记载的事项和当事人约定的事项。

从条款的拟定上看,人身保险合同的条款是记载人身保险合同内容的条文,是人身保险合同双方当事人享受权利和承担义务的主要依据。人身保险合同的内容由基本条款和特约条款构成。

(一)人身保险合同的基本条款

基本条款是根据《保险法》的规定由保险人拟定的,是人身保险合同必不可少的法定条款。基本条款一般直接印制在人身保险的保险单上。虽然人身保险合同的内容,依险种的不同而不尽相同,但是根据《保险法》第十八条规定,人身保险合同的基本内容如下:

(1)保险人的名称和住所。保险人专指人寿保险公司和允许经营短期意外伤害保险和健康保险的财产保险公司。保险人的名称须与保险监督管理机构和工商行政机关批准和登记的名称一致。其住所为保险公司或分支机构的主营业场所。

(2)投保人、被保险人、受益人的名称与住所。当投保人、受益人为法人时,其名称须与工商行政机关登记的名称一致,其住所为其主要办事机构或主营业场所。当投保人、被保险人、受益人为自然人时,须使用其真实姓名,其住所为户籍所在地的居住地或经常居住处。

在人身保险合同中,将保险人、投保人、被保险人、受益人的名称和住所作为人身保险合同的基本条款,其法律意义在于:一是明确人身保险合同的当事人和关系人；二是确定人身保险合同权利和义务的享有者和承担者；三是明确人身保险合同的履行地点，并确定人身保险合同民事纠纷的诉讼、管辖。

(3) 保险标的。人身保险合同的保险标的是被保险人的身体和生命，因此人身保险合同中详细列明了被保险人的年龄、性别、身体健康状况、职业、家族病史、与投保人的关系等事项，当然这些项目还要视具体的险种而定。在人身保险合同中将保险标的作为保险合同的基本条款，其法律意义在于：① 确定人身保险合同的种类；② 明确保险人承担的责任范围；③ 判断投保人对被保险人是否具有保险利益以及是否存在道德风险；④ 确定保险金给付的数额等。

(4) 保险金额。保险金额是保险人给付保险金的最高限额。虽然从理论上讲，人身保险的保险金额可以采用生命价值法、收入置换法和家庭需求法来确定。但是在保险实务中，人身保险的保险金额是由投保人与保险人双方约定，投保人主要根据自己的保险需求和保险费的交付能力来确定。

(5) 保险责任和责任免除。保险责任和责任免除是人身保险合同的非常重要的内容，它不仅明确了保险人承担风险责任的范围，也明确了被保险人或受益人的保障范围。在每一份人身保险合同中都有专门的保险责任条款和责任免除条款。保险责任条款的具体内容因险种不同而不同，保险人通常在人身保险合同中以列举的方式列明。人身保险合同的责任免除通常也采用列举方式表示，或者通过法律条款，或者在人身合同中，对保险人不承保的人身风险及不负责给付保险金责任的事项一一作出规定。我国《保险法》对人身保险的法定责任免除共有以下三项：① 规定投保人故意造成被保险人死亡、伤残或者疾病的，保险人不承担给付保险金的责任(《保险法》第四十三条)；② 规定以死亡为给付保险金条件的合同，被保险人在合同成立或者合同效力恢复之日起两年内自杀，保险人不承担给付保险金的责任(《保险法》第四十四条)；③ 规定被保险人故意犯罪或者抗拒依法采取的刑事强制措施导致其伤残或死亡的，保险人不承担给付保险金的责任(《保险法》第四十五条)。

(6) 保险费及其支付办法。保险费是投保人为取得保险保障，按保险合同约定向保险人支付的费用。在人身保险合同中，投保人缴纳保险费是合同生效的条件。保险费的多少取决于保险金额的大小、保险费率的高低以及保险期限的长短等因素。保险费的支付方法因人身保险合同的种类不同而不同，有趸缴方式、年缴方式和限期交付方式，投保人可以根据自己的实际情况选择，当然在合同履行过程中，缴费方式也可以变更。保险费及其支付办法作为人身保险合同的内容，目的是要明确投保人所承担的基本义务和履行义务的方式以及期限。

(7) 保险金给付办法。保险金给付办法是人身保险合同的保险人承担保险责任的具体方法,也是保险人在人身保险合同中要履行的一项最基本的义务。人身保险合同是定额给付性合同,在保险事故发生或保险期限届满时,保险人按照人身保险合同约定的保险金额作定额给付。如果医疗费用保险采取补偿方式的,保险人在保险金额的限度内按实际支出的医疗费用赔付。人身保险的给付方法可以是一次性现金给付,也可以是按固定期限或固定金额向受益人分期给付,还可以在保险公司留存保险金,定期向受益人支付利息。保单持有人有权在被保险人死亡之前选择或变更保险金给付方式。

(8)保险期间和保险责任开始时间。保险期间是保险人为被保险人提供保险保障的起止日期,即人身保险合同的有效期限。保险期限的长短因险种的不同和投保人要求的不同而不同。短的可以按分钟计算,如索道游客人身意外伤害保险、航空人身意外伤害保险;长的可达几十年,如养老金保险、终身寿险。保险责任开始时间是指保险人开始承担保险责任的时间,由保险双方在保险合同中约定,通常以年、月、日表示。我国保险实务中以约定起保日的零点为保险责任开始时间,以合同期满日的24时为保险责任终止时间。在人身保险合同中规定保险期间和保险责任开始时间,目的是为了明确保险双方当事人享有权利和承担义务的起止时间,便于人身保险合同的履行。

(9)违约责任和争议处理。违约责任是指人身保险合同的当事人因过失不履行或故意不履行合同规定的义务所应承担的法律后果。在我国的人身保险合同中,违约责任主要表现在:投保人未履行告知义务、通知义务、按期缴纳保险费的义务。保险人未履行条款说明义务、及时签发保险单的义务、按合同规定给付保险金的义务以及对投保人、被保险人、受益人保密的义务。

争议的处理是指人身保险合同发生争议后的解决方式,通常有协商、仲裁和诉讼三种。

在人身保险合同中,除了上述内容外,还有一些需要声明的事项,如保险合同的中止,保险合同的解除、保险合同内容的变更、红利领取方式、退保处理等约定。这些约定成为人身保险合同履行过程中避免和处理纠纷所必不可少的依据。

(二)人身保险合同的特约条款

人身保险合同的特约条款是在基本条款以外,由保险合同双方当事人根据特殊需要协商约定的其他条款。广义的特约条款包括附加条款和保证条款,狭义的特约条款是指保证条款。

1. 附加条款

人身保险合同的附加条款是指双方当事人在保险合同基本条款的基础上另

行约定的补充条款。附加条款一般采用在保险单上加批注或批单的形式使之成为人身保险合同的一部分。附加条款增加或限制了双方当事人的权利和义务,其效力优于基本条款。

2. 保证条款

人身保险合同的保证条款是指投保人、被保险人就特定事项担保某种行为或事项的真实性条款。例如人身保险合同的投保人保证其申报的被保险人年龄的真实性。保证条款一般由法律规定,投保人、被保险人都必须遵守。在保险实务中,无论是明示保证还是默示保证,都属于重要事实,一旦被保险人违反自己作出的保证,保险人有权解除保险合同,或者拒绝给付保险金。除人寿保险外,保险人不退还保费。

二、人身保险合同的形式

为了便于当事人双方履行合同,特别是在保险事故发生时或者达到保险合同约定的年龄或期限时,为保险人承担保险责任和被保险人、受益人索赔提供法律依据,同时也为了便于举证,人身保险合同通常采用书面形式。人身保险合同的书面形式有投保单、保险单、体检报告书、保险凭证、保险费收缴凭证、批单等。但是具体一份人身保险合同,并不一定都包括这么多的内容。例如,年金保险、人身意外伤害保险就不包括体检报告书,人寿保险就不包括保险凭证。

1. 投保单

投保单又称要保书,是投保人为订立人身保险合同而向保险人提出的书面要约。投保单经保险人承诺后成为保险合同的一部分。投保单由保险人事先印制提供给投保人,投保人按照投保单上的内容逐项如实填写。

不同的人身保险险种,投保单的内容也不完全相同,如养老保险,投保单中就没有健康告知项目。不包括死亡给付责任的险种,投保单上就没有受益人项目。不同人身保险险种的投保单格式也不同。

人身保险合同的投保单一般由以下几个部分组成:

(1) 客户资料。投保人的姓名或名称、投保人的住所、通信电话、身份证号以及投保人与被保险人的关系。被保险人的姓名、性别、年龄、住所、身份证号、身高、体重、职业、通信方式。受益人的姓名、年龄、受益顺序和受益份额、身份证号、住所、通信电话以及与被保险人的关系等基本信息。

(2) 投保事项。投保的主险和附加险,保险金额、保险期限、缴费期限、缴费方式、保费过期未付的选择、现金红利的处理方式、保险金的领取方式等。

(3) 告知事项。包括被保险人的询问告知、健康告知、财务告知和其他告知。其他告知包括是否拥有其他公司的保单,以前投保时是否被其他保险公司拒保或非标准承保,是否申请过索赔等等。

(4) 投保人、被保险人的声明或授权。一般投保单中投保人或被保险人的声明和授权如下:

本人向贵公司申请投保上述保险,对投保须知、本保险合同条款、费率、责任免除事项、退保规定、保险费垫缴规定均已了解并同意遵守。

本人在投保单上所填的各项内容及被保险人各项告知均属事实,本人及被保险人授权贵公司在必要时可随时向被保险人所诊治的医院或医师及有关机构查询有关记录和诊断证明,本人和被保险人均无异议。如有隐瞒或日后发现与事实不符,即使保单签发,贵公司可依法解除本保险契约,不负任何给付责任。

即使本人已预缴保险费,本保险合同仍未生效。贵公司对本保险合同应负的保险责任自本人交付首期保险费且贵公司同意承保开始,并以贵公司签发的保险单作为承保的凭证,本保险合同的生效日以保险单上所载的日期为准。

(5) 投保人和被保险人的签字或盖章。投保人在投保单上签字盖章意味着投保人以自己的名义正式向保险人申请订立保险合同,保证投保单的项目是如实填写的。被保险人在投保单上签字盖章意味着被保险人同意订立这份保险合同,保证询问告知、健康告知的内容是真实的。投保人和被保险人在投保单上签字、盖章后就要承担法律责任,如果他们在投保单中作不真实的申报,保险人有权解除保险合同。

(6) 填写投保单的日期。

2. 体检报告书

体检报告书是由保险公司指定的医疗机构对被保险人的身体进行检查后出具的关于被保险人健康状况的书面证明。体检报告书是保险人决定是否承保以及保险费率高低的依据,也是人身保险合同的重要组成部分。

体检报告书由保险人事先印制,医疗机构医务检查后逐项填写,并由主持检查的医生签字,医疗机构盖章。体检项目通常有:身高、体重、脉搏次数、血压、X线透视、心电图、B超、眼底、血液和尿液等。

体检报告书并不是每一份人身保险合同的必备形式。对于生存保险、年金保险,不需要检查被保险人身体。人身意外伤害保险只承保意外伤害事故造成的死亡和残疾,意外伤害事故发生的概率与被保险人的身体健康状况无关,也不需要检查被保险人身体。因此生存保险、年金保险和人身意外伤害保险的保险合同中没有体检报告书。只有定期寿险、终身寿险、两全保险、疾病保险和医疗保险需要检查被保险人身体,并由体检医生出具体检报告书。在我国保险实务中,保险金额在 10 万元以上的或者被保险人的年龄在 40 周岁以上的被保险人投保定期寿险、终身寿险、两全保险、疾病保险和医疗保险时才要求严格体检。而保险金额较低的,被保险人年龄在 40 周岁以下的一般是由保险公司抽检。

体检报告书上所记录的被保险人身体健康状况属于个人隐私,保险人有义务替被保险人保密。

3. 保险单

保险单是在人身保险合同成立后,保险人向投保人签发的正式书面凭证,也是投保人和保险人履行权利和义务的依据。保险单由保险人制作,经签章后交给投保人。保险单上完整地记录了保险合同的内容。保险单的形式可以是一张纸,如航空人身意外伤害保险、公路旅客意外伤害保险等,也可以是一个本册。长期人寿保险因为内容和文字较多,一般采用本册形式,如终身寿险、两全保险、疾病保险等。保险单的结构通常有三个部分,第一部分是承保表,由保险人根据投保单填写,内容包括:投保人、被保险人、受益人的姓名、性别、出生年月、身份证号、投保人与被保险人关系、特别约定等;第二部分是主险和附加险的保单价值利益表;第三部分是保险条款,包括主险条款和附加险条款。

人身保险合同中保险单的法律意义在于:① 证明人身保险合同的成立;② 确立人身保险合同的内容;③ 明确当事人双方履行保险合同的依据;④ 人寿保险单具有现金价值,可以质押贷款。

4. 保险费收缴凭证

保险费收缴凭证即保险费收据,它是投保人缴纳保险费之后,保险人出具的表示已经收到保险费的凭证。保险费收据是投保人已经履行了缴纳保险费义务的证明。对于年缴和限期交付的人身保险合同,投保人每次缴纳保险费之后,保险人都要出具保险费收缴凭证。在被保险人或受益人索赔时,最后一期缴费凭证是索赔必备的单证,它既表明投保人履行了缴费义务,又表明保险合同持续有效,因此保险费收缴凭证是人身保险合同的组成部分。

在人身保险中,缴纳保险费是保险合同生效的前提条件。投保人缴纳了保险费(包括趸缴保费和分期缴费的首期保险费),如果保险公司通过医务审查和事务审查后拒绝承保,则把保险费退还给投保人。在人身保险实务中,对一些需要体检的人寿保险、疾病保险、医疗保险,尽管保险人已经收到投保人缴纳的保险费,但是保险合同明确规定要在保险人出立保险单之后保险合同才生效。

5. 保险凭证

保险凭证也是人身保险合同的书面形式,它是保险人与投保人签发的证明保险合同已经成立的书面凭证,是一种简化的保险单,但其法律效力与保险单相同,只是内容比较简单。例如我国在 20 世纪 50 年代初开办的铁路、轮船、飞机旅客意外伤害保险,就是以旅客持有的车票、船票、飞机票作为保险凭证。现在保险公司开办的索道人身意外伤害保险就是以索道票作为保险凭证。团体保险业务中,也要为团体的每一个成员签发保险凭证。

6. 批单

批单是人身保险合同双方就保险单内容进行修改和变更的证明文件。批单一经签发就自动成为人身保险合同的组成部分,但是批单不是人身保险合同的必备形式。批单的法律效力优于保险单。当批单上的内容与保险单上的内容有抵触时,以批单上的内容为准。对于长期性的人身保险合同的修改和变更,一般都要出具批单。

人身保险合同在下列情况下需要出具批单:

(1) 投保人提出变更人身保险合同的申请,如变更缴费方式、保险金额、保险期限等,征得保险人同意后,由保险人出具批单予以证明。

(2) 被保险人要求变更和撤销受益人,虽然不需要征得保险人的同意,但要通知保险人,并由保险人出具批单予以确认和生效。

(3) 保险事故发生后,保险人履行了给付保险金义务,但保险合同继续有效,保险人要出具批单记录这一事实。例如在人身意外伤害保险中,被保险人因意外伤害致残,保险人给付了残疾保险金,但还未达到保险金额,此时保险人就要出具批单记录有效保额减少的事实。又如在子女教育金、婚嫁金保险中,缴费期内投保人死亡,可以免缴保险费而保单仍然有效,保险人也必须出具批单记录这一事实。

第四节 人身保险合同的订立、变更、终止和无效

一、人身保险合同的订立

人身保险合同的订立是指保险人与投保人在平等自愿的基础上,就人身保险合同条款经过协商达成协议的法律行为。人身保险合同的订立必须符合法律的要求,遵循一定的原则,履行必要的程序。

1. 人身保险合同订立的原则

人身保险合同的订立是一种法律行为,只有符合法律要求而订立的人身保险合同才是有效的保险合同。有效的人身保险合同必须满足的条件有:

(1) 当事人要有相应的行为能力。人身保险合同的当事人,作为民事权利

的主体,必须符合法律规定的资格。例如投保人具有完全的民事行为能力,投保人对被保险人具有保险利益;以死亡作为给付保险金条件的人身保险合同,被保险人不能是无民事行为能力的人(在我国,父母为未成年子女投保例外);等等。

(2) 当事人的意思表示要真实。投保人要求投保人身保险,必须如实告知影响保险人作出签约决定的全部真实情况;保险人同意为其承保人身保险的意思表示必须真实,不能隐瞒和欺骗,也不能胁迫投保人。

(3) 当事人订立人身保险合同的行为不得违反法律或损害社会公共利益。订立人身保险合同除了要遵循一般合同订立的基本原则,还必须遵循保险合同订立的基本原则。一般合同订立的基本原则是合法原则和公平自愿原则。合法原则要求人身保险合同的主体、客体和内容都必须符合法律的规定;公平自愿原则要求人身保险合同的当事人——投保人和保险人必须在公平互利、协商自愿的基础上订立保险合同。正如我国《保险法》第十一条规定:"订立保险合同,应当协商一致,遵循公平原则确定各方的权利和义务。除法律、行政法规规定必须保险的外,保险合同自愿订立。"

保险合同订立的基本原则就是最大诚信原则和保险利益原则。最大诚信原则要求投保人和保险人在订立人身保险合同时应该向对方提供影响双方作出签约决定的全部重要事实,双方必须表现出最大的诚实。保险利益原则要求在人身保险合同订立时,投保人对被保险人一定要有保险利益,否则人身保险合同自始无效。

2. 人身保险合同订立的程序

人身保险合同的订立必须履行必要的程序,那就是要约和承诺。投保人提出投保申请,填写投保单,保险人审核投保单并据以出具保险单。投保人填写投保单被视为要约,保险人出具保险单被视为承诺。

我国《保险法》第十三条规定:"投保人提出保险要求,经保险人同意承保,保险合同成立。保险人应当及时向投保人签发保险单或者其他保险凭证。"

我国《保险法》第十四条规定:"保险合同成立后,投保人按照约定交付保险费,保险人按照约定的时间开始承担保险责任。"

从《保险法》的规定中可以看出人身保险合同成立和生效的过程应该是:投保人先提出投保要约,保险公司同意承保后,保险合同成立,这时保险公司才能向投保人收取保险费,并按约定的时间承担保险责任。

3. 人身保险合同的生效

投保人提出要约,保险人作出承诺,人身保险合同就告成立。但是人身保险合同成立并不意味着人身保险合同的生效。人身保险合同生效是指人身保险合同对双方当事人产生约束力,即人身保险合同的条款产生法律效力。我国《保险法》第十三条规定:依法成立的保险合同,自成立时生效。投保人和保险人可以对合同的效力约定附条件或者附期限。人身保险合同生效必须具备两个条件:① 双方当事人就人身保险合同的条款达成协议,投保人提出的要约被保险人承诺,其标志是保险人出具保险单;② 投保人缴纳保险费(分期缴费的合同缴纳首期保费)。只有同时具备这两个条件,人身保险合同才能正式生效。我国现行的人身保险合同条款一般规定:人身保险合同自保险人同意承保,投保人缴纳保险费且保险人签发保险单时开始生效。当然,投保人与保险人也可以在人身保险合同中约定,人身保险合同一经成立就发生法律效力,也就是人身保险合同成立即生效。

4. 人身保险合同责任的开始

人身保险合同生效的时间与保险责任开始的时间可以是一致的,也可以不一致,但是人身保险合同条款均规定以投保人缴纳保险费作为保险合同生效和保险责任开始的前提条件。投保人不交付保险费,虽然人身保险合同也能成立,但是人身保险合同并不生效,保险责任也不开始,人身保险合同成立后尚未生效前发生保险事故,保险人不承担保险责任。

人身保险合同责任的开始是指人身保险合同约定的保险人开始承担保险责任的时间。根据我国《保险法》的规定,保险合同成立后,投保人按照约定交付保险费,保险人按照约定的时间开始承担保险责任。

由此可见,人身保险合同成立、人身保险合同生效、保险责任开始之间存在如下的关系:① 保险合同成立之后不一定生效,保险合同生效与否取决于合同订立之后投保人是否缴纳了保险费。② 保险合同生效,保险责任并不一定开始,保险责任开始是由双方当事人约定并在保险单上列明。例如,我国现行的航空人身意外伤害保险的保险责任开始是从被保险人持保险单上指定的航班班机的机票通过机场安全检查时开始。又如,健康保险中都有180天的观察期,只有过了观察期后保险责任才真正开始。③ 即使保险责任开始,如果投保人未能按期交付续期保险费,过了宽限期仍没有交付保险费,保险合同效力中止,发生任何保险事故,保险人不承担给付保险金的责任。

5. 人身保险合同订立时的特别注意事项

中国保监会2000年7月26日发布的《关于规范人身保险经营行为有关问题的通知》(保监发〔2000〕133号)要求,人身保险投保书、健康及财务报告书,以及其他表明投保意愿的文件,应当由投保人亲自填写,由他人代填的,必须由投保人亲笔签名确认,不得由他人代签。凡是需要被保险人同意后投保人才能为其订立保险合同的,必须由被保险人亲笔签名确认,不得由他人代签。被保险人为无民事行为能力人或限制行为能力人的,由其监护人签字,不得由他人代签。投保人、被保险人因残疾等身体原因不能签字的,由其指定的代理人签字。严禁保险公司工作人员或代理人替投保人、被保险人填写投保书和签名,或诱使他人代替填写和签名。凡是不符合上述签名要求的投保申请,必须经投保人、被保险人及其监护人进行补签名,否则,保险公司不得接受。

二、人身保险合同的变更

人身保险合同变更是指在人身保险合同的有效期间,当事人依法对合同条款所作的修改或补充。狭义的保险合同的变更指当事人双方权利和义务的变更,广义的保险合同的变更不仅包括权利、义务的变更,还包括主体和客体的变更。

(一) 人身保险合同主体的变更

由于人身保险合同大多是长期性的合同,在几十年的保险期限中,订约时的各种事项很有可能发生变化,人身保险合同也应该随有关事项的变化作出相应的变更,否则难以保全保险人的业务。

我国《保险法》第二十条规定:"投保人和保险人可以协商变更保险合同的内容。变更保险合同的,应当由保险人在原保险单或者其他保险凭证上批注或者附贴批单,或者由投保人和保险人订立变更的书面协议。"

人身保险合同主体变更是指人身保险合同的当事人或关系人的变更,它不以保险标的的转移为基础,主要取决于投保人与被保险人的主观意志。

1. 保险人变更

在人身保险合同中,保险人是不允许变更的,投保人只能选择退保来变更保险人。

2. 投保人变更

投保人的变更须征得被保险人的同意并通知保险人,保险人核准后方可变更,目的是保证变更后的投保人对被保险人具有保险利益和保费的交付能力。

3. 受益人变更

在人身保险合同中,被保险人不但有权指定受益人,也有权变更受益人。但是投保人指定和变更受益人一定要征得被保险人同意,否则在法律上无效。

变更或撤销受益人是被保险人的一项权利,无须征得保险人同意,但是被保险人必须通知保险人并经保险人在保险单上批注后生效。我国《保险法》第四十一条规定:"被保险人或者投保人可以变更受益人并书面通知保险人。保险人收到变更受益人的通知后,应当在保险单上或者其他保险凭证上批注或者附贴批单。"

在保险实务中,变更受益人的具体做法是:先由变更受益人的申请人向保险人提交相关单证,包括保险单、变更通知(申请)书和被变更受益人的身份证或证明未成年的被变更的受益人身份的户口簿。如果是由投保人提出变更申请的,还须提交经被保险人签名同意的变更通知(申请)书和被保险人的身份证。保险人在收到这些单证并审核后,在保险单上批注。

4. 被保险人变更

个人人身保险合同中不存在被保险人变更,因为人身保险合同的承保与否与费率的高低主要取决于被保险人的年龄、身体健康状况、职业等因素,如果投保人要变更被保险人,相当于为被保险人重新投保。团体人身保险合同中允许被保险人的变更,变更时只要单位出具证明,保险公司批注以后即可。

(二) 人身保险合同内容的变更

1. 保险金额的变更

一年期和短期人身保险的保险金额不能变更。长期人寿保险的保险金额可以变更,如果投保人要求增加保险金额,按投保新的保险合同处理,因为增加保险金额相当于增加了保险人的责任,保险人要对被保险人的身体健康状况进行审查后才能决定是否增额。但是对于分期缴费的人寿保险,当投保人停止缴费时,可以将保单项下累积的不丧失的现金价值作为趸缴保费投保减额缴清保险。减额缴清保险与原保单的保险责任、保险期限一致,保险金额的大小由净现金价值的多少而定,保险人不必进行审查。因此当原保单改为减额缴清保险时,就涉及保险金额的变更。

2. 保险期限和保险责任的变更

人身保险合同订立之后,一般不能变更保险期限和保险责任,缩短保险期限按退保处理,延长保险期限按投保新的合同处理。变更保险责任也按终止原保险合同,订立新合同处理。对于分期缴费的长期人寿保险,当投保人中途停止缴费时,可以将保单项下累积的不丧失的现金价值作为趸缴保费购买展期保险,展期保险的保额与原保单相同,保险责任改为定期死亡保险,保险期限的长短由保单的净现金价值的多少决定。因此,当原保单改为展期保险时,保险期限和保险责任均发生了变化。

3. 缴费方式的变更

对于趸缴保费的人寿保险合同,不存在缴费方式变更的问题,但是对于分期缴费的长期人寿保险,只要投保人提出变更缴费方式的申请,保险人都允许投保人变更缴费方式。因为缴费方式的变更不会影响保险期限、保险责任等规定,投保人可以将整个保险期限内的缴费方式改为限期交付方式,年缴保险费改为季缴、半年缴或月缴方式等。

在团体保险中,被保险人的增减变动会涉及保险费的增减,通常在保险期间内增减变动被保险人,无须办理退保手续或重新投保,只需要投保人提交增减变动申请,保险人审核增减变动资格和计算增减保费,由保险人出具批单即可。如果保险条款中规定了等待期,新增加的被保险人仍受等待期的约束。

人身保险合同的变更,不论是保险合同主体的变更还是内容的变更,都需要经过下列程序:

(1) 投保人向保险人提出变更申请,并告知有关人身保险合同变更的情况;

(2) 由保险人对变更申请进行审核;

(3) 若保险人同意变更,则在原保险单或者其他保险凭证上批注或者签发批单,也可以由投保人和保险人订立变更的书面协议。

只有履行了这三个程序,人身保险合同的变更才是有效的。

三、人身保险合同的终止

人身保险合同的终止是指在保险期间,由于法定的或约定的事由的出现,致使双方当事人的权利、义务关系消灭。人身保险合同的终止主要有自然终止、履约终止、解约终止、退保终止等情况。

1. 自然终止

自然终止的情形有两种:一是在保险有效期内没有发生保险事故,保险期限届满,保险合同自然终止。例如人身意外伤害保险,在保险期限内,被保险人没有发生任何意外伤害,保险期满合同终止。二是人身保险合同的被保险人因非承保的风险事故而死亡,保险合同自然终止。例如被保险人投保一年期的人身意外伤害保险,承保半年后,被保险人因脑溢血死亡,保险合同终止。

2. 履约终止

在人身保险合同的有效期内,发生了保险事故或者被保险人达到保单约定的年龄、期限时,保险人按保险合同约定的保险金额作了给付,保险合同终止。值得注意的是,对于人身意外伤害保险中的残疾给付和医疗保险中的医疗费用补偿,只有累计的残疾保险金给付额和累计的医疗费用赔付额达到了保险金额,保险合同才会履约终止。

3. 解约终止

解约终止是指在人身保险合同的有效期届满前,因保险合同被解除而终止。

人身保险合同成立后,投保人随时可以解除保险合同,导致保险合同终止。投保人解除保险合同涉及的主要是保险费的退还和现金价值的退还。一般情况下,投保人在签收保险单之日起十日内解除保险合同,保险公司退还已收的全部保险费;未交足二年保险费的,保险公司扣除手续费后退还保险费;已交足二年保险费的,在收到解除合同申请的三十日内退还保单的现金价值。

人身保险合同成立之后,保险人不能随意解除保险合同,只有具备法定条件或者投保人、被保险人违约时,保险人才可行使解除权。

4. 退保终止

退保终止是指投保人提出退保要求,保险合同终止。投保人的退保要求可以是明示的,也可以是默示的。默示即根据保险合同的约定,投保人在一定时期内不做任何表示,也可视为要求退保。因此人身保险合同的退保终止包括以下四种情形:

(1) 投保人明确提出退保,领取退保金,保险合同终止;

(2) 在人身保险合同效力中止的两年内,双方未达成任何复效协议,保险合同终止;

(3) 投保人以保单为质押申请贷款,没有按期偿还,当贷款本息达到了保单的现金价值时,保险合同终止;

(4) 列有自动垫缴保费条款的人身保险合同,当投保人停缴保险费,保险人以保单的现金价值垫缴保险费,或现金价值全部垫缴完时,保险合同终止。

四、人身保险合同的无效

人身保险合同无效是指投保人和保险人虽然订立了保险合同,但是合同自始至终不产生法律效力。人身保险合同是否无效需要经过确认,无效人身保险合同的确认权属于人民法院和仲裁机关。一般只要符合下列条件之一,均可认定是无效人身保险合同:

(1) 投保时投保人对被保险人没有保险利益且未经被保险人同意;

(2) 为无民事行为能力的人投保以死亡作为保险金给付条件的人身保险合同(父母为未成年子女投保除外);

(3) 以死亡为保险金给付条件的人身保险,未经被保险人书面同意和认可保险金额(父母为未成年子女投保除外,但死亡给付保险金额总和不能超过保险监督管理机构规定的限额);

(4) 采取欺诈、胁迫的手段签订的人身保险合同;

(5) 人身保险合同的内容违反法律和社会公共利益。

对于无效人身保险合同的处理,一是当人身保险合同被判无效后,保险人不再承担保险责任,如果以前曾发生过保险给付,保险人有权追回;二是当人身保险合同被判无效后,对投保人已缴纳的保险费,保险人应当在扣除手续费之后退还。

五、人身保险合同中止、终止和无效的区别

人身保险合同的无效与失效(即效力中止)是有区别的,无效的人身保险合同是从合同订立起就没有法律效力。而人身保险合同中止是指合同是有效的,只是投保人没有按期缴纳续期保费才导致合同效力中止。对于效力中止的人身保险合同,只是在中止期间发生的保险事故,保险人不负保险责任,中止前发生过保险金给付,保险人无权追回。人身保险合同中止后,投保人可以申请复效,即使投保人不愿复效,保险人也要支付退保金。

人身保险合同的终止和人身保险合同的中止有本质区别的。从发生的原因看,保险合同的终止,除了因解除而终止外,一般不存在当事人违约的问题,是合同的自然灭失。而保险合同中止是投保人违约造成的,投保人在交付首期保费后,没有履行按期交付续期保费的义务,过了60天宽限期还未交付,保险合同效力中止。从产生的结果看,人身保险合同的终止是合同权利义务的消灭,不存在复效的问题,当事人如想维持保险关系必须重新签订保险合同。而人身保险合同中止后,可以申请恢复合同的效力,也有可能因条件不符合被保险人解除。

人身保险合同终止前,合同具有法律效力,自终止后丧失法律效力,对于终止前发生的保险事故,保险人要负给付保险金责任,合同终止后保险人也无权追回以前给付的保险金。而人身保险合同无效是从未发生过法律效力,一旦人身保险合同被判无效,保险人不仅不承担保险责任,对于以前给付过的保险金,保险人也有权追回。

[相关链接]
《中华人民共和国民法通则》中的相关法律规定(节选)
(自2021年1月1日起施行)

第一编 总则

第二章 自然人
第一节 民事权利能力和民事行为能力
第十三条 自然人从出生时起到死亡时止,具有民事权利能力,依法享有民事权利,承担民事义务。

第十七条　十八周岁以上的自然人为成年人。不满十八周岁的自然人为未成年人。

第十八条　成年人为完全民事行为能力人，可以独立实施民事法律行为。

十六周岁以上的未成年人，以自己的劳动收入为主要生活来源的，视为完全民事行为能力人。

第十九条　八周岁以上的未成年人为限制民事行为能力人，实施民事法律行为由其法定代理人代理或者经其法定代理人同意、追认；但是，可以独立实施纯获利益的民事法律行为或者与其年龄、智力相适应的民事法律行为。

第二十条　不满八周岁的未成年人为无民事行为能力人，由其法定代理人代理实施民事法律行为。

第二十一条　不能辨认自己行为的成年人为无民事行为能力人，由其法定代理人代理实施民事法律行为。

八周岁以上的未成年人不能辨认自己行为的，适用前款规定。

第二节　监护

第二十六条　父母对未成年子女负有抚养、教育和保护的义务。

成年子女对父母负有赡养、扶助和保护的义务。

第二十七条　父母是未成年子女的监护人。

未成年人的父母已经死亡或者没有监护能力的，由下列有监护能力的人按顺序担任监护人：

（一）祖父母、外祖父母；

（二）兄、姐；

（三）其他愿意担任监护人的个人或者组织，但是须经未成年人住所地的居民委员会、村民委员会或者民政部门同意。

第二十八条　无民事行为能力或者限制民事行为能力的成年人，由下列有监护能力的人按顺序担任监护人：

（一）配偶；

（二）父母、子女；

（三）其他近亲属；

（四）其他愿意担任监护人的个人或者组织，但是须经被监护人住所地的居民委员会、村民委员会或者民政部门同意。

第三十一条　对监护人的确定有争议的，由被监护人住所地的居民委员会、村民委员会或者民政部门指定监护人，有关当事人对指定不服的，可以向人民法院申请指定监护人；有关当事人也可以直接向人民法院申请指定监护人。

居民委员会、村民委员会、民政部门或者人民法院应当尊重被监护人的真实意愿,按照最有利于被监护人的原则在依法具有监护资格的人中指定监护人。

第三节　宣告失踪和宣告死亡

第四十条　自然人下落不明满二年的,利害关系人可以向人民法院申请宣告该自然人为失踪人。

第四十一条　自然人下落不明的时间自其失去音讯之日起计算。战争期间下落不明的,下落不明的时间自战争结束之日或者有关机关确定的下落不明之日起计算。

第四十五条　失踪人重新出现,经本人或者利害关系人申请,人民法院应当撤销失踪宣告。

第四十六条　自然人有下列情形之一的,利害关系人可以向人民法院申请宣告该自然人死亡:

(一)下落不明满四年;

(二)因意外事件,下落不明满二年。

因意外事件下落不明,经有关机关证明该自然人不可能生存的,申请宣告死亡不受二年时间的限制。

第五节　人身保险合同主体的权利和义务

为了更好地理解人身保险合同的内容,以下对人身保险的投保方(包括投保人、被保险人、受益人)和保险方在人身保险合同履行过程中享有的权利和承担的义务作进一步的分析。

一、投保方的权利和义务

(一)投保方的权利

1. 投保人的权利

投保人是与保险人订立人身保险合同,并按照人身保险合同规定负有支付保险费义务的人。

人身保险合同成立后,投保人有权以书面形式通知要求解除保险合同。人身保险合同通常规定:

(1)投保人在签发保险单之日起十日内,要求解除保险合同,保险公司退还已收的全部保险费。在人身保险合同中,这十日时间称为"犹豫期"或"冷静期"。

(2) 我国《保险法》第四十七条规定：投保人解除合同，已交足两年以上保险费的，保险人应当自收到解除合同通知之日起三十日内，按照合同约定退还保险单的现金价值；如果是短期的人身意外伤害保险，投保人解除保险合同，保险人收取自保险责任开始之日起至合同解除之日止期间的保险费，剩余部分退还投保人。

2. 被保险人的权利

被保险人是受到人身保险合同保障的人。被保险人在人身保险合同中享有的权利有：

(1) 以死亡为给付保险金条件的人身保险合同，未经被保险人书面同意并认可保险金额的，合同无效。但是父母为其未成年子女投保的人身保险，不受限制。

(2) 以死亡为给付保险金条件的人身保险合同，未经被保险人书面同意，不得转让和质押。

(3) 在人身保险合同中，被保险人有权指定和变更受益人。

3. 受益人的权利

受益人是指人身保险合同中由被保险人或者投保人指定的享有保险金请求权的人。受益人在人身保险合同中不需要履行任何义务，却在被保险人死亡后享有保险金的请求权。

(二) 投保方的义务

1. 告知义务

法律规定，投保人有如实告知义务，目的让保险人充分了解保险标的的风险，考虑决定是否同意承保以及采用何种保险费率承保。我国《保险法》第十六条规定："订立保险合同，保险人应当向投保人说明保险合同的条款内容，并可以就保险标的或者被保险人的有关情况提出询问，投保人应当如实告知。"可见，投保人履行告知义务的期间是从订立保险合同时开始到保险合同成立时结束。延迟的告知不产生法律效力。

投保方的如实告知义务应为"有限告知"，即投保人只须对保险人询问的问题进行告知回答，对保险人未询问的事项视为保险人已经知悉，投保人无须告知。投保方如实告知的主要内容是在人身保险合同订立时，那些足以影响保险人决定是否承保和确定保险费率的重要事实。例如被保险人年龄、性别、健康状况、既往病史、家族病史、职业、居住环境、个人习惯和嗜好等。通常保险人设计投保单和风险询问表，要求投保方如实填写。由于投保单是人身保险合同的一部分，如果投保方没有履行告知义务，须承担下列法律后果：

(1) 投保人故意或者因重大过失未履行如实告知义务,足以影响保险人决定是否同意承保或者提高保险费率的,保险人有权解除保险合同。

(1)款规定的合同解除权,自保险人知道有解除事由之日起,超过三十日不行使而消灭。自合同成立之日起超过两年的,保险人不得解除合同;发生保险事故的,保险人应当承担赔偿或者给付保险金的责任。

(2) 投保人故意不履行如实告知义务的,保险人对于保险合同解除前发生的保险事故,不承担赔偿或者给付保险金的责任,并不退还保险费。

(3) 投保人因重大过失未履行如实告知义务,对保险事故的发生有严重影响的,保险人对于保险合同解除前发生的保险事故,不承担赔偿或者给付保险金的责任,但可以退还保险费。

但是保险人在合同订立时已经知道投保人未如实告知的情况的,保险人不得解除合同;发生保险事故的,保险人应当承担赔偿或者给付保险金的责任。

2. 通知义务

在人身保险合同履行过程中,保险标的的危险程度增加了,投保人按照合同约定应当及时通知保险人,保险人有权要求增加保险费或解除保险合同。如果投保人未履行通知义务的,因保险标的危险程度增加而发生的保险事故,保险人不承担赔偿责任。例如人身意外伤害保险中,被保险人的职业发生了变化,就要履行通知义务。

人身保险合同的投保人、被保险人或者受益人知道保险事故发生后,应当及时通知保险公司,并且向保险人提供必要的单证,请求给付保险金。

我国《保险法》第二十一条规定:投保人、被保险人或者受益人知道保险事故发生后,应当及时通知保险人。故意或者因重大过失未及时通知,致使保险事故的性质、原因、损失程度等难以确定的,保险人对无法确定的部分,不承担赔偿或者给付保险金的责任,但保险人通过其他途径已经及时知道或者应当及时知道保险事故发生的除外。

我国《保险法》第二十二条规定:保险事故发生后,按照保险合同请求保险人赔偿或者给付保险金时,投保人、被保险人或者受益人应当向保险人提供其所能提供的与确认保险事故的性质、原因、损失程度等有关的证明和资料。

保险人按照合同的约定,认为有关的证明和资料不完整的,应当及时一次性通知投保人、被保险人或者受益人补充提供。

3. 交付保费的义务

交付保险费是人身保险合同成立和保持效力的必要条件,也是人身保险合同的投保人履行的最基本的义务。

我国《保险法》第三十五条规定:投保人可以向保险人一次性支付全部保险费或者分期支付保险费。

我国《保险法》第三十六条规定:合同约定分期支付保险费,投保人支付首期保险费后,除合同另有约定外,投保人自保险人催告之日起超过三十日未支付当期保险费,或者超过约定的期限六十日未支付当期保险费的,合同效力中止,或者由保险人按照合同约定的条件减少保险金额。

被保险人在前款规定期限内发生保险事故的,保险人应当按照合同约定给付保险金,但可以扣减欠交的保险费。

投保人应履行的义务除了上述三项外,还包括出险施救、提供单证以及医疗保险中协助保险人追偿等。

二、保险方的权利和义务

(一)保险方的权利

1. 中止合同、恢复合同效力的权利

对于分期支付保险费的人身保险合同,投保人支付首期保险费以后,投保人超过规定的期限六十日未支付当期的保险费,保险人有权中止保险合同的效力。当合同效力中止后,经保险人与投保人协商并达成协议,在投保人补交保险费后,保险人有权恢复保险合同的效力。

2. 解除保险合同的权利

投保人故意或者因重大过失未履行如实告知义务,足以影响保险人决定是否同意承保或者提高保险费率的,保险人有权解除合同,但是自合同成立之日起逾二年的除外。

当投保人申报的被保险人的年龄不真实,并且其真实年龄不符合保险合同约定的年龄限制时,保险人有权解除保险合同,并按合同约定退还保单现金价值,但是自合同成立之日起逾二年的除外。

保险合同因逾宽限期仍未交付保险费导致合同效力中止,自合同效力中止之日起二年内双方未达成协议的,保险人有权解除保险合同,并按照合同约定退还保单的现金价值。

3. 法定责任免除

我国《保险法》第四十三条规定:投保人故意造成被保险人死亡、伤残或者疾病的,保险人不承担给付险金的责任。投保人已交足二年以上保险费的,保险人应当按照合同约定向其他权利人退还保险单的现金价值。

我国《保险法》第四十四条规定:以被保险人死亡为给付保险金条件的合同,

自合同成立或者合同效力恢复之日起二年内,被保险人自杀的,保险人不承担给付保险金的责任,但被保险人自杀时为无民事行为能力者除外。保险人应按照合同约定退还保险单的现金价值。

我国《保险法》第四十五条规定:被保险人故意犯罪或者抗拒依法采取的刑事强制措施导致其伤残或者死亡的,保险人不承担给付保险金的责任。投保人已交足二年以上保险费的,保险人应当按照合同约定退还保险单的现金价值。

(二)保险方的义务

1. 承担给付保险金的责任

在人身保险合同中,当被保险人在合同有效期内死亡、伤残、疾病,或者当被保险人达到合同约定的年龄、期限时,保险人应当按照合同约定承担给付保险金的责任,这是人身保险合同的保险人履行的最基本的义务。

人身保险金的给付对象有三个,即被保险人、受益人和被保险人的法定继承人,具体给付哪一个对象需根据不同的情况决定:

(1)给付被保险人。当被保险人在保险期限内伤残、疾病或达到合同约定的年龄或期限时,保险人应按照约定把保险全给付被保险人。

(2)给付受益人。如果被保险人在保险期限内死亡,保险人应按照约定把保险金给付保单指定的受益人。

(3)如果被保险人在保险期限内死亡,保单又没有指定受益人,保险金给付被保险人的法定继承人。

我国《保险法》第四十二条规定:被保险人死亡后,有下列情形之一的,保险金作为被保险人的遗产,由保险人依照《中华人民共和国继承法》的规定履行给付保险金的义务:① 没有指定受益人,或者受益人指定不明无法确定的;② 受益人先于被保险人死亡,没有其他受益人的;③ 受益人依法丧失受益权或者放弃受益权,没有其他受益人的;④ 受益人与被保险人在同一事件中死亡,且不能确定死亡先后顺序的,推定受益人死亡在先。

保险人在履行保险金给付义务时还必须遵循我国《保险法》的规定。我国《保险法》第二十三条规定:① 保险人收到被保险人或者受益人的赔偿或者给付保险金的请求后,应当及时作出核定;情形复杂的,应当在三十日内作出核定,但合同另有约定的除外。保险人应当将核定结果通知被保险人或者受益人。② 对属于保险责任的,在与被保险人或者受益人达成赔偿或者给付保险金的协议后十日内,履行赔偿或者给付保险金义务;保险合同对赔偿或者给付保险金的期限有约定的,保险人应当按照约定履行赔偿或者给付保险金义务。③ 保险人未及时履行前款规定义务的,除支付保险金外,应当赔偿被保险人或者受益人因此受到的损失。

任何单位和个人不得非法干预保险人履行赔偿或者给付保险金的义务,也不得限制被保险人或者受益人取得保险金的权利。

我国《保险法》第二十四条规定:保险人依照本法第二十三条的规定作出核定后,对不属于保险责任的,应当自作出核定之日起三日内向被保险人或者受益人发出拒绝赔偿或者拒绝给付保险金通知书,并说明理由。

我国《保险法》第二十五条规定:保险人自收到赔偿或者给付保险金的请求和有关证明、资料之日起六十日内,对其赔偿或者给付保险金的数额不能确定的,应当根据已有证明和资料可以确定的数额先予支付;保险人最终确定赔偿或者给付保险金的数额后,应当支付相应的差额。

我国《保险法》第二十六条规定:人寿保险以外的其他保险的被保险人或者受益人,向保险人请求赔偿或者给付保险金的诉讼时效期间为二年,自其知道或者应当知道保险事故发生之日起计算。

人寿保险的被保险人或者受益人向保险人请求给付保险金的诉讼时效期间为五年,自其知道或者应当知道保险事故发生之日起计算。

2. 条款说明的义务

由于人身保险合同是附和合同,保险条款都是由保险人事先拟定的,具有较强的专业性和技术性。投保人受到专业知识的限制,对人身保险业务和保险合同条款不甚熟悉,对保险合同的条款内容的理解有可能产生误解或偏差,从而导致被保险人或受益人在保险事故发生时得不到预期的保障。

因此,我国《保险法》第十七条规定:订立保险合同,采用保险人提供的格式条款的,保险人向投保人提供的投保单应当附格式条款,保险人应当向投保人说明合同的内容。

对保险合同中免除保险人责任的条款,保险人在订立合同时应当在投保单、保险单或者其他保险凭证上作出足以引起投保人注意的提示,并对该条款的内容以书面或者口头形式向投保人作出明确说明;未作提示或者明确说明的,该条款不产生效力。

依据上述法律规定,保险人在人身保险合同订立过程中的说明义务主要体现在两个方面:① 对人身保险合同的各项条款,保险公司的业务员均应尽到"说明"的义务;② 对人身保险合同中的责任免除条款,保险公司的业务员还应尽到"明确说明"的义务,以便投保人能确切地了解合同条款中限制其权利的规定。

根据寿险公司的操作惯例,保险人通常采用下列方式履行条款说明义务和免责条款明确说明义务:

(1) 寿险公司通常在投保单中的"投保须知"部分要求投保人认真阅读条款并提示投保人要求保险公司的业务员解释保险条款。保险公司还要求投保人对投保单中"投保人声明和授权的部分——保险公司所提供的投保须知、投保险种的条款,尤其是保险责任和除外责任条款均已了解",并要求投保人在业务员向其解释条款之后,签字确认,以证明保险公司已经尽到了说明和明确说明的义务。

(2) 签订"客户权益确认书"。有一些寿险公司在向投保人正式签发保险单时,同时发放一张"客户权益确认书"。在确认书上,保险人再次向投保人提示和询问业务员是否解释了保险条款,投保人是否理解保险条款尤其是保险责任条款和免责条款的含义等,以此进一步证明保险人的条款说明义务。

(3) 对投保人进行客户回访。一些寿险公司通过投保后的电话回访或定期回访等方式向投保人了解保险公司的业务员在投保时是否尽到条款说明的义务。

3. 及时签发保险单证

虽然人身保险合同是实践性合同,交付首期保险费是人身保险合同生效的前提条件。但是作为保险人来说他有法定的义务在保险合同成立后,及时向投保人签发保险单或其他保险凭证,并在保险单或其他保险凭证中载明当事人双方约定的合同内容。因为保险单不仅是保险合同成立的证明,也是当事人双方履行保险合同的依据。

4. 为投保人、被保险人和受益人保密

订立人身保险合同时,保险人要求投保人如实告知,如实填写投保单。其实投保单上的很多内容,如被保险人的身体健康状况、既往症、家族病史、生活习惯与嗜好、财务状况、受益人的指定、保险金额的确定等均属于个人隐私,作为保险人来说,他有法定义务替投保人、被保险人和受益人保密。

思考题

1. 简述人身保险合同的特征。
2. 简述人身保险合同的被保险人和受益人必须具备的条件。
3. 简述人身保险合同的形式。
4. 人身保险合同的投保单由哪几部分构成?主要内容是什么?
5. 人身保险合同在哪些情况下出具批单?

6. 如何理解人身保险合同的成立、生效、保险责任开始之间的关系？
7. 简述人身保险合同的内容变更。
8. 简述人身保险合同终止的几种情况。
9. 分析人身保险合同中止、终止和无效的区别。
10. 简述人身保险合同中投保方与保险方的权利。
11. 简述人身保险合同中投保方与保险方的义务。

第五章 人寿保险合同的条款

第一节 人寿保险合同的常见条款

人寿保险合同的常见条款是指人寿保险合同中对于某些事项的规定,这些规定由于长期被使用,逐渐固定化和规范化。这些常见条款是合同当事人履行人寿保险合同的法律依据,也是处理人寿保险纠纷的依据。人寿保险合同的常见条款有些在保险合同中明示,有些则在《保险法》中明确规定。但是常见条款并不是人寿保险合同中不可缺少的组成部分,在一份具体的人寿保险合同中,通常由保险人在制定合同条款时决定列入哪些常见条款,而且不同的国家对人寿保险合同的常见条款在使用上也存在一些差异。

一、不可抗辩条款(incontestable provision)

不可抗辩条款又叫作不可争议条款,它的基本内容是:在被保险人生存期间,从人寿保险合同订立之日起满两年后,除非投保人停交续期保险费,否则保险人不得以投保人在投保时误告、漏告或隐瞒事实为理由主张合同无效或拒绝给付保险金。

不可抗辩条款是英美法系保险法的产物,但是对现代各国的保险立法产生了重要的影响。1848年伦敦的一家寿险公司在他们的公司章程中首先规定:他们将不会以任何理由来抗辩一个成立时间超过两年以上的保单。1864年美国曼哈顿人寿保险公司首次在保险合同中增加了不可抗辩条款,以改变保险双方之间的不信任关系,树立公司在寿险行业的新形象。1873年美国俄亥俄州的立法机构规定:在保险人收到三次保险费后,保险人就放弃主张任何抗辩的权利,欺诈和年龄误告除外。1906年美国纽约州通过了《阿姆斯特朗法案》,对不可抗辩条款进行了立法。使不可抗辩条款成为人寿保险合同的法定条款。

不可抗辩条款的产生是保险业发展和保险合同双方当事人权利义务平衡的结果,也是最大诚信原则对投保人严格适用的一个例外,目的是在于限制保险人的合同解除权,切实保护投保人、被保险人和受益人的利益。两年可抗辩期的规定是比较符合保险人对投保人申报真实性进行调查的实际情况,也符合民法对诉讼时效的规定。

我国《保险法》第十六条规定：订立保险合同，保险人就保险标的或者被保险人的有关情况提出询问的，投保人应当如实告知。

投保人故意或者因重大过失未履行前款规定的如实告知义务，足以影响保险人决定是否同意承保或者提高保险费率的，保险人有权解除合同。

前款规定的合同解除权，自保险人知道有解除事由之日起，超过三十日不行使而消灭。自合同成立之日起超过二年的，保险人不得解除合同；发生保险事故的，保险人应当承担赔偿或者给付保险金的责任。

二、宽限期条款(grace period provision)

宽限期条款的基本内容是：对分期交付的人寿保险合同，如果投保人未能按时缴纳续期保险费和以后各期保险费，保险人将给予一定时间宽限（通常是三十日或六十日）。在宽限期内，保单仍然有效，如果发生保险事故，保险人必须按保险合同规定承担给付保险金的责任，只是在赔款中应扣除下一期的保险费。如果过了宽限期投保人仍未交付保险费，保险人有权中止保险合同。

宽限期条款实际上是保险人给予投保人的一种优惠，规定宽限期的目的是避免保险合同的非故意失效。对于分期交付的人寿保险合同，投保人交付首期保费后合同生效，交付续期保费以维持合同的效力。但是由于人寿保险期限很长，在二十年或者三十年的缴费期内不给予一定时间的宽限，很容易导致保险合同中途失效，不仅使被保险人失去保险保障，也会影响保险单的继续率，不利于保险合同的保全，如果经常办理复效手续，也非常繁琐，宽限期条款的规定，解决了这些问题。

宽限期条款只适用于第二期及以后各期的保费，与首期缴费无关。因为只有缴纳了首期保费，保险合同才会生效，只有保险合同生效了，保险合同中的宽限期条款才会发生效力。在人寿保险合同中引入宽限期条款后，如果投保人停缴保险费，保险合同自宽限期结束的次日起失效。

我国《保险法》第三十六条规定：合同约定分期支付保险费，投保人支付首期保险费后，除合同另有约定外，投保人自保险人催告之日起超过三十日未支付当期保险费，或者超过约定的期限六十日未支付当期保险费的，合同效力中止，或者由保险人按照合同约定的条件减少保险金额。

被保险人在前款规定期限内发生保险事故的，保险人应当按照合同约定给付保险金，但可以扣减欠交的保险费。

三、复效条款(reinstatement provision)

复效条款的基本内容:对于分期缴费的人寿保险合同因投保人不按期缴纳保险费后失效,自失效之日起的一定时期内(通常为两年),投保人可以向保险人申请复效,经过保险人审查同意后,投保人补缴失效期间的保费和利息,保险合同即恢复效力。

复效对于保险人来说往往会掺杂一些逆选择,所以保险人对保单的复效要非常慎重地审查。通常复效必须满足以下几个条件:

(1) 在保单失效后两年的中止期限内提出复效申请;

(2) 要提供能证明被保险人的身体健康状况仍达到合同所要求的风险标准的证明(生存保险、年金保险例外);

(3) 投保人同意补交保单失效期间的保费和利息。

只有同时满足这些条件,保单才会复效。

其实复效条款对被保险人更有利,具体表现为:① 原保单的保费是根据被保险人投保时的年龄计算的,而保单失效后签发新保单通常要求更高的保险费率,如果原保单复效,投保人仍按原保单的保费交付;② 原保单的现金价值也同时复效,而签发新保单需要经过两年以上才开始形成现金价值;③ 从保单复效日重新开始一个抗辩期,在新的抗辩期,保险人只能按照复效申请书而不是原保单上的重大不实告知解除复效保单;④ 有些终身寿险、疾病保险投保时有最高年龄限制,保单失效后重新订立保险合同,有些被保险人因年龄超过保单规定的最高年龄限制而被拒之门外,如果申请复效,只要符合上述条件即可恢复合同效力,继续获得保险保障。

我国《保险法》第三十七条规定:人寿保险合同因逾宽限期而效力中止的,经保险人和投保人协商并达成协议,在投保人补缴保险费后,合同效力恢复。但是,自合同效力中止之日起二年内双方未达成协议的,保险人有权解除合同。保险人依照规定解除合同,并按照合同约定退还保单的现金价值。

四、年龄误告条款(misstatement of age provision)

年龄误告条款的基本内容是:如果投保人在投保时错误地申报了被保险人的年龄,保险合同并不因此而无效,在合同履行过程中发现年龄误告,保险人可以调整保险费,保险事故发生时,保险人可以按照投保人实际缴纳的保险费和被保险人的真实年龄调整给付保险金的数额。如果被保险人的真实年龄超过了保险合同约定的年龄限制,保险人解除保险合同。

在人寿保险中,年龄是影响保险费率高低的一个重要的因素。投保时,保险公司要求投保人要如实填写被保险人的年龄,但是保险人在核保时一般不进行严格的审查,只有在保险事故发生后,保险人理赔时才认真审核被保险人或受益人提交的各种单证,包括被保险人的年龄证明文件。根据不可抗辩条款的规定,即使保险人在两年后发现被保险人的真实年龄与申报年龄不符也不能宣布合同无效,但是如果仍按原来约定的保险金额给付保险金,显然对保险人有失公平,因此为了弥补了这一不足,人寿保险合同中列入了年龄误告条款。

对于年龄误告的处理,通常有以下三种情况:

(1) 及时发现,及时调整。保险人在审核保险合同时,发现被保险人的年龄误告,可以及时加以调整。既可以调整保险金额,也可以调整保险费,通常保险人调整保险费,采取多退少补的方法。

(2) 在保险事故发生时或保单保险期限届满时,发现被保险人的年龄误告,通常按照被保险人的真实年龄调整实际给付的保险金。调整方法是按实缴保费与应缴保费的比例给付保险金。

$$实际给付的保险金 = 约定的保险金额 \times \frac{实缴保险费}{应缴保险费}$$

(3) 当投保人申报被保险人的真实年龄超过保单规定的年龄限制时,保险人有权解除保险合同,并按照合同约定退还保单现金价值。

我国《保险法》第三十二条规定:投保人申报的被保险人年龄不真实,并且其真实年龄不符合合同约定的年龄限制的,保险人可以解除保险合同,并按照合同约定退还保单现金价值,但是自合同成立之日起逾两年的除外。

投保人申报的被保险人年龄不真实,致使投保人支付的保险费少于应付保险费的,保险人有权更正并要求投保人补交保险费,或者在给付保险金时按照实付保险费与应付保险费的比例支付。

投保人申报的被保险人年龄不真实,致使投保人支付的保险费多于应付保险费的,保险人应当将多收的保险费退还投保人。

五、自杀条款(suicide clause)

自杀条款的基本内容:在保险合同生效后的一定时期内(通常为两年),被保险人因自杀死亡,属于保险人的法定责任免除,保险人不给付死亡保险金,对于投保人所缴的保险费,保险人按照保险单退还其现金价值。保险合同生效满两年后被保险人因自杀死亡,保险人要承担保险责任,按照约定的保险金额给付保险金。

自杀是故意用某种手段终结自己生命的各种行为。根据法学上对自杀的解释,构成自杀的必要条件有主观条件和客观条件,两个条件缺一不可。主观条件是指行为人必须有结束自己生命的意愿,客观条件是指行为人必须实施了足以使自己死亡的行为。其实自杀死亡是构成正常死亡的一部分,如果把自杀死亡完全列为除外责任,不给付保险金,将会损害受益人的利益,使受益人失去保障,这有悖于人寿保险的初衷。但是如果把被保险人的自杀死亡列为保险责任范围,也容易出现道德风险,使人寿保险成为以自杀图谋钱财的手段,这不仅违背保险的宗旨,也违背社会公共道德。因此,在无法准确判断被保险人自杀原因的条件下,可行的办法就是在人寿保险合同中列入自杀条款,规定被保险人在保险合同生效的两年内自杀属于保险人的除外责任,在保险合同生效的两年后自杀,属于保险人的责任范围。自杀条款的引入,一方面防止道德风险发生,不让蓄意自杀者谋取保险金企图得逞;另一方面最大限度地保障被保险人、受益人的利益。

我国《保险法》第四十四条规定:以被保险人死亡为给付保险金条件的合同,自合同成立或者合同效力恢复之日起二年内,被保险人自杀的,保险人不承担给付保险金的责任,但被保险人自杀时为无民事行为能力者除外。

保险人依照前款规定不承担给付保险金的责任,应当按照合同约定退还保险单的现金价值。

六、贷款条款(policy loan provision)

贷款条款又称保单质押贷款条款,它的基本内容是:人寿保险合同生效满一定时期后,投保人可以以保险单为抵押向保险人申请贷款,贷款金额以保单累积的现金价值为限。投保人应按期归还贷款本息。如果在归还贷款本息之前发生了保险事故或退保,保险人从保险金或退保金中扣除贷款本息给付。如果贷款本息达到了保单现金价值数额时,保险合同终止。

由于人寿保险的长期性,投保人或被保险人一旦急需资金,就可能办理退保,以退保金应付资金周转的困难。退保就是终止保险合同,不仅减少了保险人的业务量,也使被保险人失去了保险的保障。如果被保险人想重新保险必须办理投保手续,保险费率提高了,对投保人经济上也不利。因此,为了提高寿险保单的使用价值,给投保人提供方便,同时保证寿险公司业务经营的稳定,在人寿保险合同尤其是两全保险和终身寿险合同中列入了贷款条款。

保单贷款有别于商业贷款,一是保单持有人没有偿还保单贷款的法定义务。在保单贷款下,保单持有人可以随时偿还部分或全部贷款,如果被保险人死亡时,贷款尚未还清,保险人将从保险金中扣除尚未偿还的贷款余额和利息。而商业贷款是在借款人和贷款人之间建立起来的一种借贷关系,借款人负有偿还贷款的法定义务。二是保险人只需根据保单的现金价值审批贷款,不必对申请贷款的保单持有人进行资信审查。而商业贷款,银行要对贷款申请人进行严格的资信审查,确保其信用风险,最后决定贷款的额度。

七、自动垫缴保费条款(automatic premium loan provision)

自动垫缴保费条款的基本内容是:保险合同生效满一定时期(通常是二年)后,如果投保人过了宽限期仍没有缴纳保险费,保险人则自动以保单的现金价值垫缴保险费,在垫缴保险费期间发生了保险事故,保险人从应给付的保险金中扣除垫缴的保险费和利息。当垫缴的保险费和利息超过了保单的现金价值时,保险合同终止。

自动垫缴保费条款设计的目的是为了维持保险合同的效力。它适用于分期交付的定期寿险、终身寿险和两全保险。只有当保险合同中列有自动垫缴保费条款,投保人又未对此提出异议以及保单累计的现金价值足以交付所欠的保费时,保险人才会用现金价值自动垫缴保费。

自动垫缴保费条款和保单贷款条款的性质是相同的,自动垫缴保费条款是将保单的现金价值贷给投保人缴纳保险费以维持合同效力,而保单贷款条款是将保单的现金价值以现金的形式贷给保单持有人解决暂时的经济困难。如贷款的本息或垫缴保费的本息超过保单现金价值,保险合同终止。保险合同终止后无论是否发生保险事故,投保人都不能通过偿还贷款本息或垫缴保费本息恢复保险合同的效力。因贷款本息或垫缴保费本息超过保单现金价值而终止的保险合同,保险人无须再支付退还金,只需注销保险单,并向投保人或被保险人发出终止保险合同的书面通知。

八、不丧失的现金价值条款(non-forfeiture provision)

不丧失现金价值条款的基本内容是:除定期寿险以外的长期人寿保险,在保险合同生效满二年后,投保人所缴保费中的储蓄保费会累积成现金价值,而且随着时间的推移,现金价值将不断递增。这部分现金价值为保单持有人所拥有,不会因为保险合同效力的终止而丧失,投保人可以按照有利于自己的方式处理这一部分现金价值。因此不丧失的现金价值条款又称为不可没收的现金价值条款。

我国《保险法》从以下几个方面解释了不丧失的现金价值条款:

(1) 投保人故意造成被保险人死亡、伤残或者疾病的,保险人不承担给付保险金的责任。投保人已交足两年以上保险费的,保险人应当按照合同约定向其他权利人退还保险单的现金价值(《保险法》第四十三条)。

(2) 以被保险人死亡为给付保险金条件的合同,自合同成立或者合同效力恢复之日起两年内,被保险人自杀的,保险人不承担给付保险金的责任,但被保险人自杀时为无民事行为能力者除外。保险人应按照合同约定退还保险单的现金价值(《保险法》第四十四条)。

(3) 被保险人故意犯罪或者抗拒依法采取的刑事强制措施导致其伤残或者死亡的,保险人不承担给付保险金的责任。投保人已交足两年以上保险费的,保险人应当按照合同约定退还保险单的现金价值(《保险法》第四十五条)。

(4) 自保险合同效力中止之日起满两年双方未达成协议的,保险人有权解除合同,并应当按照合同约定退还保险单的现金价值(《保险法》第三十七条)。

九、保单转让条款(policy assignment clause)

由于人寿保险单具有现金价值,保单持有人对其拥有财产的所有权,只要不是出于不道德或非法考虑,在不侵犯受益人权利的情况下,保单持有人可以转让人寿保险单。如果是不可变更的受益人,必须征得受益人同意保单才能转让。

人寿保险单转让可分为绝对转让(absolute assignment)和抵押转让(collateral assignment)两种。绝对转让是指投保人将其对保单的权益完全转移给他人。在大多数情况下,绝对转让是将保险单转让给被保险人,投保人通常以赠予或出售两种方式转让保单的权益。例如父母为子女投保,当子女成年后,父母将保险单作为礼品赠予子女。又如企业为职工投保团体保险,当职工离职时,企业可以将保险单出售给职工。绝对转让以被保险人生存为条件,在绝对转让下,如果被保险人死亡,全部保险金将归受让人而不是原受益人。抵押转让是保单持有人将一份具有现金价值的人寿保险单作为被保险人的信用担保式贷款的抵押品,受押人得到保单的部分权利。例如美国银行家协会的抵押转让证书规定受押人享有以下权利:① 被保险人死亡后获取已转让权益的那一部分保险金;② 行使退保权利,取得退保金;③ 获得保单质押贷款;④ 获取保单红利;⑤ 获得不丧失现金价值选择权。

在寿险保单的抵押转让中,对抵押人(即保单持有人)的要求是履行交付保费的义务,不能让保单失效。为了避免事后受益人和受押人对被保险人的死亡保险金产生纠纷,同时使受押人在行使未到期保单权利时,不必征求受益人的同意,因此,保单转让条款规定抵押转让时,受益人必须在抵押转让证书上签名。

保单转让条款还规定了转让的手续,那就是在保单转让时,保单持有人必须书面通知保险人,由保险人加注或出具批单后生效,并在保险人处存档备案。

十、受益人条款(beneficiary clause)

受益人是指在被保险人死亡以后享有保险金请求权的人。

(一)受益人的种类

1. 特定受益人和成员受益人

特定受益人是指名的受益人。例如母亲为自己投保人寿保险,指定儿子张三为受益人,张三就是特定受益人。指定特定受益人的目的是为了保障受益人的权益。

成员受益人是不指名的受益人。例如母亲为自己投保人寿保险,指定"子女"为受益人。子女可以是亲生子女、养子女和有抚养关系的继子女,这些子女都是成员受益人,有权向保险人提出给付保险金的请求。由于成员识别存在困难,保险公司经常会限制成员受益人的名称。因此,被保险人在指定受益人时一定要明确受益人的具体姓名。

2. 自然受益人、指定受益人和法定受益人

自然受益人,即被保险人本人。人寿保险合同约定的事件发生而且被保险人生存的情况下,被保险人就是理所当然的受益人,有权领取保险金。

指定受益人是由被保险人或投保人在合同中指定的,在被保险人死亡后享有保险金请求权的人。

法定受益人是被保险人的法定继承人。在保险合同中没有指定受益人,或者指定受益人丧失或放弃受益权或先于被保险人死亡或与被保险人同时死亡、或被变更或被撤销的情况下,保险金作为被保险人的遗产处理,被保险人的法定继承人按照《继承法》的规定成为法定受益人。

3. 原始受益人、后继受益人

根据指定的时间顺序,指定受益人可分为原始受益人和后继受益人。原始受益人是投保人在与保险人签订保险合同时由被保险人事先在保单上指定的受益人;后继受益人是保险合同生效后由于原始受益人丧失或放弃受益权,或先于被保险人死亡,或被变更或被撤销后被保险人重新指定的受益人。指定顺序受益人反映了受益人与被保险人的关系密切程度或受益人对在被保险人死亡后得到保障的需求程度。

(二)有关受益人的具体规定

受益人是人寿保险合同所特有的主体,在保险合同中有着独特的法律地位。

受益人是指在人寿保险合同中被指定的、当保险事故发生时享有保险金请求权的人,受益人应当具备两个要件:① 受益人应当在保险合同中指定。② 受益人享有独立的保险金请求权。

(1) 人寿保险合同中指定了受益人,被保险人死亡以后保险金归指定的受益人所有,其他任何人都不得分享。

(2) 当被保险人在人身保险合同中没有指定受益人,被保险人因保险事故而死亡,保险金就作为被保险人的遗产,由保险人向被保险人的法定继承人履行给付保险金的义务。我国《继承法》作了明确规定:"法定继承人的第一顺序是被继承人的配偶、父母、子女;第二顺序是被继承人的兄弟姐妹、祖父母、外祖父母。"除了所列出的第一顺序和第二顺序继承人外,丧偶儿媳对公婆、丧偶女婿对岳父母尽了赡养的义务,也可以作为第一顺序继承人。《继承法》还规定:"继承开始后,由第一顺序继承人继承,第二顺序继承人不继承。没有第一顺序继承人继承的,由第二顺序继承人继承。"

(3) 人身保险的受益人由被保险人或者投保人指定,投保人指定受益人时须经被保险人同意,否则指定的受益人无效。被保险人为无民事行为能力或限制民事行为能力人的,可以由其监护人指定受益人。受益人可以为一人,也可以为数人,如果受益人为数人时,保险合同中可以规定受益顺序和受益份额;未确定受益份额的,受益人按照相同份额享有受益权。

我国《保险法》三十九条规定:人身保险的受益人由被保险人或者投保人指定。

投保人指定受益人时须经被保险人同意。投保人为与其有劳动关系的劳动者投保人身保险,不得指定被保险人及其近亲属以外的人为受益人。

被保险人为无民事行为能力人或者限制民事行为能力人的,可以由其监护人指定受益人。

我国《保险法》第四十条规定:被保险人或者投保人可以指定一人或者数人为受益人。受益人为数人的,被保险人或者投保人可以确定受益顺序和受益份额;未确定受益份额的,受益人按照相等份额享有受益权。

(4) 被保险人对受益人的受益权拥有充分自由的处分权,包括指定、变更和撤销受益人,只有在被保险人死亡以后,保险人与受益人之间的法律关系才具有现实意义。受益人在获得保险金给付之前,对自己所拥有的受益权没有任何处分的权利,不能转让给他人,也不能由自己的继承人继承,唯一能处置的只有放弃受益权。

我国《保险法》第四十一条规定:被保险人或者投保人可以变更受益人并书

面通知保险人。保险人收到变更受益人的书面通知后,应当在保险单或者其他保险凭证上批注或者附贴批单。投保人变更受益人时须经被保险人同意。

(5)指定受益人的受益权不同于继承权,受益人按照人身保险合同规定申领保险金是他行使人寿保险合同赋予他的受益权,即保险金请求权,而不是依据继承权继承被保险人的遗产。所以受益人在被保险人死亡后领取的保险金不属于被保险人的遗产,既不纳入遗产分配,无须缴纳遗产税,也不能用来清偿被保险人生前的债务。而被保险人的法定继承人通过人寿保险合同享受的受益权实质上是一种继承权,根据继承权取得的保险金被视为被保险人的遗产,应当按照遗产继承的法律关系处理。根据《继承法》第三十三条规定:继承遗产应当清偿被继承人依法应当缴纳的税款和债务,这也就是说继承人在领取保险人给付的保险金时,须缴纳遗产税和抵偿被继承人生前所欠他人的债务。

(6)指定受益人的受益权仅仅是一种与其身份相联系的期待权,而不是债权。期待权能否转变为债权取决于三个条件:一是指定的受益人没有被变更或被撤销,如果被变更或被撤销,指定受益人的期待权被被保险人所处分剥夺;二是指定受益人在享受受益权时自身要生存,如果先于被保险人死亡,指定受益人的期待权自动消失;三是被保险人因保险事故而死亡,只有在被保险人死亡后,指定受益人的期待权才能转化为债权。

(7)受益权对受益人来说是一种不确定的权利。受益人被指定以后,并非意味着他就一直拥有此项权利,而且最终一定获得保险金。

我国《保险法》第四十二条规定:被保险人死亡后,有下列情形之一的,保险金作为被保险人的遗产,由保险人依照《中华人民共和国继承法》的规定履行给付保险金的义务:① 没有指定受益人,或者受益人指定不明无法确定的;② 受益人先于被保险人死亡,没有其他受益人的;③ 受益人依法丧失受益权或者放弃受益权,没有其他受益人的;④ 受益人与被保险人在同一事件中死亡,且不能确定死亡先后顺序的,推定受益人死亡在先。

我国《保险法》第四十三条规定:受益人故意造成被保险人死亡、伤残、疾病的,或者故意杀害被保险人未遂的,该受益人丧失受益权。

第二节 人寿保险合同的选择权条款

为了满足投保人多样化的需求,在人寿保险合同中除了本章第一节10条常见条款外,还列有各种选择条款。比较典型的保单选择权条款有:不丧失权益选择权条款、红利选择权条款、保险金给付选择权条款和保费交付方式选择权条款。

一、不丧失权益选择权条款(non-forfeiture benefits option clause)

不丧失权益属于具有现金价值保单持有人的一种权益。所有累积现金价值的人寿保险单都包含有不丧失权益。如果投保人不愿意或没有能力继续交付保费维持合同的效力时,可以在保单所提供的几种不丧失选择权中任选一种处理保单的现金价值。

1. 退保金不丧失选择权(cash surrender value non-forfeiture option)

退保金不丧失选择权是指投保人停止交付保险费时,保单持有人可以选择退保,并以现金方式领取退保金。

一般终身寿险保单都用图表列出不同时点保单的现金价值,并给出相应的计算方法。但是保单持有人在退保时获得的净现金价值可能不完全等于保单中所列示的现金价值,保险人还要对红利累积、增额缴清保险、预缴保费、保单贷款等因素进行调整。

2. 减额缴清保险不丧失选择权(reduced paid-up insurance non-forfeiture option)

减额缴清保险不丧失选择权是指当投保人停止交付保险费后,保单持有人可以选择减额缴清保险来延续保险保障。减额缴清保险是以保单所累积的净现金价值作为趸缴保费购买与原保单设计相同的保险,保费根据选择权生效时被保险人的到达年龄计算。包含这一选择权的保单都用图表列示保单生效后的前20个保单年度,允许每年购买减额缴清保险的保额。减额缴清保险的保险责任和保险期限与原保单一致,但其保险金额的大小由保单的净现金价值的大小来决定。如果原保单包含增额缴清保险,净现金价值大于保单所列示的现金价值,允许购买的减额缴清保险的保额也高于保单所列示的保额。如果保单有未偿保单贷款余额,那么在扣除未偿贷款余额后的净现金价值小于保单所列示的现金价值,允许购买的减额缴清保险的保额也低于保单所列示的保额。

3. 展期保险不丧失选择权(extended term insurance non-forfeiture option)

展期保险不丧失选择权是指当投保人停止交付保险费后,保单持有人可以选择展期保险来延续保险保障。展期保险是以保单所累积的净现金价值作为趸缴保费购买与原保单具有相同保额的定期保险,保险期限的长短取决于保险金额、净现金价值、被保险人的性别以及保单持有人行使本选择权时被保险人所达到的年龄。值得注意的是:虽然展期保险的保险金额通常就是原保单的保险金额,但是增额缴清保险、累积红利和保单贷款等因素都会增加或减少保单的保险金额。

在包含展期保险选择权的寿险保单都列有一张图表，列示了前20个保单年度内，与原保单具有相同保额的展期保险所对应的保险期限的长度。在包含缴清保险选择权的寿险保单也列有一张图表，列示了在保单生效后的前20个保单年度，允许每年购买缴清保险的保额。

值得注意的是，行使缴清保险选择权和展期保险选择权的寿险保单通常不包括原保单所提供的任何附加权益。对于万能寿险保单，由于保险人定期从万能寿险保单的现金价值中扣减死亡费用和经营费用，即使投保人不缴保费，保单也继续有效，直至现金价值不足以扣减月度费用为止，因此在万能寿险保单中不包含展期保险不丧失选择权。

二、红利选择权条款(dividend option clause)

分红保险的保单持有人可以通过领取红利的方式分享保险人的经营成果。红利选择权条款为分红保险持有人领取红利提供了选择的方式。

1. 现金红利选择权(cash dividend option)

现金红利选择权是指保单持有人以现金方式领取保险人已公布的保单红利。

2. 抵减保费红利选择权(premium reduction dividend option)

抵减保费红利选择权是指保险公司将已公布的红利用于交付续期保费。保险公司向保单持有人寄送一份红利通知书，列明红利金额和扣除红利后应缴的保险费。

3. 累积利息红利选择权(accumulation at interest dividend option)

累积利息红利选择权是将红利留存于保险公司用于累积生息，但允许保单持有人在任何时候提取累积的红利和利息。如果保单持有人要求退保，保险人将退保金和累积保单红利一起退还给保单持有人。如果被保险人死亡，累积的红利连同保险金给付受益人。

4. 增额缴清保险红利选择权(paid-up additional insurance dividend option)

增额缴清保险红利选择权是将红利作为趸缴保费购买增额缴清保险。这是一种最具价值的选择权之一，因为购买增额缴清保险的保险费不包含营业费用，也不需要提供可保证明，而且用保单红利购买的增额缴清保险还能累积现金价值。虽然每年用红利购买的增额保险的保险金额不大，但在保单有效期内，累积起来的保险金额相当可观。如果投保人在投保时没有行使红利选择权，那么增额红利选择权通常被设定为自动红利选择权。

5. 增额定期保险红利选择权(additional term insurance dividend option)

增额定期保险红利选择权是将红利作为趸缴净保费购买一年期定期保险。但是每年可购买的一年期定期保险的最高保额不能超过保单的现金价值。为了防止逆选择,当保单持有人将其他红利选择权转变为增额定期保险选择权时,保险公司要求保单持有人提供可保证明。当年度保单红利超过购买一年期定期保险的最高限额(一般为保单现金价值)所需的保费,保险人将根据其他红利选择权来处理超额部分。

对于分红保险,保单持有人可以根据自己的实际需要选择红利给付方式。如果投保人收入水平不高,可以选择抵减保险费的红利给付方式;如果被保险人的身体健康状况不好,可以选择增额保费缴清保险的方式,当然也可以选择增额定期保险的方式提供额外的寿险保障。

三、保险金给付选择权条款(settlement option provision)

寿险保单通常是在被保险人死亡后一次性给付保险金,利用这种方法受益人可以立即得到全额的死亡保险金,而且有不少受益人也的确在经济上需要一次领取全部保险金。但是也有的受益人因为缺乏理财经验,无法妥善处理这笔突然得到的巨额保险金,于是在寿险保单中列入了保险金给付选择权条款,让受益人选择合适的方法来处置这笔保险金。比较常用的保险金给付方式有以下几种。

1. 一次性以现金方式给付保险金

被保险人死亡时,保险人以现金形式一次性给付保险金。保险人一般以支票形式将保险金一次性支付给受益人,也可以为受益人设一个活期存款账户,供受益人随时使用。

2. 利息收入方式给付保险金

由保险人将保险金进行投资,并向受益人定期支付保险金的利息。利息可以按年、按季支付,但保证支付一个最低利率的利息。

3. 按固定期限向受益人分期给付保险金

保险人在规定期间内向受益人分期给付等额保险金,每次的给付金额由保险金的数额、利率以及保单持有人或受益人选择的给付期间长度而定,保险人保证一个最低利率。这种给付方式可以对经济上尚未独立的受益人提供暂时收入,也为那些在获得其他预期收入来源(如养老金)之前的受益人提供收入。

4. 按固定金额向受益人分期给付保险金

保险公司按约定金额定期进行等额给付,直到保险金本息付清为止。保险人的付款次数取决于保险金的数额、利率以及约定的等额支付金额,保险人也保证一个最低利率。当保单持有人或受益人希望确保在一定期间内获取足额的收入时,等额给付方式是最好的选择。

5. 按终身年金方式给付保险金

保险公司将受益人领取保险金作为趸缴保费投保一份终身年金,在受益人生存期间定期给付保险金。每次的给付金额取决于所选择的终身年金的种类、保险金数额、预定利率、受益人性别和开始给付的年龄等因素,当保单持有人或受益人对未来的收入来源不确定,又希望获得终身保障时,选择这种给付方式是最有效的。

总之,保单持有人可以根据自己购买人寿保险的不同目的和需要在投保时或在保单有效期间的任何时候选择一种保险金给付方式,也可以在被保险人生存期间的任何时候改变保险金的给付方式,甚至可以为受益人选择一种不可撤销的保险金给付方式。

四、保费交付选择权条款(premium payment option clause)

由于人身保险是长期性的保险业务,保费采用均衡保险费制,保费的交付方式有趸缴、年缴和限期交付三种,缴费的频率可以是年付、半年付、季付或月付,投保人在投保时可以选择其中的一种方式。一般情况下,保险代理人只收取首期保险费,对于续期保险费的收取,为了节省保险人的管理费用支出和避免投保人遗忘缴费,投保人可以选择邮寄、自动转账、从储蓄账户中扣除和从薪金中扣除等缴费方法。

[相关链接]

《中华人民共和国民法典》中的相关法律规定(节选)
(自2021年1月1日起施行)

第五编 婚姻家庭

第二章 结婚

第一千零四十六条 结婚应当男女双方完全自愿,禁止任何一方对另一方加以强迫,禁止任何组织或者个人加以干涉。

第一千零四十七条 结婚年龄,男不得早于二十二周岁,女不得早于二十周岁。

第一千零四十八条 直系血亲或者三代以内的旁系血亲禁止结婚。

第一千零四十九条　要求结婚的男女双方应当亲自到婚姻登记机关申请结婚登记。符合本法规定的，予以登记，发给结婚证。完成结婚登记，即确立婚姻关系。未办理结婚登记的，应当补办登记。

第一千零五十条　登记结婚后，按照男女双方约定，女方可以成为男方家庭的成员，男方可以成为女方家庭的成员。

第一千零五十一条　有下列情形之一的，婚姻无效：

(一)重婚；

(二)有禁止结婚的亲属关系；

(三)未到法定婚龄。

第三章　家庭关系

第一节　夫妻关系

第一千零五十八条　夫妻双方平等享有对未成年子女抚养、教育和保护的权利，共同承担对未成年子女抚养、教育和保护的义务。

第一千零五十九条　夫妻有相互扶养的义务。

需要扶养的一方，在另一方不履行扶养义务时，有要求其给付扶养费的权利。

第一千零六十一条　夫妻有相互继承遗产的权利。

第一千零七十条　父母和子女有相互继承遗产的权利。

第一千零七十一条　非婚生子女享有与婚生子女同等的权利，任何组织或者个人不得加以危害和歧视。

不直接抚养非婚生子女的生父或者生母，应当负担未成年子女或者不能独立生活的成年子女的抚养费。

第一千零七十二条　继父母与继子女间，不得虐待或者歧视。

继父或者继母和受其抚养教育的继子女间的权利义务关系，适用本法关于父母子女关系的规定。

第一千零七十四条　有负担能力的祖父母、外祖父母，对于父母已经死亡或者父母无力抚养的未成年孙子女、外孙子女，有抚养的义务。

有负担能力的孙子女、外孙子女，对于子女已经死亡或者子女无力赡养的祖父母、外祖父母，有赡养的义务。

第一千零七十五条　有负担能力的兄、姐，对于父母已经死亡或者父母无力抚养的未成年弟、妹，有扶养的义务。

由兄、姐扶养长大的有负担能力的弟、妹，对于缺乏劳动能力又缺乏生活来源的兄、姐，有扶养的义务。

第六编　继承

第二章　法定继承

第一千一百二十六条　继承权男女平等。

第一千一百二十七条　遗产按照下列顺序继承：

(一)第一顺序：配偶、子女、父母；

(二)第二顺序：兄弟姐妹、祖父母、外祖父母。

继承开始后，由第一顺序继承人继承，第二顺序继承人不继承；没有第一顺序继承人继承的，由第二顺序继承人继承。

本编所称子女，包括婚生子女、非婚生子女、养子女和有扶养关系的继子女。

本编所称父母，包括生父母、养父母和有扶养关系的继父母。

本编所称兄弟姐妹，包括同父母的兄弟姐妹、同父异母或者同母异父的兄弟姐妹、养兄弟姐妹、有扶养关系的继兄弟姐妹。

第一千一百二十八条　被继承人的子女先于被继承人死亡的，由被继承人的子女的直系晚辈血亲代位继承。

被继承人的兄弟姐妹先于被继承人死亡的，由被继承人的兄弟姐妹的子女代位继承。

代位继承人一般只能继承被代位继承人有权继承的遗产份额。

第一千一百二十九条　丧偶儿媳对公婆，丧偶女婿对岳父母，尽了主要赡养义务的，作为第一顺序继承人。

第一千一百三十条　同一顺序继承人继承遗产的份额，一般应当均等。

对生活有特殊困难又缺乏劳动能力的继承人，分配遗产时，应当予以照顾。

对被继承人尽了主要扶养义务或者与被继承人共同生活的继承人，分配遗产时，可以多分。

有扶养能力和有扶养条件的继承人，不尽扶养义务的，分配遗产时，应当不分或者少分。

继承人协商同意的，也可以不均等。

第一千一百五十五条　遗产分割时，应当保留胎儿的继承份额。胎儿娩出时是死体的，保留的份额按照法定继承办理。

第一千一百五十九条　分割遗产，应当清偿被继承人依法应当缴纳的税款和债务；但是，应当为缺乏劳动能力又没有生活来源的继承人保留必要的遗产。

第一千一百六十一条　继承人以所得遗产实际价值为限清偿被继承人依法应当缴纳的税款和债务。超过遗产实际价值部分，继承人自愿偿还的不在此限。

继承人放弃继承的,对被继承人依法应当缴纳的税款和债务可以不负清偿责任。

思考题

1. 名词解释:受益人 原始受益人 后继受益人 成员受益人 抵押转让 绝对转让
2. 简述不可抗辩条款和年龄误告条款的内容。
3. 列举人身保险合同复效的条件。
4. 简述贷款条款、自动垫缴保费条款的内容。
5. 如何理解不丧失的现金价值条款?
6. 概述受益人条款的具体规定。
7. 简述不丧失权益选择权条款的内容。
8. 简述红利选择权条款和保险金给付选择权条款的内容。

第六章 人寿保险

第一节 保障型的人寿保险

人寿保险是以被保险人的死亡或生存作为保险事故的人身保险业务。投保人向保险人缴纳一定数量的保险费,当被保险人在保险期限内死亡或生存到保险合同约定年龄或者期限时,由保险人向被保险人或者受益人给付保险金。人寿保险又称生命保险。

保障型人寿保险有定期寿险、终身寿险和两全保险,这些险种充分体现了保险的保障功能。

一、定期寿险(term life insurance)

定期寿险又称定期死亡保险,它是以被保险人在约定期限内死亡作为保险金给付条件的人寿保险。定期寿险是最早出现的人寿保险,可以单独购买,也可以作为其他险种的附加险购买。

(一)定期寿险的特征

1. 保险期限固定

定期寿险只提供一个确定时期的保险保障,如每年可更新的定期寿险,保险期限为5年、10年、15年、20年的定期寿险,到被保险人退休年龄满期的定期寿险。

2. 保险费低廉

定期寿险只承担一定时期内的死亡责任,费率厘定也只考虑被保险人的死亡风险,不考虑储蓄因素,因此,在保险金额相同的情况下,投保定期寿险所缴纳的保险费要比投保终身寿险和期限相同的两全保险低得多。被保险人可以以较低的保险费获得较大的保险保障。

3. 属于纯保障型寿险

如被保险人在规定的保险期限内死亡,保险人向指定的受益人给付保险金。如果被保险人期满仍然生存,保险人不给付保险金,也不退还保险费,保单也没有现金价值。

4. 存在逆选择

人寿保险中的逆选择是指身体健康状况差的人或职业危险程度大的人,积极申请投保死亡保险的一种倾向。由于投保定期寿险可以以较少的保费支出获取较大的保障,所以一些身体健康状况不佳或职业危险程度大的被保险人,往往会投保高保额的定期寿险。因此,保险公司为了避免逆选择的产生和保证自身财务的稳定,一般在承保时进行严格的风险选择,对超过一定保额的被保险人进行全面、仔细的健康检查,对身体状况略差或职业危险程度略大的被保险人加收保费,对年龄偏高、身体又差的被保险人拒绝承保。

(二) 定期寿险的种类

1. 定额定期寿险(level term life insurance)

定额定期寿险是指在整个保险的有效期内保险金额保持不变的定期寿险。当被保险人在保险有效期内死亡,保险人按保单中约定的保险金额给付保险金。

2. 减额定期寿险(decreasing term life insurance)

减额定期寿险是指在整个保险的有效期内保险金额不断递减的定期寿险。减额定期寿险险种主要有抵押贷款偿还保险、信用人寿保险和家庭收入保险。

(1) 抵押贷款偿还保险(mortgage redemption insurance)是指保险金额与递减的未偿还抵押贷款额对应相等的减额定期寿险。保险期限由抵押贷款的期限决定,通常为 15 年或者 30 年。在整个保险期间,续期保费不变,但保额会随着抵押贷款额的递减而不断减少。虽然抵押贷款偿还保险的目的是在被保险人死亡后由受益人领取保险金继续偿还贷款余额。但是由于提供抵押贷款的机构不是保险合同的当事人,因此受益人无义务用领取的保险金偿还贷款余额,可以将死亡保险金用作其他的投资,然后继续偿还贷款余额。在抵押贷款偿还保险下,债权人仍然承担一定的违约风险。

(2) 信用人寿保险(credit life insurance)

信用人寿保险的保险金额始终与债务人的贷款余额相等的递减定期寿险。与抵押贷款保险不同的是信用人寿保险要求指定债权人为保单受益人,当作为被保险人的债务人死亡时,由债权人领取保险金用于偿还债务人未还的贷款。因此信用人寿保险可以使债权人不承担任何违约风险,对债务人的遗产起到保全作用。信用人寿保险的保险金等于未偿清债务的金额,随着贷款余额的减少,信用人寿保险规定的保额逐渐下降,而保费在整个贷款期间保持不变。信用人寿保险通常要求贷款的偿还期限不超过十年,适用于购车、家居装修等个人贷款。

3. 增额定期寿险(increasing term life insurance)

增额定期寿险是指在整个保险期间保单保额在初始保额的基础上按约定的金额或比例逐期递增。例如,某60岁满期递增定期寿险的初始保额为10万元,以后保额逐年递增5%,或者按照生活费用的增长来调整保额的递增速度,而生活费用的增长速度通常以国家公布的消费物价指数为参照。增额定期寿险的保险费通常随保额的增加而增加。与定额定期寿险相比,投保人购买增额定期寿险,可以将通货膨胀而导致的购买力下降风险转移给保险人。增额定期寿险可以单独投保,更常见的是作为终身寿险的附加险投保。

(三) 定期寿险的两个重要条款

定期寿险只能提供暂时的保险保障,在保险期满时保单效力终止。随着保险需求和经济收入状况的改变,有些投保人希望在期满时续保,有些投保人希望在期满前将定期寿险转换为终身寿险。但是不少被保险人因身体状况不佳担心而被拒保。针对投保人的这种顾虑,保险公司在定期寿险中设计了两个重要的条款,即可续保条款和可转换条款。

1. 可续保条款

可续保条款允许投保人按约定的保险费率在定期寿险期满时续保。为了保护被保险人的利益,许多1年、5年、10年期的定期寿险保单都包括了可续保条款,条款规定在续保时,不必提供被保险人的可保证明。也就是说,保险期满时,被保险人不需要经过体格检查,不论其身体健康状况如何都可以续保。如果定期寿险保单没有规定这项条款,被保险人可能在保险期满时因健康状况不佳或其他原因不能续保。多数可续保定期寿险保单规定,投保人可以续保一个期限和保额与原保单相同的定期寿险。

为了最小化逆选择,可续保条款对保单持有人作了限制,常见的限制有两个:① 被保险人只能在规定的年龄之前进行续保。② 规定续保的最高次数。

2. 可转换条款

可转换条款允许投保人将定期寿险保单转换为终身寿险或两全保险,而且在行使转换权时,不必提供被保险人的可保证明。大多数定期寿险保单具有可以转换的特征,但是为了减少逆选择,保险公司通常对投保人的转换权有一定的限制。例如转换的选择权一般只允许在一个规定的转换期内行使,如只允许在65岁以前转换或者转换后的保额限制为原保额的一个约定百分比等。转换的方法有按被保险人所达到的年龄转换和按被保险人投保时的年龄转换两种。

(1) 按被保险人所达到的年龄转换。当投保人将可转换定期寿险转换成终身寿险或两全保险时,保险公司通常会签发一个新的保单,并根据转换时被保险人的年龄计算保险费。

(2)按被保险人投保时的年龄转换。当投保人将可转换定期寿险转换成终身寿险或两全保险时,保险公司通常会签发一个新的保单。并根据被保险人投保时的年龄计算保险费。这种转换方法对保单持有人更有利。

可续保条款和可转换条款不仅对投保人有明显的潜在价值,对保险公司也非常有利。大多数投保人续保或转换保单,并非因为健康状况不好,而是希望继续获得保险保障。因此,保险公司为投保人提供可续保和可转换的权利,既维持了保单的效力,保全了当前客户,又节省了高额的新保单费用,降低了保险人的经营成本。

(四)定期寿险的作用

(1)保证被保险人将来的可保资格。随着年龄增加,人们对人寿保险的需求也增加,但是有时到最需要保险保障时,可能因健康原因而得不到人寿保险的保障,定期寿险可以续保和转换的特征消除了这种不利影响。

(2)作为终身寿险或两全保险的补充。因为定期寿险的费率低于任何一种人寿保险,交付同样保险费可以购得比终身寿险和两全保险的保险金额高许多倍的定期寿险,因此定期寿险可以用来补充终身寿险或两全保险保额的不足。

(3)改善信用的有效手段。抵押贷款偿还保险和信用人寿保险可以有效降低债务人的信用风险,既有利于被保险人改善贷款条件获得所需的商业贷款,又有利于保全被保险人的房产、汽车等家庭财产。

定期寿险适用于有年迈父母需赡养、有年幼子女需抚养、背负有房贷等债务的创业者、家庭经济支柱、刚参加工作的年轻人购买,尤其是家庭经济支柱,更需要通过定期寿险来保证家庭责任的延续,因此定期寿险是应对家庭经济支柱早亡风险的刚需产品。

二、定期生存保险

定期生存保险是以被保险人在保险期满时仍然生存作为给付保险金条件的人寿保险。定期生存保险具有以下三个特点。

1. 保险期有限

定期生存保险是以被保险人在保险期满时仍然生存作为保险金给付的条件,因此,生存保险必须有保险期限的规定,否则被保险人永远都领不到保险金。

2. 不退还保费

定期生存保险以被保险人在保险期限内生存作为给付条件,如果被保险人在保险期内死亡,保险公司不给付保险金,也不退还保费,死亡的被保险人所缴的保费及所生利息,由生存到约定年限的被保险人享有。

3. 类似于银行储蓄

定期生存保险类似于银行储蓄,但保险公司为了让定期生存保险更具有吸引力,有些定期生存保险规定每年给被保险人分配红利,这方面又类似分红保单。

定期生存保险的主要功能是为被保险人今后的生活和工作提供一笔基金,以满足其生活、培养子女、养老等方面的需要。

三、终身寿险(whole life insurance)

终身寿险是指为被保险人提供终身保障的人寿保险。终身寿险又称不定期死亡保险,保险期限到生命表的终极年龄为止。如果被保险人在生命表的终极年龄之前任何时候死亡,保险人都向其指定的受益人给付保险金。如果被保险人生存到生命表的终极年龄,保险人向其本人给付保险金。

(一)终身寿险的特点

1. 提供终身保障

定期寿险只提供一段时间的保障,保险期满,保险合同终止,而终身寿险只要保单有效就能给被保险人提供终身保障,被保险人在任何时候死亡,保险人都向指定的受益人给付保险金。保障功能是终身寿险最原始、最本质的功能。

2. 保单具有现金价值

定期寿险只能提供保险保障,保单没有储蓄性,也没有现金价值,而终身寿险不仅提供保险保障,保单还累积现金价值。如果投保人中途退保,保险人必须支付退保金。当然投保人也可以自动垫缴保费、保单质押贷款来缓解资金压力。

3. 实现资产传承和资产保全

由于受益人在被保险人死亡后领取的保险金不属于被保险人的遗产,既不纳入遗产分配,无须缴纳遗产税,也不能用来清偿被保险人生前的债务。因此终身寿险保单通过指定受益人可以规避遗产税,也可以规避被保险人身前的债务,实现资产的合理合法传承和资产的保全。

(二)终身寿险的险种

终身寿险根据保费缴付期间长短的不同可以分为普通终身寿险、限期缴费终身寿险和趸缴保费终身寿险。不论采用哪种缴费方式,保费的现值是相等的,但是现金价值累积的速度是不同的。趸缴保费终身寿险的现金价值累积速度最快,其次是限期缴费终身寿险,现金价值累积速度最慢的是普通终身寿险。

终身寿险适合那些希望获得终身保障、保费负担能力较强,有资产保全与传承规划需求的人士。

四、两全保险(endowment insurance)

两全保险又称生死合险,它是把定期死亡保险和定期生存保险相结合的一种人寿保险。定期寿险和终身寿险是在被保险人死亡时给付保险金,两全保险不仅在保险期限内被保险人死亡时向其受益人给付保险金,而且在保险期满被保险人仍然生存时也向其本人给付保险金。

(一)两全保险的特征

(1)在两全保险中,保险公司作出了两种承诺:第一种承诺是被保险人在保险期限内死亡,保险人给付死亡保险金,这与定期死亡保险中的承诺相同;第二种承诺是保险期满时被保险人仍然生存,保险人给付生存保险金,这与定期生存保险的承诺的相同。因此,两全保险是定期死亡保险和定期生存保险的综合,使被保险人获得更充分的保障。

(2)从人寿保险数理角度分析,两全保险纯保费是同一期限生存保险纯保费和死亡保险纯保费的总和,因此,两全保险的保险费要高于单纯的生存保险或死亡保险。

(3)从寿险保单价值分析,两全保险保费中的危险保费,随投保时间的延长逐年递减,至保险期满时为零。而储蓄保费则逐年增加,到保险期满时累积为保单的保险金额。因此,两全保险最能体现人寿保险中保险与储蓄的两重性。

(二)两全保险的险种

两全保险按保险期限分类,有两种标准的类型:一种以特定的年期为保险期限,如10年、20年、25年、30年期的两全保险;另一种是以特定年龄为保险期满日,一般以被保险人生存至60岁、65岁或70岁为保险期满日。

对于标准的两全保险,投保人在投保时有所选择,如果投保人既想在保险有效期内获得保险保障,又想以储蓄为目的,在将来一定时期后有一笔较大的收入作为特定目的支出,往往投保5年、10年、15年或20年期的两全保险。如果投保人既想在保险有效期内获得保险保障,又想老年退休后有一笔较大的收入颐养天年,往往投保以65岁或70岁为保险期满日的两全保险。

(三)两全保险的作用

1. 作为提供养老保障的手段

如果选择在退休年龄时两全保险期满,那么一次性给付或者按年金方式给付的满期保险金可以为被保险人的晚年生活提供经济保障。

2. 作为储蓄手段

两全保险有时还称为储蓄保险。虽然两全保险并不提供比其他投资方式更高的收益率,但它可以作为一种强制储蓄的手段。

3. 作为抚养者经济保障的手段

两全保险可以为受抚养者如配偶、子女提供经济保障。当被保险人在保险期限内死亡,两全保险的死亡保险金可以缓解被保险人的死亡给家庭经济造成的困难。当然两全保险也可以为特殊目的积累一笔资金,例如两全保险可以为子女教育积累一笔资金。

在政府给予税收优惠而且居民储蓄愿望强烈的国家,两全保险特别受人欢迎,市场的份额也比较高。但是在有些国家的保险市场,两全保险因为它的高储蓄性而被视为非保险产品,因而不能享受保险的税收优惠政策,从而降低了两全保险的市场竞争力。

五、人寿保险的补充给付

无论是定期寿险、终身寿险还是两全保险,它们给被保险人或者受益人提供了基本保障。为了增加寿险保单的灵活性,满足保单持有人多层次的保障需求,保险公司通过附加条款的方式将其他的保险金给付补充到寿险保单中。保险公司对每一种附加于保单的补充给付收取一笔附加保费,当补充给付期满或被取消时,停止交付附加保费,附加保费不影响基本保单的现金价值。在寿险保单中最常见的补充给付有:补充残疾给付、意外给付、寿险提前给付。

(一)补充残疾给付

残疾给付是补偿被保险人因为疾病或伤残而导致的经济损失,而不是补偿因被保险人死亡所造成的经济损失,因此残疾给付属于健康保险的范畴。但是残疾免缴保费给付、投保人免缴保费给付和残疾收入给付可以通过附加条款的形式补充寿险保单规定的保障范围。

1. 残疾免缴保费给付(waiver of premium for disability benefit)

残疾免缴保费给付是通过附加条款提供的最常见的补充给付之一,它可以附加到任何类型的个人寿险保单中,包括可续保定期寿险保单和可转换定期寿险保单。免缴保费(waiver of premium, WP)附加条款规定,一旦被保险人全残,保险人可以豁免保单的续期保费而保单继续有效。

要领取 WP 给付附加条款规定的保险金,保单持有人必须向保险公司提出书面索赔,并提供全残的证明。保险公司有权定期要求被保险人提交继续全残的证明。只要被保险人仍然全残,在保单整个期间,保费就可以豁免。WP 给付附加条款将全残定义为:被保险人不能担任其职业的本职工作或任何凭其教育、培训和经验理应胜任的其他职业。

WP给付附加条款将被保险人故意自残,被保险人因犯罪致残,被保险人投保前已存的残疾以及被保险人在服兵役期间因战争行为导致的伤残都作为除外风险。此外,WP给付附加条款还包括三个限制条件:

(1) 规定被保险人致残后6个月的等待期,等待期之后保险人才会豁免续期保费;

(2) 只对发生在约定年龄段的残疾提供保障,例如被保险人在16岁至65岁期间全残,保费才能豁免;

(3) 为防止保单持有人改用频率更高的缴费方式,WP给付附加条款规定一旦残疾发生,应缴保费的时间间隔不能改变。

2. 投保人免缴保费给付(waiver of premium for payor benefit)

大多数的寿险保单持有人就是保单的被保险人,WP给付附加条款针对这类保单,一旦被保险人全残,续期保费可以豁免。而投保人免缴保费给付是针对第三方保单(如未成年人保单)设计的,条款规定如果投保人死亡或全残,可以豁免保单的续期保费而保单继续有效。投保人免缴保费给付附加条款将全残定义为:如果在致残后的前两年,投保人不能执行其职业的本职工作,被视为全残;如果这两年期之后,投保人不能担负任何以其教育、培训和经验理应胜任的其他职业,也被视为全残。

保险人在寿险保单上附加投保人免缴保费给付这一条款前,通常要求提供被保险人的可保证明和投保人自身的可保证明。当未成年人保单上附加投保人免缴保费给付时,通常规定保险人对保费的豁免仅至被保险人到达一定年龄之前(如18岁或21岁)。

3. 残疾收入给付(disability income benefit)

残疾收入给付规定:如果被保险人在保单有效期内遭受全残,保单将向他提供按月收入保险金。如果被保险人在残疾康复前死亡,保险人对指定的受益人给付死亡保险金。残疾收入给付附加条款将全残定义为:被保险人不能担任其职业的本职工作或以其教育程度、培训和经验理应胜任的任何其他职业,而且规定在残疾收入给付开始之前有6个月的等待期。

(二) 意外残疾给付

意外残疾给付和补充残疾给付一样可以附加到任何类型的个人寿险保单上。意外残疾给付附加条款规定被保险人因意外事故导致残疾,保险人按残疾比例给付保险金。如果被保险人的死亡是由于被保险人自残、自杀或者战争引起的意外事故,被保险人参与非法活动遭遇的意外事故以及被保险人作为非乘客在任何飞行活动中遭受的意外事故导致的,保险人不承担给付保险金的责任。

(三)寿险提前给付

寿险提前给付附约(accelerated death benefit riders)是在20世纪80年代后期出现的一种新型的寿险保单给付。由于人口老龄化、健康护理费用的持续上升以及医疗技术的进步延长了人的平均寿命,也增加了人们对医疗护理的需求,寿险提前给付一直颇受欢迎。

寿险提前给付附约规定,保单持有人如满足一定条件,可以选择在被保险人死亡之前领取全部或部分的保险金。为了保持较低的管理成本,寿险公司通常只对高保额的保单提供提前给付保险保障,而只要求受益人在给付单上签名,认可死亡保险金给付减少的数额就是依据提前给付条款规定已付给保单持有人的金额。常见的寿险提前给付有:终末疾病给付、重大疾病给付和长期护理给付三种。

1. 终末疾病给付(terminal illness benefit)

终末疾病给付是寿险提前给付的最常见的类型,它规定当被保险人患有终末疾病,而且有医生证明其预期寿命不超过12个月,保险人将向被保险人支付部分死亡保险金,终末疾病给付的应付金额为保单保额的一个约定百分比,通常为25%~75%。

2. 重大疾病给付(dread disease benefit)

重大疾病给付是最早推出的一种寿险提前给付。如果被保险人患有指定的重大疾病或实施附约指定的医疗程序时,保险人向被保险人支付部分的保险金。附约所指定的疾病或医疗程序有:恶性肿瘤、艾滋病、晚期肾衰竭、心脏病、中风、冠状动脉搭桥手术。大多数保险人只为70周岁以下并属标准风险的被保险人提供重大疾病给付。

3. 长期护理给付(long-term care benefit)

长期护理给付规定,如果被保险人需要接受疗养院护理或者需要家庭健康护理时,保险人提供按月给付,月给付金额通常为保单死亡保险金的约定比例(如1%或2%)。当累计按月给付金额达到保单基本死亡保险金的约定比例后,保险人不再支付按月给付,余下的死亡保险金在被保险人死亡后给付指定的受益人。大多数长期护理给付附约在提前给付之前有90天的等待期,而且被保险人在领取长期护理给付期间,可以免缴长期护理附加条款和基本寿险保单的保费。

第二节　储蓄型的人寿保险——年金保险

随着生活水平的不断提高，生活质量的不断改善和医疗技术的日益进步，人类的预期寿命不断延长，人口老龄化已成为全世界关注的焦点。人口的老龄化刺激了人们对具有养老保障功能的年金保险的巨大需求，使年金保险成为解决养老问题的一条重要途径。

一、年金保险的概念与特征

（一）年金保险的概念

从广义上讲，年金（annuity）是一系列定期支付的款项，例如定期发放的工资、抵押贷款的分期付款等都构成一种年金。

从狭义上和历史上讲，年金一直被认为是一种保险产品，法律规定只有保险公司才能签发年金。因此在美国、加拿大，保险公司提供的年金产品习惯称为年金，而在我国通常把保险公司以年金方式提供的年金产品称为年金保险。所以年金保险是指在被保险人生存期间，保险公司定期地向其给付约定的生存金的保险。

（二）年金保险的特征

通过将年金保险与人寿保险比较，阐述年金保险的特征。

1. 年金保险与人寿保险的相同点

（1）保险的功能相同。年金保险和人寿保险都为被保险人提供经济收入保障。年金保险承保的是被保险人"活得太久"的风险，对被保险人因寿命过长导致的收入不足提供保障。而人寿保险承保的是被保险人"死得太早"的风险，对被保险人因早逝而导致的收入损失提供保障，因此从经济角度看，它们都是对人身风险损失所作的一种财务安排。

（2）承保的技术相同。年金保险和人寿保险采用相同的大量同质风险的集合和分散技术。年金保险的投保人根据平均的预期寿命缴纳保险费，形成保险基金为寿命过长的被保险人的退休收入风险提供经济保障。而人寿保险的投保人按照平均的死亡率缴纳保险费形成保险基金，当少数被保险人早逝时，由保险人对他们的死亡风险提供保障。

（3）费率厘定的要素相同。年金保险和人寿保险费率厘定都是基于特定的生命表所反映的生存率和死亡率、适当的利息率以及保险公司的营业费用率。

2. 年金保险与人寿保险的不同点

(1) 防范的风险不同。年金保险防范被保险人因寿命过长而导致的生活费用来源不足的财务风险,人寿保险防范被保险人因过早死亡给家庭带来收入损失的财务风险。

(2) 给付条件不同。年金保险是以被保险人生存作为保险金给付条件,通常在约定年龄开始时保险公司每年、每季或每月给付保险金直至被保险人死亡为止。人寿保险尤其是死亡保险是以被保险人死亡作为保险金给付条件。

(3) 逆选择结果不同。身体健康、预期死亡率低于平均水平的人更倾向于购买年金保险,而身体不好,预期死亡率高于平均水平的人更倾向于购买人寿保险。

(4) 死亡率改善对保险公司的影响不同。无论是年金生命表还是寿险生命表都有一定的安全边际。随着生活水平的提高,医疗技术的进步,人们的预期寿命不断延长,这一趋势逐渐减少了年金生命表的安全边际,扩大了寿险生命表的安全边际。因此,在年金产品和寿险产品定价时,精算师必须充分考虑未来死亡率改善这一因素对定价准确性的影响。

年金保险具有给付时间和给付金额确定,收益安全稳健的特点,可以确保被保险人在人生的某一阶段获得一笔稳定可靠的现金流。所以年金保险适用于教育金、养老金的定向规划,尤其是养老金。因为年金保险开发的初衷就是为了预防因为长寿而导致的养老金不足的风险。

二、年金保险的分类

(一) 按年金保险购买方式分类

按年金保险购买方式分类,年金保险可分为趸缴年金和期缴年金。

1. 趸缴年金(single premium-annuity)

趸缴年金是指在购买时保费一次缴清的年金。趸缴年金可以在保费缴清后立即领取年金,也可以在约定时间开始领取年金。

2. 期缴年金(periodical premium-annuity)

期缴年金是指在合同规定的缴费期内分期交付保费的年金。无论是趸缴保费年金还是期缴保费年金,年金的运作基本相同,只是保险人持有保费的时间长短不同,由此产生的投资收益不同。

(二) 按年金保险给付的起始时间分类

按年金保险给付的起始时间分类,年金保险可分为即期年金和延期年金。

1. 即期年金(immediate annuity)

即期年金是指从购买年金之日起,满一个年金期间(通常为一个月或一年)后即开始给付的年金。即期年金必须采用趸缴保费方式购买。

2. 延期年金(deferred annuity)

延期年金是指从购买年金之日起,超过一个年金期间后才开始给付的年金。任何期缴年金都属于延期年金,它是为了满足退休后的生活费用需要而在工作期间购买的。

延期年金有一个给付期间和累积期间,保险人给付年金的这段时间称为给付期间,从保单持有人购买延期年金之日起到开始领取年金之日为止的这段时间称为累积期间。在延期年金的累积期间,保险公司将投保人缴纳的保费进行投资,延期年金会形成累积价值。

无论是即期年金,还是延期年金,都是按合同的规定每期支付,但每期有期初和期末之分。若年金以每期期初支付,称为期首付年金;若年金以每期期末支付,称为期末付年金。

(三) 按照年金保险支付条件分类

按照年金保险支付条件分类,年金保险分为生存年金和确定年金。

1. 生存年金(life annuity)

生存年金是以被保险人生存作为年金给付条件,一旦死亡,停止给付的年金。

2. 确定年金(annuity certain)

确定年金是不论被保险人生存与否,在约定期间定期给付,约定期满后停止给付的年金。如果被保险人生存,由其本人领取年金,如果被保险人死亡,由其指定的受益人领取年金。

(四) 按年金保险的支付期限分类

按年金保险的支付期限分类,年金保险可分为定期年金和终身年金。

1. 定期年金(term annuity)

定期年金是定期给付直至合同期满时终止。例如子女教育金保险一般约定只有在被保险人读大学期间定期给付年金(如 18—21 岁)。

2. 终身年金(whole life annuity)

终身年金是从合同约定年龄开始终身给付直至被保险人身故为止。例如个人养老金保险就是从退休时开始给付直至身故。

(五) 按年金保险给付数额是否变化分类

按年金保险给付数额是否变化分类,年金保险可分为定额年金和变额年金。

1. 定额年金(fixed-benefit annuity)

定额年金是指保险公司保证对所收取的年金保费按约定金额定期给付的年金。

2. 变额年金(variable annuity)

变额年金是指保单累积价值和每月给付金额随独立投资账户的业绩上下波动的年金。

三、商业养老年金保险

全球人口的老龄化刺激了人们对具有养老保障功能的年金保险的巨大需求,使年金保险成为解决养老问题的一条重要途径。

寿命的延长导致了个人养老金的不足,而社会基本养老金只能提供最基本的生活保障,不能保证退休前与退休后生活品质无大的差异;再加上通货膨胀导致养老成本的上升,养老储蓄面临贬值的压力。所以个人需要投保商业养老年金保险作为补充。

三支柱养老模式是目前国际上通行的多层次养老模式,即由政府主导的社会基本养老保险、企业主导的企业年金与职业年金、个人投保的商业养老保险。商业养老保险作为我国养老保险体系的"第三支柱",是我国养老保险体系建设中的重要一环,对于社会基本养老保险和企业年金具有重要的补充作用。

商业养老年金保险是指保险公司提供的以养老保障为目的的年金保险。商业养老年金保险有三个特点:一是以合同约定的时间开始给付,如退休后(男性60周岁、女性55周岁);二是可以按照每年、半年、季度或月给付;三是给付金额和给付时间确定。

我国现有的商业养老年金保险有定期给付型养老年金保险和终身给付型养老年金保险。定期给付型养老年金保险约定给付一定时期(如从60岁到80岁)。终身给付型养老年金保险保证给付至被保险人身故。所以养老年金保险保证了被保险人退休后能获得一笔稳定可靠的现金流,满足养老的需求。

四、年金保险合同的条款

1. 完整合同条款

年金保险保单中的完整合同条款与个人寿险保单中的完整合同条款基本相同,它规定一份完整的合同应由年金保险合同、投保单以及其他附加特约构成。

2. 犹豫期条款

年金保险保单中的犹豫期条款与个人寿险保单中的犹豫期条款基本相同,

它要求年金保险合同持有人在约定的时间,通常是他收到保单后的十天之内检查保险单,在此期间,如果合同持有人解除年金保险合同,保险人将如数退还他交付的保险费。

3. 不可抗辩条款

年金保险的投保单中并不包括有关投保人可保性问题,因此投保人不必出示保险人据以签发年金保险合同的证明,因此年金保险合同中的不可抗辩条款规定,一旦年金保险合同生效,保险人不能对合同的有效性提出抗辩。如果年金保险合同中包括残疾免缴保费给付,投保人免缴保费给付,意外给付等补充给付附约,一般都要求投保人提供可保证明,并且在年金保险附约中包含一项不可抗辩条款,该条款规定在保单生效后的一定时期,通常为两年,如果保险人发现投保人在投保单中有重大不实告知,保险人有权对附约所提供保障的有效性提出抗辩。

4. 年龄或性别误告条款

年金保险合同中的年龄或性别误告条款规定,在终身年金给付期间保险人发现年金领取人的年龄或性别误报,保险人会按正确的年龄或性别以及已交付的保费对未来的年金给付额作出调整,用以弥补过去的超额给付或不足额给付。

5. 年金给付选择权条款

年金给付选择权条款提供了几种可供年金保险合同持有人选择的年金给付方式,如终身年金给付,确定年金给付,限期生存年金给付。终身年金给付还包括纯粹终身年金给付,固定期间终身年金给付、偿还式年金给付等。年金保险合同持有人在投保时可以根据自己的需要选择。

6. 转让条款

对于一般年金保险合同,只要年金持有人同意,年金保险合同可以转让。但是个人年金保险合同一般规定,如果合同是特定类型的税收优惠退休计划的一部分,这种年金保险合同不许出售、转让,或为了贷款或其他目的向他人抵押。税法也严格禁止这些年金保险合同的转让。

7. 提现条款

提现条款规定年金保险合同持有人有权在累积期间提取全部或部分的年金累积价值。大多数年金保险合同允许合同持有人每年按累积价值的约定百分比提现而不收取费用。但是如果在一年内提现超过约定的百分比,保险人通常要收取一笔提现手续费。

8. 退保条款

退保条款规定年金保险合同持有人在累积期间有权解除年金保险合同以领

取退保金。通常在年金保险保单的最初几年内退保要收取一定的退保手续费以补偿保险人在签发保单时支出的各项费用。

9. 复效条款

对于期缴固定保费的年金保险,保单因过宽限期未交付保费而中止,允许年金保险合同持有人在交付所有的未缴保费和利息后恢复保单的效力。

上述的条款中,完整合同条款、犹豫期条款、不可抗辩条款、年龄或性别误告条款、年金给付选择权条款、转让条款是年金保险合同中的标准条款。受益人条款、提现条款、退保条款是延期年金保险中的附加条款。宽限期条款、复效条款是期缴固定保费年金保险的附加条款,分红条款是分红年金保险合同的基本条款。

[相关链接]

我国个人税收递延型商业养老保险试点

2018 年 5 月在上海市、福建省(含厦门市)和苏州工业园区三地开展的个税递延型养老保险试点。个税递延型养老保险是商业养老保险的一种,投保人在缴纳个人所得税时可以根据购买个税递延型养老保险的金额对应纳税所得额进行相应的扣除,当投保人达到领取养老金条件时再缴纳所得税的养老保险。

我国目前试点的个税递延养老保险属于 EET 的模式,即对缴纳的保费和账户资金收益不征税,在领取养老金时扣税。对个人而言,缴纳保费时,免税扣除限额按照当月工资薪金、连续性劳务报酬收入的 6% 和 1000 元孰低办法确定。领取养老金时,其中 25% 部分予以免税,其余 75% 部分按照 10% 的比例税率计算缴纳个人所得税。

个税递延型商业养老保险的试点是在我国人口老龄化背景下减轻社会基本养老保险的压力,推动商业养老险发展的一大重要举措。

第三节 传统非分红保险的利率效应

传统寿险主要指保障型的寿险——定期寿险、终身寿险、两全保险和储蓄型的寿险——年金保险、教育金保险。传统寿险的共同特征就是固定缴费、固定受益,预定利率是确定保险费率的一个重要因素。

一、利率与寿险保单的关系

利率是资金的价格,是中央银行调整金融市场的主要工具之一。费率是保险商品的价格,人寿保险的费率是依据预定死亡率、预定利息率、预定营业费用率三个要素确定的。虽然不同险种、不同给付方式和不同缴费方式使寿险费率不能按统一的费率表来计算,但是不同寿险险种费率制定的基本原则是相同的,即投保人所交纯保费的收入现值等于将来保险金给付的现值,这个折现率就是保单的预定利率。预定利率是决定保单价格的主要因素,预定利率越高,折成现值的纯保费就越低,保单也越便宜;反之预定利率越低,折成现值的纯保费越高,保单也越昂贵。

由于大部分寿险保单都是长期性的险种,保险合同一旦成立,假定的预定利率就成了保险公司对投保人的一种长期利率保证,在保险事故发生或保险期满时保险人必须按预定利率水平以复利的方式进行保险金的给付。因此,寿险经营从一开始就引入了利率因素,而且这一因素一直贯穿于寿险经营的全过程。

二、寿险保单的利率效应

人寿保险尤其是长期性人寿保险具有保障和投资的双重功能,在金融市场上,人寿保险与其他金融产品,如债券、股票、储蓄存款一样成为一种重要的理财工具,当市场利率发生波动时,就会产生替代效应和价格效应。在商品市场中,替代效应是由于某种消费品的价格变动而其替代品的价格不变时对该消费品的需求量的影响。价格效应是由于某种消费品的价格变化而导致对该消费品的需求量的影响。

在利率市场化的国家,寿险保单的预定利率是以中长期债券的投资收益率为参照依据。而对于利率没有完全市场化的国家,寿险保单的预定利率是以一年期银行存款利率为参照依据,同时考虑保险公司的投资收益率。当市场利率上升时,寿险公司签发保单的预定利率也将提高,寿险商品价格下降;当市场利率下调时,对应寿险公司签发保单的预定利率也将下调,寿险商品的价格上升,从而影响寿险商品的需求。在保险市场中,以横轴代表寿险商品数量,以纵轴代表寿险商品的价格即费率,假设寿险商品的供给相对稳定,分析市场利率上升和下调时的利率效应。

(一)市场利率上升时的替代效应和价格效应

在寿险市场的初始状态下,寿险商品的供给曲线为 S_0,需求曲线为 D_0,供求均衡点为 E_0,对应的寿险需求量为 OQ_0,寿险商品的价格为 P_0。当市场利率上升时,一方面由于寿险保单的预定利率从保单生效后是始终不变的,而市场利率上升必然导致其他金融产品的投资收益率上升,消费者开始增加对其他金融产品的投资而减少对寿险的购买,从而导致寿险产品需求减少,寿险需求曲线向

左下方移到 D_1，D_1 与 S_0 的交点为 E_1，OQ_1 就是市场利率上升后寿险商品的需求量，Q_0Q_1 就是因市场利率上升产生的替代效应，即用其他金融产品来替代寿险商品。另一方面随着市场利率的上升，保险公司将提高新签保单的预定利率，预定利率的提高意味寿险商品的价格下降，这将从一定程度上刺激潜在投保人的需求，导致寿险需求曲线向右上方移动，Q_1Q_2 为预定利率提高寿险商品价格下降以后产生的价格效应。如图 6-1 所示。

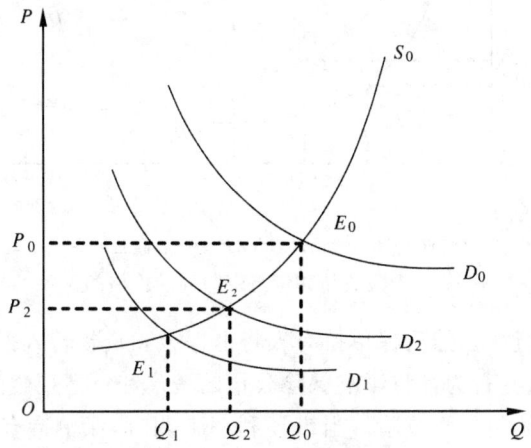

说明：Q 为寿险商品数量；P 为寿险商品价格

图 6-1　寿险商品数量与寿险商品价格的关系

（二）市场利率下调时的替代效应和价格效应

寿险市场初始状态下需求曲线为 D_0，供给曲线为 S_0，供求平衡点为 E_0，均衡需求量为 OQ_0，均衡价格为 P_0。当市场利率下调时，一方面使其他金融产品如储蓄、股票的投资收益率下降，对寿险的需求量上升，导致寿险需求曲线向右上方移到 D_1，此时 Q_0Q_1 就是由于市场利率下调而出现的替代效应，即用寿险产品替代其他的金融产品。另一方面，随着市场利率的下调，保险公司也将相应调低新签保单的预定利率，导致寿险商品价格上涨，从一定程度上抑制了寿险需求，导致寿险需求曲线向左下方移动，Q_1Q_2 为预定利率降低寿险商品价格上涨以后产生的价格效应。如图 6-2 所示。

由此可见，利率贯穿于寿险经营的全过程，利率的波动不仅会影响投保人的投保行为和保单维持行为，而且还会影响寿险公司的资产、负债和损益。人寿保险单中规定的退保条款和贷款条款，为寿险资金的流出设计了很好的机制。当市场利率上升时，保单持有人将会作出两种选择，一是退保，利用寿险合同中的不丧失现金价值条款，领取退保金；二是利用保单质押贷款条款，以保单为质押

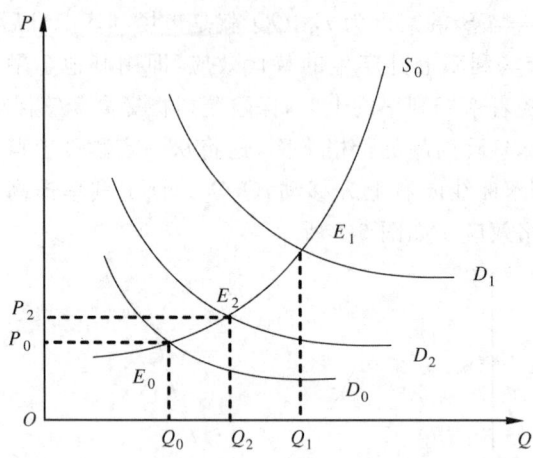

说明：Q 为寿险商品数量；P 为寿险商品价格

图 6-2　寿险商品数量与寿险商品价格的关系

从保险公司取得贷款。然后保单持有人将退保金和贷款转入投资收益更高的其他金融工具上，这些行为都将影响保险公司的资产和负债现金流的匹配，严重的将导致保险公司偿付能力风险。当市场利率下调时，保单持有人会持保单到保险期满以领取满期保险金，但是保险公司将面临利差风险。因此，利率因素是寿险企业经营成败的关键因素，利率风险也是寿险公司防范和化解的主要风险。为了规避利率风险，同时满足客户应对通胀的需求，各国保险公司开始重新审视自己的保险产品，引发了一轮保险产品的创新，分红保险、变额寿险、万能寿险应运而生。

第四节　分红保险

分红保险（participating contracts）是按照相对保守的精算假设假定较高的费率，保险人除了按照保单所载明的保险责任对被保险人进行给付外，还将公司在经营中取得的一部分盈利以保单红利的方式返还给保单持有人的保险。分红保险是世界各国寿险公司规避利率风险，保证自身稳健经营的有效手段。

一、分红保险产生的背景

1781 年英国相互型寿险公司——公平人寿保险公司将第一笔保单红利分配给其保单持有人。在相互保险公司的组织结构中，保单持有人就是公司的股东,他们以股东的身份来参与公司的利润分配。由于当时的寿险经营对死亡率、费用率、投资收益率等因素的预测难度较大,在保守假设下制订出的保险费率相对较高,所以产生了较大的盈余,这些盈余被当作公司利润分配给保单持有人,弥补了他们之前所缴纳的超额保费。后来,为了吸引客户和规避利率风险同时考虑到保单持有人的公平性,股份制寿险公司开始签发一种可以将保单盈余返还给客户的保险,即分红保险。

分红保险作为目前国际保险市场流行的险种,对于客户来说不仅能享有充分的保险保障,还能从保险公司经营的利润中获得稳定、较高的投资回报。对寿险公司来说分红保险克服长期人寿保险对利率和通货膨胀的敏感性,更好地化解了保险人经营上的风险。人寿保险的长期性意味着在保险期限内保险人必然会面临投资市场波动、通货膨胀以及其他经济因素的影响。对于非分红的传统人寿保险,如果保险人厘定费率时设定较低的预定利率,就会增加投保人的经济负担,降低保险产品的市场竞争力。如果保险人厘定费率时设定较高的预定利率,就有可能承担实际投资收益低于预定利率而导致的利差损风险。分红保险虽然也属于传统寿险,但是分红保险通过设定较低的预定利率和较高的死亡率和费用率收取较高的保费,保险人可以在保单期间内以红利的形式将多收的保费以及额外的投资收益返还给客户,增加了保险公司经营上的灵活性。此外,红利的非保证性促进保险人更加有效地利用资本,为了公司和保户的共同利益追求资金收益最大化,从而使客户获得较高的投资回报。

二、分红保险的红利来源

分红保险的红利主要源于保单定价时所假设的预定利率、预定死亡率和预定费用率与实际的投资收益率、实际死亡率和实际费用率之间的差异,即通常所说的死差益、利差益、费差益。

死差益是由实际死亡率低于预定死亡率,按预定死亡率收取的纯保费支付实际死亡成本后有盈余而产生的利益。

$$死差益=(预定死亡率-实际死亡率)×风险保额$$

风险保额是保险金额扣除责任准备金的余额。在储蓄性寿险保单中,如终身保险、两全保险中责任准备金是随着保单期间的增加而增加,故风险保额随着保单期间的增加而减少,满期时趋近于零。因此,死差益在每个保单期间的产生呈递减趋势,期满时为零。保险公司在保险定价时使用"经验生命表",无论是国家颁布的经验生命表还是保险公司依据本公司情况编制的生命表都采取保守原则,使保险公司实际发生的赔付金额比假定时少,从而产生死差益。因此,在一般情况下,保险公司可以获得较稳定的死差益。

费差益是实际的营业费用率低于预期的营业费用率而产生的利益。

$$费差益=(预定费用率-实际费用率)\times 保险费$$

在保单承保初期,保险公司要垫付大量的费用,如代理人佣金、体检费用、宣传费用、印制保单凭证的费用等,会产生费差损,但是一般保险公司会通过优化管理、精简流程和提高经济效率等方式控制费用,使实际费用支出比预计要少,从而产生费差益。

利差益是实际的投资收益率高于预定的利率时产生的利益。

$$利差益=(实际收益率-预定利率)\times 责任准备金数额$$

为了保证寿险保单的长期有效,在保险费率厘定时由精算师根据保险法规、公司政策和经验等设定一个预定利率,这个预定利率往往采用保守的假设,如果保险公司的实际投资收益率大于保单预定利率,就产生了利差益。

退保益是指退保或失效保单的责任准备金与退保金之间的差额而产生的利益。在保险业务中,退保益的产生是必然的。虽然退保益也构成寿险公司盈利的一部分,但是由于退保益是建立在客户退保的基础上,具有不确定性,同时这种收益并不是现存有效保单产生的,因此在简化的红利产生模型中一般不考虑退保益。

在保单红利来源的三差收益中,由于死亡率变化具有一定的规律,费用率可以通过寿险公司的内部管理控制在一定水平,这两部分是相对稳定的,对红利影响最大的是利差益。

分红保险可以对利率上升而给保险人带来的现金流的压力、利率下调而给保险人带来的利差风险通过红利的非保证性转嫁给投保人。一方面分红保险将投保人的收益与市场利率挂钩,并且保证最低的回报,保障了投保人的利益;另一方面,虽然分红保险牺牲了保险人的部分短期利益,但是大大增强了保险人抵御利率风险的能力,有利于保险人的财务稳定。因此分红保险成了世界各国寿险业规避利率风险的最有效的手段。

三、红利分配的原则

红利分配就是将分红账户的盈余以红利形式分配给保单持有人。通常情况下,保险人并不会将所有盈余分配出去,而是在每年年末决定总盈余中有多少应继续留存分红基金,有多少应分配给保单持有人。分配给保单持有人的部分盈余被称为当期可分配盈余(distributable surplus)。为了维护投保人和被保险人的利益,各个国家保险监管机构都对分红保险的分红比例作出明确规定。例如德国保险监管机构规定,保险公司当年可分配利润至少90%要用于对投保人分红。我国保监会也明确规定,寿险公司必须至少将分红保险产生当年可分配利润的70%分配给客户。除了分红比例规定外,在红利分配时还必须遵循效率性、公平性和简单性三个原则。

1. 效率性原则

效率性原则要求盈余分配要兼顾投保人和保险人双方的利益,既要重视保单持有人的合理预期,调动投保人投保的积极性,又要考虑红利分配对保险公司未来的红利水平、投资策略以及偿付能力的影响,发挥保险人经营分红保险的积极性。

2. 公平性原则

公平性原则必须贯穿于整个保单期间,将盈余在不同类别保单和不同保单持有人之间进行公平的分配。保险人必须坚持诚信经营,将分红保单账户和其他保单账户区分开来,并依照每张保单对盈余的贡献作出分配,贡献程度越大,分的红利越多。

3. 简单性原则

简单性原则要求保险公司的红利分配政策应具有一定的连续性,以一个比较适中的水平贯穿于整个保单的期间。红利分配的方式要简单易行,便于投保人更好地理解。

四、红利分配的方式

红利的分配方式有现金红利法和增额红利法,不同的盈余分配方法代表了不同的分配政策和红利理念,所反映的透明度以及内涵的公平性各不相同,对保单资产份额、责任准备金以及寿险公司现金流量的影响也不同,因此,从维护保单持有人的利益出发,寿险公司内部应当对红利分配方法的制定及改变持十分审慎的态度,既要重视保单持有人的合理预期,贯彻诚信经营和红利分配的公平原则,又要充分考虑红利分配对公司未来红利水平、投资策略以及偿付能力的影响。

1. 现金红利法(cash dividend approach)

采用现金红利法,每个会计年度结束后,寿险公司首先根据当年度的业务盈余,由公司董事会考虑指定精算师的意见后决定当年度的可分配盈余,各保单之间按它们对总盈余的贡献大小决定保单红利。保单之间的红利分配随产品、投保年龄、性别和保单年限的不同而不同,反映了保单持有人对分红账户的贡献比率。一般情况下,寿险公司不会把分红账户每年产生的盈余全部作为可分配盈余,而是根据经营状况,在保证未来红利基本平稳的条件下进行分配。未被分配的盈余留存公司,用以平滑未来红利、支付末期红利或作为股东的权益。现金红利法下盈余分配的贡献原则体现了红利分配在不同保单持有人之间的公平性。

在现金红利法下,保单持有人一般可以选择将红利留存公司累计生息、以现金支取红利、抵扣下一期保费等方法支配现金红利。对保单持有人来说,现金红利的选择比较灵活,满足了客户对红利的多种需求。对保险公司来说,现金红利在增加公司的现金流支出的同时减少了负债,减轻了寿险公司偿付能力的压力。但是,现金红利法这种分配政策较为透明,公司在市场压力下不得不将大部分盈余分配出去以保持较高的分红率来吸引保单持有人,这部分资产不能被有效地利用,使寿险公司可投资资产减少。此外,每年支付的红利会对寿险公司的现金流量产生较大压力,为保证资产的流动性,寿险公司会相应降低投资于长期资产的比例,这从一定程度上影响了总投资收益,保单持有人最终获得的红利也较低。现金红利法是北美地区寿险公司通常采用的一种红利分配方法。

2. 增额红利法(additions to benefits approach)

增额红利法以增加保单现有保额的形式分配红利,保单持有人只有在发生保险事故、保险期满或退保时才能真正拿到所分配的红利。增额红利由定期增额红利、特殊增额红利和末期红利三部分组成。定期增额红利每年采用单利法、复利法或双利率法将红利以一定的比例增加保险金额。单利法下,每年红利是基础保额的一定比例;复利法下,每年红利是总保险金额(基础保额加上已分配红利)的一定比例;双利率法下,以不同的比例应用于基础保额和已分配的红利总额上,两部分相加即得到了当年应分配的红利。特殊增额红利只在一些特殊情况下如政府税收政策变动时将红利一次性地增加保险金额;末期红利一般为已分配红利或总保险金额的一定比例,将部分保单期间内产生的盈余递延至保单期末进行分配,减少了保单期间内红利来源的不确定性,使每年的红利水平趋于平稳。

增额红利法赋予寿险公司足够的灵活性对红利分配进行平滑,保持每年红利水平的平稳,并以末期红利进行最终调节。由于没有现金红利流出以及对红利分配的递延增加了寿险公司的可投资资产,同时不存在红利现金流出压力,寿险公司可以增加长期资产的投资比例,这从很大程度上增加了分红基金的投资收益,提升了保单持有人的红利收入。但是在增额红利法下,保单持有人处理红利的唯一选择就是增加保单的保险金额,并且只有在保单期满或终止时才能获得红利收入,保单持有人选择红利的灵活性较低,丧失了对红利的支配权。此外,在增额红利分配政策下,红利分配基本上由寿险公司决定,很难向投保人解释现行分配政策的合理性以及对保单持有人利益产生的影响,尤其在寿险公司利用末期红利对红利进行平滑后,缺乏基本的透明度。增额红利法是英国寿险公司采用的一种红利分配方法,这种分配方法必须在保险市场比较成熟的环境下运行。

五、我国分红保险的红利分配方式

按照我国保监会的规定:在保险合同的有效期内,保险公司每年根据分红保险业务的实际经营状况确定红利的分配,并于保单周年日分配给投保人。投保人在投保时可选择以下一种红利领取方式:

(1) 累积生息。红利留存于保险公司,保险公司按每年确定的红利累积利率,以复利方式储存生息,并于合同终止或投保人申请时给付。

(2) 抵交保险费。红利用于抵交下一期的应缴保险费,若抵交后仍有余额,则用于抵交以后各期的应缴保险费。

(3) 购买缴清增额保险。依据被保险人当时的年龄,以红利作为一次缴清保险费,按相同的合同条件增加保险金额。

如果投保人在投保时没有选择红利领取方式,则以累积生息方式处理。

六、我国的利差返还和分红保险

从 1986 年至今,我国为了达到宏观调控的目的,频繁地运用利率这一杠杆,寿险公司为了避免利率波动的冲击,多次调整了给付标准。从 1986 年到 1995 年银行利率调整了 7 次,寿险给付调整了 6 次,1986 年 6 月 1 日和 1988 年 9 月 1 日,因银行利率提高,寿险公司也相应提高了预定利率。1989 年 2 月 1 日银行利率上调,寿险公司采用了"提高预定利率加利差返还"的方法,增加了利差返还部分,提高了给付金额。到了 1993 年 5 月 15 日随银行利率提高又恢复了利差返还。1993 年 7 月 11 日随着银行利率的进一步提高又提高了利差返还的比例。从 1994 年开始,保单的预定利率均在 8%~8.5%之间,随着 1996 年开始的 8 次利率下调,为了减少保险公司的利差风险,保监会降低了寿险保单的预定利率,停售了部分高利率的保单,寿险公司开办了分红保险和投资连结保险等新险种。

面对银行利率上调,提高预定利率,在保险金额不变的情况下降低纯保费,从而减轻投保人的保费负担,是一种最直接的竞争方式,但在这种方式下,一旦银行利率下调,寿险公司将面临利差损风险。而在保持原预定利率不变的情况下,采用利差返还、保单分红等间接方式更具竞争力。不过对付利率风险,分红保险比利差返还更有效。理由是:

(1) 分红保险在死亡率、利息率、费用率设定时采用保守的假设,费率厘定时留有相当充分的安全系数,保证有足够的保费来源,对将来出现的未预期的变动如利率变动,通过分红率来调节,充分保证寿险公司财务的稳定。

(2) 分红保险的分红率是利差益、费差益、死差益三者综合作用的结果,而利差返还只相当于分红保险中的利差益部分,因此,分红保险的分红率高于利差返还的返还率,这对投保人更有吸引力。

(3) 分红保险是在保证基本给付时,将盈利的一部分返还给投保人,返还可多可少,不会引起投保人不满。而利差返还往往造成保险金给付额随银行利率频繁变动,特别是利率调低时,寿险公司会降低利差返还比例,甚至停止执行利差返还,而在利率调高时,又会提高利差返还比例,从而使得同一险种给付额时高时低,给投保人造成混乱,影响投保人的积极性。因此,从1998年开始,寿险公司以分红保险取代了利差返还。

第五节 投资型的人寿保险

随着保险公司风险意识的增强,消费者教育水平和保险需求的提高,尤其是证券市场的迅速发展,保险公司开始重新审视已出售的寿险产品,加强了产品的创新,设计开发了新一代的投资型人寿保险,如变额寿险、万能寿险、变额万能寿险。

一、投资型寿险的概述

投资型产品是将传统寿险的保障功能和投资理财功能融为一体的新型保险产品。这类产品现金价值和满期保险金的积累方式采用独立账户运作、投资收益浮动的方式,投资收益与投资账户资金的实际运作绩效直接挂钩。投资型寿险给予保险公司更高的投资灵活性和主动性,使保险公司通过积极的投资运作,充分发挥专家理财的专业优势,提高资金的运用效率,为保单持有人创造更大的获利空间。

(一) 投资型寿险产生的背景

利率风险是寿险公司面临的最主要的风险之一。从经济大萧条到20世纪60年代中期,美国利率基本上没有波动,美国政府长期债券利率停留在2%~4.5%之间。但是进入20世纪70年代后,加速的通货膨胀抬高了利率水平,并在一定程度上加剧了利率的波动。在这种崭新的不确定的环境中,数家大型寿险公司由于未能充分管理利率风险而破产。

在20世纪70年代之前,人寿保险公司都是根据利率和保单持有人行为的静态假设厘定保险费率,同时为了增加保单的灵活性和市场竞争力,为保单持有人提供了多种选择权,如保险金给付选择权、保单质押贷款选择权、退保或续保选择权、超额储蓄选择权等,这些嵌入选择权是以寿险公司的利益作为代价让消费者受益,寿险公司在设计寿险合同和厘定费率时理应考虑这些选择权,但是事实上寿险公司并没有收取任何费用。因为在利率比较稳定的经济背景下,这些选择权并无多大意义,保单持有人也很少行使这些选择权,因此寿险公司并不重视嵌入寿险保单中的选择权。

然而高利率和剧烈的利率波动促使人们寻找能够使他们赶上通胀速度的投资方式,保单持有人开始频繁地使用保单中的选择权,越来越多的美国人用寿险保单作抵押取得贷款,然后将贷款再投资于高利率的其他项目。更为严重的是,许多寿险公司没能成功地调整资产和负债来减轻嵌入选择权带来的风险。因此亏损甚至破产也不足为怪。可见利率的上升改变了寿险公司保单持有人的行为,寿险公司依据利率和保单持有人行为的静态假设厘定费率的方法已不再奏效了。利率的波动促使寿险公司改进识别和处理嵌入选择权风险的方法。寿险公司明确地权衡了这些选择权,并且开发了大量投资型寿险如变额寿险、万能寿险和变额万能寿险,以应对通货膨胀和金融市场竞争的日趋加剧,并以此与货币市场基金和收益较高的银行存款竞争。投资型寿险的开发和运行使人寿保险业获得了新生,并具备了其他金融资产所没有的魅力。

(二) 投资型寿险与传统寿险的区别

1. 保险合同双方承担的风险不同

在传统寿险业务中,保险公司承担保险保障风险、费用风险和投资风险,投保人不承担投资风险。在投资型寿险中,保险公司只承担保险保障风险和费用风险,不承担投资风险,投资投资风险由投保人承担。投资型寿险比传统寿险更注重投资收益,投保人在享有超额投资收益的同时必须承担相应的投资风险。

2. 保险金的确定方式不同

传统寿险业务的保险金的确定方式采用定额制。保险双方在保险合同中约定保险金额以及保险金额的变动方式,保险公司按约定给付保险金。投资型寿险业务的保险金的确定方式采用变额制。在整个保险期内,保险公司给付的保险金额与投资业绩相关,因此给付的保险金额是不确定的。但是,投资型寿险产品一般会提供一个保证的最低保险金额。

3. 保险产品的透明度不同

传统寿险产品在费用分配、保单结构方面不够透明,客户无法确知所支付的保费是如何分摊到各收费项目中的。投资型寿险在费用分配和保单结构方面非常透明,客户可以了解各项费用扣除以及投资账户的情况,保险公司每年年终会向投保人发送一份财务报告书,向他们列示保费是如何在提供保险保障、费用扣除和现金价值之间分配的。

4. 账户设置不同

传统寿险中投保人保费进入保险公司的普通账户。这些账户代表了保险公司的普通资产,一旦保险公司破产,一般账户的资产会受到债权人的清偿。投资型寿险的投资账户是单独账户,投资账户中的资产与保险公司普通账户中的资产相分离。其目的一是允许保单持有人直接参与投资账户的投资决策,将投资风险转嫁给保单持有人;二是保护保单持有人的财产,一旦保险公司破产,投资账户内的财产不属于保险公司,不受保险公司其他债权人的追索。

(三) 投资型寿险与分红保险的区别

1. 保单功能不同

投资型寿险在为被保险人提供基本保险保障的同时,通过账户资产运作为保单持有人提供投资理财服务。投资型寿险保单的功能是"保障+投资"。分红保险对被保险人来说,不仅能获得保险保障,还能从保险公司的经营利润中按一定比例获得红利。分红保险的保单功能是"保障+分红"。

2. 收益来源不同

投保人从投资型寿险产品中获得的收益,源于保险公司投资账户或万能账户的投资收益。投保人从分红保险中获得的收益,源于保险公司的"三差收益",即死差益、利差益和费差益。

死差益是保险公司的实际死亡率低于预定死亡率而产生的利益;利差益是保险公司的实际投资收益率高于预定的利率而产生的利益;费差益是保险公司的实际营业费用率低于预期营业费用率而产生的利益。根据中国保监会2000年颁布的《分红保险管理暂行办法》中规定,保险公司每一会计年度向保单持有人实际分配盈余的比例不低于当年全部可分配盈余的70%。

3. 产品透明度不同

投资型寿险的各项费用均在保单中明示,投保人可以定期了解各项费用扣除以及保单账户情况,投保人每年还会收到一份年度财务报告书,向他们列示保费如何在提供保险保障、费用扣除和账户价值之间分配。分红保险不详细披露保费在各项费用与保障成本之间的分配,只是在每个保险合同周年日寄送年度分红报告书,告知保单持有人该保单的红利计算和红利金额,透明度相对较低。

二、国外投资型寿险的主要险种

(一) 变额寿险(variable life insurance)

变额寿险是美国称法,在英国被称为单位基金连结保险(unit-linked policy),在加拿大被称为权益连结保单(equity-linked policy),在新加坡、中国被称为投资连结保险(investment-linked life insurance)。变额寿险的推出堪称近代美国寿险业发展的里程碑,并对欧洲各国及日本的寿险业同样具有划时代意义。它为各国寿险业对付通货膨胀而进行的险种革新奠定了基本模式,并作为对付通货膨胀的主险种,进入寿险市场。

变额寿险是一种死亡保险金和现金价值随分立账户资产的投资业绩上下波动的终身寿险。寿险公司的一般投资账户是一种资产类账户,用以记录、保管保险人签发的传统寿险保单的责任准备金的资产,用于各种安全性的投资,以期获得稳定的投资回报率。而代表变额寿险保单的责任准备金的资产,保险人将其记录在与一般投资账户相独立的投资账户上,投资于股票、债券、不动产等实际资产。这种账户在美国叫作"分立账户",在加拿大叫作"独立账户",在中国叫作"投资账户"。

变额寿险保单允许保单持有人根据自己的投资收益目标和风险偏好选择投资账户和投资组合,保险人对不同投资账户采取不同的投资策略。保险人只负责死亡风险和费用风险,由保单持有人承担全部的投资风险。不论分立账户的投资业绩如何,保险人不承诺投资账户的最低投资收益。被保险人将来获得的保险金也取决于投资账户中资金的投资收益,分立账户的资产投资收益高,将来的死亡保险金也高,反之,将来的死亡保险金就低。如果分立账户的资产投资全部亏损,保险人保证最低的死亡给付金额。由此可见,变额寿险除了具有保障的功能外,最显著的特点是通过分立投资账户的投资运作实现投资的功能。

由于变额寿险在任何时点的现金价值取决于所选择的投资账户的市场价值,保险人没有最低现金价值保证。变额寿险的投资风险全部转嫁给了投保人。因此,1973 年美国联邦证券交易委员明确规定:① 变额寿险产品属于证券的一种,受证券法规的约束。② 变额寿险又是一种寿险产品,但是它的资产不与一般的人寿保险资产账户混合,需另立账户。③ 变额寿险的死亡风险和费用风险由保险人承担,保险人提供最低的保险金保障以及反映投资业绩的保险保障和现金价值。因此,美国的变额人寿保险要同时受联邦证券法和州保险监管部门的管理。在投保之前,保险公司首先必须向投保人提供一份说明书,该说明书列示了不同投资收益率对应的死亡保险金和现金价值参照表,向投保人解释保单持有人所承担的投资风险,并举例加以说明。保单说明书还提供管理费用、退保费用、投资选择权、保单持有人权利等信息。④ 由于变额人寿保险单也是一种证券,所以它只能由注册并通过全国证券经营商协会规定的投资课程考试的代理人出售,即销售变额寿险的代理人必须取得人寿保险代理人和证券代理人双重资格。⑤ 证券和交易委员会还要求经营变额寿险的保险公司作为投资公司登记注册,并对其投资账户进行监管。

(二) 万能寿险(universal life insurance)

万能寿险又称为综合人寿保险,它是一种缴费灵活,保险金额可以调整,分别列示各种定价因素的终身寿险。万能寿险是针对消费者在生命周期中保险需求和支付能力的变化特点而设计的,满足了客户对人寿保险的个性化需求,并能与投资公司、银行和其他金融机构提供的货币市场基金、存款单等业务竞争。万能寿险的出台,为寿险公司在20世纪80年代初美国高通货膨胀的经济状态下开辟了一个市场空间。

从万能寿险的运作来看,寿险公司根据上一年投保人的缴费计算此保单的现金价值,保单的现金价值取决于所缴保费、死亡保障费用、应计利息率及管理费用。期末现金价值余额=期初现金价值余额+期初收取保费-期初扣除的死亡费用和管理费用+期末应计利息。现金价值计算中采用的利率随市场的变化而调整的,但保证不低于一个给定的最低利率,费用率也是反映实际费用情况。投保人在购买了万能寿险以后,既可以通过调整保额来满足不同生命周期阶段的保险需求,又可以根据实际保费交付能力减增保费甚至停缴保费,还可以通过对现金价值的抵押贷款和提现来满足对现金的需求。因此,万能寿险是一种综合性和应变性很强的新型寿险产品。

(三) 变额万能寿险(variable universal life insurance)

变额万能寿险是将万能寿险的保费和死亡保险金的可变性与变额寿险的投资灵活性和风险性相融合的一种新型的终身寿险产品。变额万能寿险如同万能寿险保单一样,允许保单持有人自行选择保费水平和增减保险金额。变额万能寿险又如同变额寿险保单一样,将现金价值记录在分立的投资账户中,保险公司设置了几个投资账户,如货币市场基金、收益型债券基金、成长型股票基金等,保单持有人可以自主选择一个或多个投资账户,而且至少每年可以改变原有的投资方式。保单的现金价值随分立账户的投资收益的变化而变化,但保险人不保证投资收益和现金价值,投资风险全部转嫁给保单持有人,因此变额万能寿险也被视为一种证券,受到保险监管委员会与证券监管委员会的双重监管。

变额万能寿险适合那些将寿险保单现金价值视为一种投资而非储蓄的人。保单持有人承担了全部的投资风险,如果分立投资账户的投资结果不理想,保单的现金价值可能减至零。如果没有足够的保费收入,保单就会失效。这一风险应该引起保单持有人的充分重视。变额万能寿险具有很强的投资性,保费交付的灵活性,保额增减的可变性以及死亡保险金给付的可选择性,它对人寿保险公司的业务经营和管理提出了更高的要求。

三、我国投资型寿险的主要险种

(一)投资连结保险

1. 投资连结保险的定义

投资连结保险是指具有保险保障功能并至少在一个投资账户拥有一定资产价值,而不保证最低收益的人身保险。

投资连结保险兼具保险保障和投资理财功能。投保人缴纳的保费,一部分用于被保险人的保险保障,这相当于传统意义上的人寿保险,一旦被保险人在保险期间内发生保险事故,保险公司将根据合同约定给付保险金;其余部分保费以购买投资单位的方式转入保险公司设立的投资账户,由专业投资人员进行投资运作,投资收益由投保人享有,投资风险由投保人承担。

2. 投资连结保险的特征

(1)保险公司设置投资账户,提供专业理财服务

保险公司为投资连结保险产品设立单独的投资账户,投资账户中的资产单独管理,与保险公司管理的其他资产相分离。保险公司通过投资连结保险产品将保费集中起来,利用资金汇集的规模效应和自身的专业理财优势,采取稳健的组合投资方法进行资金运用,以提高资金运用的安全性与收益性,实现客户利益的最大化。

(2)投保人承担投资风险,保单利益与投资绩效挂钩

投资连结保险及投资账户均不保证最低投资回报率。由投资活动产生的投资损益及资产盈亏均计入投资账户,保单利益与之直接挂钩。若实际投资收益高,保险金给付或保单现金价值就高;若出现投资亏损,则表现为保险金给付或保单现金价值的减少。所以,投资连结保险产品有可能比传统寿险产品提供更好的投资回报,但投保人也要同时承担相应的投资风险。

(3)费用项目收取清晰,投资账户管理透明

投资连结保险的各项收费或费用项目均向投保人公开。在签订保险合同前,保险公司应当说明对投资账户收取的各项费用,并得到投保人的确认。保险公司定期评估投资账户资产价值,并至少每月一次在保险监管机构认可的公众媒体上公布投资单位价格;定期公布投资账户中期报告和年度报告;每个保单周

年日向投保人寄送保单状态报告。

(4) 保费缴付灵活,投资选择自由

投资连结保险的投保人可以根据自己的财务状况,在投保时选择趸交或期交保费方式确定投资计划。在期交保费方式下,保险公司在基本保费之外提供额外保费以增加投保人的可投资金额。在保险合同有效期内,投保人还可缴纳追加保费以增加保单账户的价值,或在满足保险金额所对应的最低保费要求的前提下减少缴付保费。保险公司一般提供多个投资账户供投保人选择,每个账户的投资策略与收益风险特征不同,投保人可以根据自身的风险承受能力选择投资账户和确定资产在不同投资账户之间的分配比例。

(5) 需要专业的销售人员

投资连结保险由于产品比较复杂并具有证券投资性质,销售此类产品的人员除了要取得保险代理人的资格,还须通过证券监管部门规定的证券从业人员资格考试才能注册。我国要求保险代理人需要通过投连万能保险产品销售资格后才能销售投资连结保险产品。因此,投资连结保险产品的销售人员除了要掌握保险的基本知识,还应当熟悉证券投资理财的相关知识和技能。

3. 投资连结保险收取的费用

(1) 初始费用。保险公司在收到每笔保费后,首先要扣除初始费用,剩余的保费按照合同约定的分配比例被分配至各投资账户,用于购买相应投资账户的投资单位。

(2) 买卖差价。投保人买入和卖出投资单位的价格之间的差价。对投保人而言:投资单位买入价,即资金进入投资账户,折算为投资单位时所用的价格;投资单位卖出价,即资金退出投资账户,将投资账户中的投资单位兑现为现金时所使用的价格。根据《投资连结保险精算规定》,"投资连结保险的买入卖出差价不得超过2%"。

(3) 死亡风险保费。死亡风险保费是保单死亡风险保额的保障成本。根据《投资连结保险精算规定》,风险保费应当通过从投保人的保单账户中扣除投资单位数的方式收取。

(4) 保单管理费。保单管理费是保险公司为维护保险合同向投保人或被保险人收取的管理费用。根据《投资连结保险精算规定》,保单管理费应当是一个与保单账户价值无关的固定金额,保险公司通过扣除投资单位数从投保人的保单账户中扣除保单管理费。

(5) 资产管理费。资产管理费用于弥补保险公司进行投资账户运作时所承担的各种费用。按照投资账户类型,资产管理费于每个资产评估日根据上一资产评估日账户资产净值的一定比例收取。

(6) 手续费。手续费是保险公司为投保人提供投资账户转换等服务时收取的费用。手续费收取金额可以按每次账户转出价值的一定比例来确定,也可以每次按固定金额收取。手续费从投资账户转出价值中扣除。

(7) 退保费用。退保费用是保单退保或部分领取现金价值时保险公司收取的费用,用以弥补尚未摊销的保单获取成本。退保费用直接从投保人领取的退保金或部分领取的保单账户价值中扣除。

4. 投资账户与保单账户

投资连结保险的投资账户是指保险公司依法设立的,资产单独管理的资金账户,是保险公司提供用于保费投资的独立账户。保险公司一般会为投资连结保险产品设立多个独立的投资账户。不同的投资账户具有不同的投资策略和投资组合可供选择。投保人可以选择将保费分配进入一个或多个投资账户中,分配比例由投保人根据投资收益目标和风险偏好自行决定。保险公司收到保费,在扣除相应初始费用后,按照合同约定的分配比例将保费分配转入保险公司各投资账户,用于购买相应投资账户的投资单位。投保人可以调整保费在不同投资账户间的分配比例,也可以在不同投资账户间进行资产的转换。

投资连结保险的保单账户是保险公司为了履行投资连结保险合同的保险责任,为明确投保人或被保险人的权益而为每份保险合同的投保人或被保险人设立的个人账户,用以记录投保人选择的投资账户以及在每个投资账户中所持有的投资单位数。保单账户一般在保险合同生效后或者在保险合同犹豫期结束后的首个资产评估日设立。

5. 保单账户价值的评估

(1) 保单账户的初始投资单位数。保单账户中持有公司各投资账户的初始投资单位数,等于分配至该投资账户的保费数额除以该投资账户投资单位买入价所得的值。

(2) 投资单位数的增减。保单账户中各投资账户内的投资单位数将随着保险费的缴付、各种费用的收取、全部或部分保单账户价值的转换或部分保单账户价值的领取等相应增减。

(3) 保单账户价值。保单账户价值=投资单位数×投资单位卖出价。

6. 保险金给付

投资连结保险的死亡保险金的确定有两种方式:方式一是定额死亡保险金,方式二是递增死亡保险金。

(1) 定额死亡保险金。即给付投保人约定的保险金额或者其保单账户价值

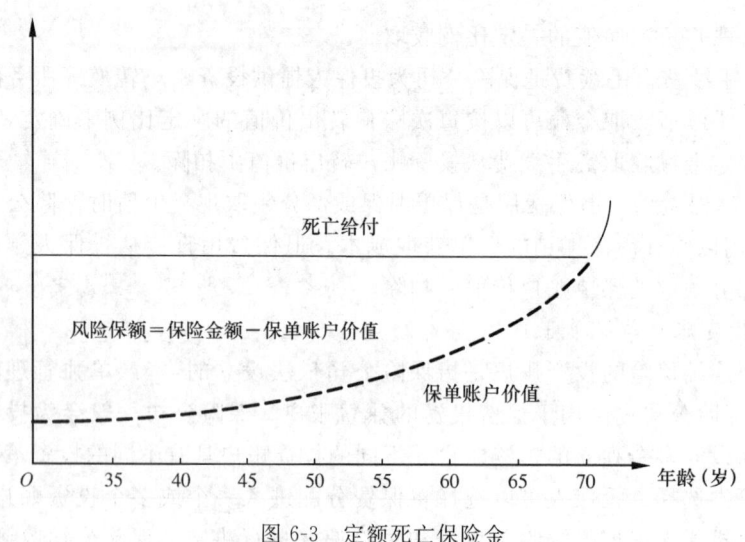

图 6-3 定额死亡保险金

二者中较大者(方式一,如图 6-3 所示)。

方式一的死亡保险金在保单年度前期是不变的,即为保险金额。当保单账户价值超过保险金额后,会随保单账户价值波动而变化。

这种方法的优点在于被保险人的保障不会低于保证的保险金额,同时又降低了投保人的保险保障成本。因为随着被保险人年龄的增加,预期死亡率升高,保险保障成本也相应上升,特别是在高年龄段尤其明显。采用方式一,随着保单账户价值的增加,死亡风险保额会递减,按死亡风险保额计算的保险保障成本也会相应降低,从而可以避免被保险人在需要养老时反而要支付过高的保险保障成本。根据中国保监会 2007 年颁布的《投资连结保险精算规定》,死亡风险保额是指有效保额减去保单账户价值。其中有效保额是指被保险人因疾病和意外等身故时,保险公司支付的死亡保险金额。个人投资连结保险在保单签发时的死亡风险保额不得低于保单账户价值的 5%。

(2) 递增死亡保险金。即给付与投保人约定的保险金额和其保单账户价值之和(方式二,如图 6-4 所示)。方式二的死亡保险金随保单账户价值而不断波动,但死亡风险保额保持不变。

这种方法的优点是便于客户理解,缺点是在被保险人处于高年龄段时,需要支付较高的保险成本。不过,这时投保人一般可以申请调低保险金额,否则有可能出现投资收益不足以支付保险保障成本而导致保单账户价值减少的情况。

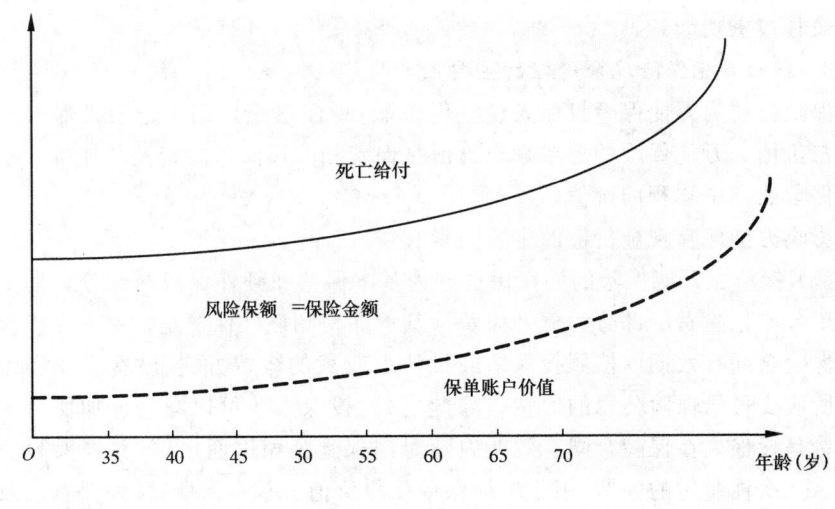

图 6-4　递增死亡保险金

(二) 万能保险

1. 万能保险的定义

万能保险是一种具有保险保障功能并设立有单独保单账户,且保单账户价值提供最低收益保证的人寿保险。万能保险兼具保险保障与储蓄投资功能。

2. 万能保险的特点

(1) 保单灵活性强。万能保险是一种缴费灵活、保险金额可以调整的保险产品。只要保单现金价值足以支付保障成本和保险公司规定的各项费用,投保人就可以根据自身财务状况安排缴费时间、缴费数额,即使暂时不缴续期保费,保单也不会失效。此外,万能保险的保险金额还可以根据投保人不同人生阶段的保障需求进行调整,有效规划人生各阶段的保险保障。

(2) 保单透明度高。万能保险的费用透明度高,表现之一是保险公司在每一张万能保险保单上明确列示三大定价因素,即保险公司采用的保险保障费用、保单账户价值采用的利息率以及保险公司收取的附加费用;表现之二是保险公司必须在保险监管机构认可的主要媒体、公司网站上每个月公布结算利率;表现之三是保险公司每年向投保人发送财务报告,显示所缴保费如何在提供保险保障、费用和账户价值之间的分配信息。

(3) 投资风险由保险公司和客户共同承担。保险公司为万能保险设立万能账户,同时为万能保险保单提供一个最低保证利率。这意味着万能保险的收益由两部分构成,一部分是根据最低保证利率确定的具有储蓄性质的收益,另一部分是根据万能账户实际投资收益确定的高于最低保证利率的收益。因此,万能保险兼具投资功能。

3. 影响万能保险现金价值的主要因素

保险公司为万能保险投保人设立保单账户,保单账户用于记录投保人的保单账户价值。万能保险的保单账户价值是保费扣除风险保险费及其他各项费用后在保单账户中累积的价值。

影响万能保险现金价值的主要因素有:

(1) 保费。万能保险的期交保费分为基本保费和额外保费两部分。期交保费高于基本保险费的部分为额外保费。基本保费和额外保费是投保人在投保时或在保险合同有效期内按照投保单或批注上所载的缴费方式、缴费金额和缴费年限所应交付给保险公司的保费。除此之外,投保人还可以缴付追加保费。追加保费是投保人在保险合同有效期内随时向保险公司书面申请,并经保险公司同意后一次性缴付的保费,用于增加保单账户价值。基本保费、额外保费以及追加保费在扣除保险公司规定的初始费用后进入保单账户,用于累积保单账户价值。

(2) 初始费用。初始费用是保险费进入万能账户之前扣除的费用。初始费用在投保人所缴付的保费中扣除。万能保险的初始费用不得以减少保单账户价值的形式扣除。

(3) 死亡风险保险费。死亡风险保险费即保单死亡风险保额的保障成本。死亡风险保险费是由保险公司根据被保险人的性别、年龄、身体健康状况、基本保险金额以及其他核保因素确定,通过扣减保单账户价值的方式收取,保险公司也可以通过扣减保单账户价值的方式收取其他保险责任的风险保险费。

死亡风险保险费采用预先收取的方式。死亡风险保险费每月收取一次,每月结算日为费用扣除日。在每月结算日零时,保险公司通常收取当日至下月结算日前一日期间所对应的死亡风险保险费。

(4) 保单管理费。保单管理费是为维护保险合同向投保人收取的管理费用。保单管理费是一个与保单账户价值无关的固定金额,在保单首年度与续年度可以不同。保险公司不得以保单账户价值一定比例的形式收取保单管理费。

(5) 保单账户结算利息。万能账户投资绩效是保险公司确定结算利率的依据。结算利率是保险公司定期宣布,在结算期末用于计算保单账户中资产增值的利率。通常保险公司规定每月第 1 日为结算日。保险公司每月根据保险监管机关的有关规定,结合万能账户的实际投资状况,确定上个月的结算利率,并在结算日起6个工作日内公布。该结算利率不低于最低保证利率。如果保险合同终止,按合同规定的保证利率结算当月的保单利息。保单利息计入当期的保单账户价值。因此每期结算利息的多少将直接影响保单账户价值的大小。

(6) 保证利息。保险公司应当在万能保险保单中提供最低保证利率,并根据最低保证利率计算每年的保单账户最低保证价值。如果保单账户的实际价值低于保单账户最低保证价值,那么两者之差为保证利息。保证利息由保险公司额外分配进入保单账户,保单账户价值按照保证利息等额增加为保证保单价值,即将保单账户价值调升至保单账户最低保证价值。

(7) 持续缴费奖金。若投保人在万能保险合同生效日起连续每年均按时足额缴纳当期应交保费,保险公司将分配当期应缴保费的一定比例作为持续奖金直接用于增加保单账户价值。

(8) 部分领取账户价值。投保人根据自身的需要,在满足一定条件的前提下,可以领取部分保单账户价值。部分领取的手续费直接从领取的金额中扣除,保单账户价值按照领取金额等额减少。图 6-5 是万能保险保单账户价值的构成。

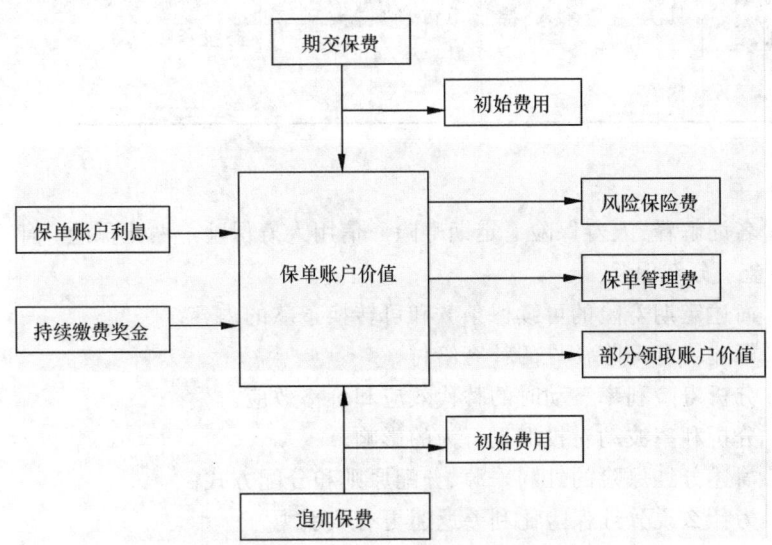

图 6-5 万能保险保单账户价值的构成

[相关链接]

投资连结保险的投资账户类型

账户收益风险特征	资产配置策略	主要投资风险	账户名称举例
高风险高收益	以股票、股票基金、混合型基金为主要投资品种，辅以其他投资品种	股票市场风险、基金市场风险、债券市场风险等	××卓越投资账户，××增值投资账户，××成长型投资账户等
适度风险中等收益	以混合型基金、债券基金、债券为主要投资品种，辅以货币市场基金、货币市场工具、银行存款等	基金市场风险、债券市场风险、货币市场风险等	××优选平衡组合投资账户，××债券投资账户，××稳健投资账户等
低风险稳定收益	以债券、货币市场基金、货币市场工具为主要投资品种，辅以银行存款等	债券市场风险、货币市场风险、利率风险等	××避险型投资账户，××安心投资账户等

思考题

1. 名词解释：人寿保险　定期寿险　信用人寿保险　两全保险　年金保险　变额年金　分红保险
2. 简述定期寿险的可续保条款和可转换条款的内容。
3. 简述终身寿险常见的补充给付。
4. 分析寿险利率波动时的替代效应和价格效应。
5. 分析利率波动对投保人行为的影响。
6. 简述分红保险的红利来源、分配原则和分配方式。
7. 为什么说分红保险比利差返还更有吸引力？
8. 分析投资型人寿保险产生的背景。
9. 比较传统寿险和投资型寿险的异同。
10. 简述投资连结保险和万能保险的特点。
11. 分析影响万能保险保单账户价值的因素。

第七章 人身意外伤害保险

第一节 人身意外伤害保险的概述

人身意外伤害保险可以定义为:在保险期限内发生意外事故致使被保险人死亡或残疾,由保险人按照保险合同的规定向被保险人或者受益人给付保险金的保险。人身意外伤害保险属于人身保险业务种类之一。但也有一些国家将人身意外伤害保险归类于非寿险,这是因为人身意外伤害保险在保险期限、费率厘定和责任准备金计提等方面与财产保险有相似之处。

一、意外伤害的界定

人身意外伤害保险承保的风险是意外伤害,只有正确理解意外伤害的含义才能掌握人身意外伤害保险的保险责任。顾名思义,意外伤害指意外事故导致身体上的伤害,意外伤害由意外和伤害构成。

(一)意外的含义

意外是指伤害的发生是被保险人事先没有预见的或者违背了被保险人的主观意愿。

1. 事先无法预见

事先无法预见包括两种情况:① 事先无法预料的和非故意的伤害,如飞机坠毁导致乘客死亡,天空坠物引起路人伤亡;② 事先能够预见但是因为过失或疏忽没有预见,如在停电时未切断电源修理线路,不久恢复供电而触电身亡。

2. 违背主观意愿

违背主观意愿也包括两种情况:① 预见到伤害即将发生,但是在技术上已无法采取措施避免,如楼房失火,火封住门口和走道,被保险人迫不得已从窗口跳下摔成重伤;② 已预见到伤害即将发生,技术上可以采取措施避免,但由于法律和职责上的规定,或履行应尽义务,不去躲避,如民警与歹徒搏斗中受伤,职工为保护国家财产在救火中被烧伤,等等。

(二)伤害的含义

意外事故中的伤害是指人的身体受到侵害的客观事实,它由三个要素构成。

1. 致害物

致害物是指直接造成身体伤害的物体或物质。在人身意外伤害保险中,只有外来的致害物作用于身体导致伤害,才被认为是伤害。在法医学上,根据致害物的不同种类,伤害可以分为器械伤害、自然伤害、化学伤害、生物伤害等。

2. 伤害对象

伤害对象是致害物侵害的客体。在人身意外伤害保险中,只有致害物侵害的对象是被保险人的身体,才构成伤害。如果侵害的是被保险人的肖像权、名誉权、著作权等不属于伤害对象。换言之,在人身意外伤害保险中的伤害是生理上的伤害,而不是权利上的侵害。

3. 伤害事实

伤害事实是指致害物以一定方式破坏性地接触或作用于被保险人的身体,造成被保险人死亡或残疾。如果没有伤害的客观事实,那就不构成伤害。

(三) 意外伤害的含义

人身意外伤害保险中的意外伤害是指在被保险人事先没有预见或违背被保险人意愿的情况下,突然发生的外来致害物对被保险人身体剧烈的、明显的侵害的客观事实。意外伤害构成的条件可以概括为外来的、非故意的、剧烈的。

1. 外来的

外来的是指源于身体外部的原因造成身体的伤害,而不是人体内部生理机制作用或新陈代谢的结果。如食物中毒、失足落水等。

2. 非故意的

非故意的是指事故的发生及其导致的结果都是事先不能预见的或者很难预见的。如飞机坠落、车祸等。

3. 剧烈(突发)的

剧烈(突发)的是指事故的原因与伤害的结果之间具有很直接的关系,在瞬间造成伤害,来不及预防。铅中毒、汞中毒、矽肺等职业病虽然是外来致害物质对人体的侵害,但由于伤害是逐步造成的,而且是可以预见和预防的,故不属于意外伤害。

二、人身意外伤害保险的保障项目

人身意外伤害保险的保障项目是被保险人因意外伤害而造成的死亡给付、残疾给付、医疗给付和收入损失给付。一种人身意外伤害保险可以同时提供这四项保障,也可以提供其中的一项或若干项。由于人身意外伤害保险的保险标的是被保险人的身体和生命,因此人身意外伤害保险的基本保障项目有:① 死亡给付。被保险人因遭受意外伤害造成死亡时,保险人向受益人给付死亡保险金。② 残疾给付。被保险人因遭受意外伤害造成残疾时,保险人向被保险人给付残疾保险金。

人身意外伤害保险的派生保障项目有:① 医疗费用赔付。被保险人因遭受意外伤害而支出医疗费用时,由保险人在保险金额的限度内支付实际支出的医疗费用。② 收入损失赔付。被保险人因遭受意外伤害而暂时丧失工作能力,不能工作期间造成的收入损失,由保险人提供经济补偿。

人身意外伤害保险的派生保障只有在人身意外伤害保险的基础上投保附加意外伤害医疗保险和附加意外伤害收入损失保险才能获得赔偿。

三、人身意外伤害保险的特点

1. 人身意外伤害保险具有季节性

从人身意外伤害保险的业务数量来看,春秋季节和国定节假日是旅游者人身意外伤害保险的旺季;炎夏季节,游泳者平安保险相对集中。寒冬季节,滑雪者平安保险受人青睐。

2. 保险期限短

人寿保险保险期限一般是10年、20年、30年甚至到被保险人终身,而人身意外伤害保险的保险期限较短,一般不超过一年,有的只有几天或几个小时甚至几分钟。如普通意外伤害保险的保险期限为一年。航空意外伤害保险的保险期限为几个小时。索道意外伤害保险的保险期限甚至只有几分钟时间。

3. 保险纯费率是根据意外事故发生的概率来厘定的

人寿保险中,保险纯费率取决于预定死亡率或生存率、预定利率,所以纯费率高低与年龄关系非常密切。而在人身意外伤害保险中,被保险人遭受意外伤害的概率与他的职业有关,与被保险人的年龄关系不大,因此人身意外伤害保险的纯费率取决于被保险人的职业、工种和从事活动的危险程度。

4. 可以不出具专门的保险单

无论人寿保险、年金保险,还是医疗保险、疾病保险,保险人必须向投保人出具专门的保险单,作为保险合同的法定文件。而在人身意外伤害保险中,保险人可以出具专门的保险单,但在某些情况下,保险人只出具保险凭证。如索道游客人身意外伤害保险,就以索道票作为保险凭证,保险人不另外签发保险单。

5. 杠杆高,门槛低

被保险人以低保费获得高保障是人身意外伤害保险的一大特点。例如一年期的基本保额10万元的成人综合意外险,保险费不足百元。又如大家都很熟悉的航空意外伤害保险,20元的保费,40万元的死亡保障。

人身意外伤害保险的投保门槛比人寿保险、健康保险低,对投保人的限制少,承保条件宽松,投保年龄广,除职业外,无需健康告知。

四、人身意外伤害保险的可保风险

人身意外伤害保险虽然承保意外伤害,但并非一切原因所造成的意外伤害都是可保风险。在人身意外伤害保险中,保险公司一般把意外伤害分为不可保的意外伤害,特约承保的意外伤害和可保的意外伤害。

1. 不可保的意外伤害

不可保的意外伤害是保险人不应该承保的,如果承保的话,将违反法律和社会公众的利益。因此,不可保的意外伤害在人身意外伤害保险条款中明确列为除外责任。

(1) 被保险人的自杀、故意自残行为导致的伤害;

(2) 被保险人在犯罪过程中导致的伤害;

(3) 被保险人在寻衅斗殴过程中遭受的伤害;

(4) 被保险人在酒醉、吸食或注射毒品后发生的意外伤害。

2. 特约承保的意外伤害

特约承保的意外伤害指一般在保险条款中列为除外责任的,但是经过投保人与保险人特别约定并且加收保险费之后才予以承保的意外伤害。

(1) 战争造成的意外伤害。战争使被保险人遭受意外伤害的风险过于集中,保险公司一般没有能力承保。此外,战争是否爆发、何时爆发以及造成多大范围的人身伤害都是不确定的,保险公司难以准确地厘定保险费率,因此对战争风险一般不保。只有经过特别约定并加收保费后才能承保。

(2) 被保险人在从事登山、跳伞、滑雪、江河漂流、赛车、拳击、摔跤等剧烈的体育活动中遭受的意外伤害。被保险人在从事这些运动和比赛时,其可能遭受的意外伤害的概率大大增加了,因此保险公司通常不予承保,只有经过特别约定并加收保费后才能承保。

(3) 医疗事故(如医生误诊、药剂师发错药品、动手术切错部位等)造成的意外伤害。由于意外伤害的保险费率是根据大多数被保险人的平均损失概率确定的,而因医疗事故导致的意外伤害风险仅是少数患疾病的被保险人才会面临,为了保险费负担的公平合理,对医疗事故造成的意外伤害,在保险条款中列为除外责任。如果经过双方特别约定,由保险公司在保险单上签注特别约定或出具批单,将医疗事故造成的意外伤害从除外责任中剔除。

(4) 核辐射造成的意外伤害。核辐射造成的人身伤害的后果,在短期内不能确定,如果发生大的核爆炸,往往会造成大范围的人身伤亡,因此从承保技术和承保能力考虑,保险公司对核辐射造成的意外伤害不予承保。除非经过双方特别约定并加收保费后,保险人才会承保。

3. 一般可保的意外伤害

除了不可保的意外伤害、特约承保的意外伤害外,凡符合意外伤害构成条件的都是保险公司可以承保的风险。人身意外伤害保险的可保风险有:爆炸、倒塌、烫灼、碰撞、雷击、触电、扭折、冻伤、中暑、淹溺、窒息、坠跌、急性中毒、被野兽袭击、车、船和飞机失事,以及劳动操作、使用机器时发生的工伤事故等引起的伤害。

值得注意的是:特约承保的意外伤害和一般可保的意外伤害之间并没有绝对的界限。保险公司可以根据自身的承保技术、承保能力将一些可保意外伤害列为特约承保的意外伤害。同时某些特约承保的意外伤害,也会因为科技进步和保险公司承保技术水平的提高而成为一般可保意外伤害。

第二节 人身意外伤害保险的保险责任

一、人身意外伤害保险的保险责任构成条件

人身意外伤害保险的保险责任是被保险人因遭受意外伤害而导致的死亡、残疾时,由保险人承担给付保险金的责任。构成人身意外伤害保险的保险责任必须具备三个条件,这三个条件缺一不可。

(一)被保险人在保险期限内遭受了意外伤害

被保险人在保险期限内遭受意外伤害是构成人身意外伤害保险的保险责任的前提条件。一方面被保险人遭受意外伤害必须是客观发生的事实,而不是主观臆造或者推测的;另一方面,被保险人遭受意外伤害的客观事实必须发生在保险期限内。如果被保险人在保险期限开始之前遭受意外伤害而在保险期限内死亡或者残疾,都不构成保险人的保险责任。

(二)被保险人在责任期限内死亡或残疾

被保险人在责任期限内死亡或残疾是构成人身意外伤害保险的保险责任的必要条件。

1. 被保险人死亡或残疾

死亡一般都是指医学意义上的生理死亡,即机体生命活动和新陈代谢的终止。由于人身保险合同是普通的民事合同,具有法律效力,受到《中华人民共和国民法通则》的约束,因此,在人身保险中适用于法律意义上的"死亡"。在法律上发生效力的死亡包括两种情况,一是生理死亡,即心跳和呼吸永久停止,机体被证实的死亡。二是宣告死亡,即按照法律程序推定的死亡。《中华人民共和国民法通则》第二十三条规定:公民有下列情形之一的,利害关系人可以向人民法院申请宣告死亡:① 下落不明满四年;② 因意外事故下落不明,从事故发生之日起满二年的;③脑死亡。

残疾是指人体组织的永久残缺或人体器官正常机能的永久丧失。如果被保险人遭受意外伤害,但是经过治疗或自身康复在责任期限内未遗留组织器官功能障碍或缺损,则不属于残疾。

2. 意外伤害所致的死亡或残疾必须发生在责任期限之内

责任期限是人身意外伤害保险与健康保险中特有的概念,在人寿保险中,没有责任期限的规定。因为在人寿保险中,只有被保险人在保险期限内死亡,保险人才承担给付保险金的责任。而在人身意外伤害保险中,对于在保险期限内发生意外伤害,却在保险期限结束之后死亡或被确定为残疾的情况,保险公司在保单中规定了责任期限。人身意外伤害保险中责任期限条款规定,只要被保险人遭受意外伤害是在保险期间,从意外伤害事故发生之日起算 180 天内,被保险人因该意外伤害事故死亡或者残疾,即使死亡或者残疾的结果是发生在保险期限结束之后,保险人仍然承担保险责任。

责任期限对于意外伤害造成的残疾,实质上是确定残疾程度的一个期限。被保险人遭受意外伤害后往往需要进行一段时间治疗才能确定是否造成残疾以及残疾程度如何。如果治疗结束后被确定为残疾时,责任期限尚未结束,保险人可以根据残疾程度给付残疾保险金。但是如果当责任期限结束时仍在治疗,还不能确定最终是否造成残疾以及残疾程度,那么就应该推定责任期限结束这一时点上被保险人的组织残缺和器官正常机能丧失是永久性的,并且以这一时点上被保险人的身体状况来确定残疾程度,按照这一残疾程度给付残疾保险金,保险责任终止。如果被保险人经过治疗痊愈或残疾程度减轻,保险人也不追回全部或部分残疾保险金,如果被保险人病情恶化,残疾程度加重甚至死亡,保险人也不追加保险金给付。

值得注意的是,被保险人因意外事故下落不明,从事故发生之日起满二年,法院宣告被保险人死亡后,责任期限已过,那么保险人是否承担保险责任呢?为了处理这一情况,人身意外伤害保险条款中订有失踪条款,条款规定被保险人确实因意外伤害下落不明超过一定期限时(如 3 个月、6 个月等),视同被保险人因意外事故而导致死亡,保险人给付死亡保险金。但是日后被保险人生还,死亡保险金的受领人必须把保险金返还给保险人。

(三)意外伤害必须是造成被保险人死亡或残疾的近因或者直接原因

当意外伤害与死亡残疾之间存在因果关系,即意外伤害是造成死亡、残疾的直接原因或者近因时,才属于人身意外伤害保险的保险责任范围。

1. 意外伤害是造成死亡、残疾的直接原因

意外伤害事故直接造成被保险人死亡或者残疾,例如被保险人因车祸失去双腿;被保险人乘坐的飞机坠毁造成被保险人死亡等,属于保险责任,保险人必须按保险合同规定给付死亡保险金或者残疾保险金。

2. 意外伤害是造成被保险人死亡、残疾的近因

当意外伤害是造成被保险人死亡或者残疾的近因时,属于保险责任,保险人必须按保险合同规定给付死亡保险金或者残疾保险金。例如被保险人被铁钉扎伤后患破伤风死亡,被铁钉扎伤是意外伤害,但并未直接造成被保险人死亡,从"铁钉扎伤—破伤风—死亡"这一逻辑过程中,铁钉扎伤这一意外伤害是引起被保险人患破伤风死亡的近因,保险人必须承担给付死亡保险金的责任。

3. 意外伤害是造成被保险人死亡、残疾的诱因

当意外伤害使被保险人的原有疾病发作、恶化,造成被保险人死亡或残疾。例如被保险人原患血液病因轻微外伤血流不止而死亡,这轻微外伤可以被认为是意外伤害,但是这种意外伤害对身体健康的人来说造成的侵害后果是极其轻微的,其实真正造成被保险人死亡的原因是原患疾病,意外伤害只是被保险人死亡的诱因。当意外伤害是被保险人死亡、残疾的诱因时,保险人不是按照保险金额和被保险人的最终伤害后果给付保险金,而是比照身体健康的人遭受这种意外伤害造成的后果给付保险金。

第三节 人身意外伤害保险的给付方式

人身意外伤害保险属于定额给付性保险,被保险人在保险有效期内遭受意外伤害,在责任期限内造成死亡或残疾,由保险人按照保险合同的约定给付死亡保险金或残疾保险金。

一、死亡保险金的给付方式

被保险人因意外伤害导致死亡,只要意外伤害是发生在保险期限内,被保险人死亡是在责任期限内,保险人按保险合同约定的保险金额作定额给付。

二、残疾保险金的给付方式

被保险人因意外伤害导致残疾,只要意外伤害发生在保险期限内,被保险人残疾是在责任期限内,保险人按保险合同的规定给付残疾保险金。

如果意外伤害造成被保险人全残,保险人按保险合同约定的保险金额给付残疾保险金。

如果意外伤害造成被保险人部分残疾,保险人按残疾程度对应的给付比例给付残疾保险金。计算公式如下:

$$残疾保险金 = 保险金额 \times 残疾程度对应的给付比例$$

残疾程度对应的给付比例是指人体组织永久性残缺或人体器官机能永久性丧失对人的劳动能力影响的定量化,人身意外伤害保险的残疾程度对应给付比例是根据人体各部位残疾对一般劳动能力的影响判定的,除了对一些从事特定职业的人之外,对大多数人都是适用的。如果某个被保险人要求按人体某个部位的残疾对其从事的特定职业的劳动能力的影响给付残疾保险金,必须在投保时与保险人特别约定。

三、保险金给付注意事项

在人身意外伤害保险中,保险金额既是计算保费的依据,也是保险人给付保险金的最高限额。在人身意外伤害保险的保险金给付时还必须注意以下几点。

1. 一次事故、多处残疾

当被保险人在一次意外伤害中造成身体若干部位多处残疾时,保险人根据保险金额与被保险人身体各部位的总和的残疾程度对应的给付比例计算残疾保险金。一旦总和的残疾程度对应的给付比例超过了100%,保险人按保险金额给付残疾保险金。

$$残疾保险金 = 保险金额 \times 总和的残疾程度对应的给付比例$$

例如,某被保险人在一次爆炸事故中造成一目完全永久失明(残疾程度对应的给付比例为30%),两手拇指缺失(残疾程度百分率为20%),假定保险金额为10000元。被保险人各部位总和残疾程度百分率为50%,所以保险人给付残疾保险金为5000元,即

$$10000 \times (30\% + 20\%) = 5000 \text{ 元}$$

如果这一爆炸事故造成被保险人双目永久完全失明(残疾程度百分率为100%),两手拇指缺失(残疾程度百分率为20%),由于被保险人总和的残疾程度百分率达到120%,保险人按保险金额10000元给付残疾保险金。

当一次意外事故造成被保险人身体不同部位多处残疾时,按各残疾给付比例之和计算残疾保险金。如果被保险人身体各部位残疾程度给付比例合计超过100%,只能按保险金额全数给付保险金。尤其要注意的是:一次意外事故,在同一肢多处残疾,且以前未曾发生意外事故残疾的,保险金按残疾中最高的给付比例计算。

2. 保险期限内发生多次意外伤害

被保险人在保险期限内多次遭遇意外伤害,只要属于保险责任,保险人对每次意外伤害造成的残疾都给付残疾保险金,但是累计给付的保险金不能超过保险金额。

例如某一被保险人投保保额为10 000元的人身意外伤害保险,他在保险期限内发生第一次意外伤害造成一目永久失明,按照保险合同规定保险人给付了3 000元的残疾保险金。如果在保险期限内发生第二次意外伤害使被保险人失去双腿(残疾程度对应的给付比例为100%),此时保险人只给付7 000元的残疾保险金,目的是使被保险人累计获得残疾保险金不超过保险金额。

3. 先残后死

被保险人在保险期限内遭遇多次意外伤害而先残后死,那么对于残疾保险金,保险人必须按照保险金额与残疾程度对应的给付比例计算并给付,但是死亡保险金就是合同约定的保险金额扣除曾经给付的残疾保险金后的余额,合同履约终止。

例如,某一被保险人投保保额为10 000元的人身意外伤害保险,他在保险期限内发生第一次意外伤害造成一肢永久残缺,按照保险合同规定保险人给付了5 000元的残疾保险金。如果在保险期限内发生第二次意外伤害造成被保险人死亡,此时保险人给付5 000元的死亡保险金,目的是使被保险人累计获得残疾保险金和死亡保险金的总和以保险金额为限。

4. 特别约定残疾给付

人体各部位的残疾对从事不同职业的人的劳动能力的影响是不相同的。例如普通的人丧失一手指并不会影响生计,但对钢琴演奏家来说却是致命的损失。为了弥补残疾程度对应的给付比例的不足,同时也为了满足特定职业的人对自己身体某个部位的特别需求,在人身意外伤害保险中有一项特别残疾给付,在投保时由投保人与保险人特别约定,要求保险人提高对这一部位的残疾给付比例。例如,钢琴家为自己的十指投保、足球明星为自己的双腿投保、歌唱家为自己的嗓子投保等,都是利用人身意外伤害保险的特别约定来满足自身的特定需要。

第四节 人身意外伤害保险的分类

人身意外伤害保险可以单独承保,也可以作为一种附加险承保。人身意外伤害保险的分类方法很多,通常把人身意外伤害保险分为普通意外伤害保险和特种意外伤害保险两大类。

一、按承保的风险性质分类

按承保的风险性质分类,人身意外伤害保险可以分为普通意外伤害保险和特种意外伤害保险。

1. 普通意外伤害保险

普通意外伤害保险是以意外事故造成被保险人死亡或者残疾为保险责任,但不具体规定事故发生的原因和地点,例如,我国的学生团体平安保险是以在校学生为保险对象,在保险期内,不论被保险人在校内或校外,凡因意外事故导致死亡或者残疾,均按合同规定给付保险金。普通人身意外伤害保险的保险期限一般为一年。

2. 特种意外伤害保险

特种意外伤害保险的保险责任仅限于在特定时间、特定地点遭受的意外伤害或者由于特定原因造成的意外伤害。例如,游泳者平安保险的保险责任仅限于被保险人在游泳池(场)内发生的溺水死亡,滑雪者意外伤害保险的保险责任仅限于被保险人在滑雪时遭受的意外伤害等。属于特种人身意外伤害保险的险种有航空人身意外伤害保险、公路旅客意外伤害保险、索道游客意外伤害保险、登山运动员意外伤害保险等。特种人身意外伤害保险的保险期限一般较短,有的极短。

二、按保险责任分类

按保险责任分类,人身意外伤害保险可以分为意外伤害死亡残疾保险、意外伤害收入损失保险和意外伤害医疗保险。

1. 意外伤害死亡残疾保险

意外伤害死亡残疾保险是以被保险人因遭受意外伤害造成死亡或残疾为给付保险金条件的人身保险业务。意外伤害死亡残疾保险是意外伤害保险的最基本的险种,它的保险责任是被保险人因遭受意外伤害而造成的死亡或残疾,由保险人根据保险合同的规定给付死亡保险金或者残疾保险金。

2. 意外伤害医疗保险

意外伤害医疗保险是以被保险人因遭受意外伤害需要治疗时支出的医疗费用为给付保险金条件的人身保险业务。它的保险责任是被保险人因遭受意外伤害需要治疗时支出的医疗费用,由保险人提供经济补偿。意外伤害医疗保险的赔付方式有两种:① 补偿式,即在保额的限度内根据实际支出的医疗费用进行补偿,累计补偿金额不能超过保额;② 定额给付式,即在一定时期内,不问被保险人实际支出的医疗费用,而是按约定的保险金额给付医疗保险金。意外伤害医疗保险通常是作为人身意外伤害保险的附加险投保。

3. 意外伤害收入损失保险

意外伤害收入损失保险是以被保险人因遭受意外伤害而暂时丧失劳动能力不能工作期间的收入损失作为给付保险金条件的人身保险业务。意外伤害收入损失保险通常也是作为人身意外伤害保险的附加险投保，目的在于补偿被保险人因意外伤害暂时不能工作使劳动收入减少对被保险人本人及其家庭生活造成的困难。

意外伤害收入损失保险只负责被保险人在保险期限内因遭受意外伤害造成责任期限内的收入损失。责任期限是保险人给付收入损失保险金的最多日数或周数，从被保险人遭受意外伤害之日起算，一般为90天、180天、360天或13周、26周、52周等。意外伤害收入损失保险金从被保险人遭受意外伤害，经医疗机构认定不能工作之日起按日或按周给付，如果发生下列情形，保险人停止给付：① 责任期限结束；② 被保险人死亡；③ 被保险人的残疾程度被确定，领取了残疾保险金；④ 被保险人恢复工作能力，能从事有劳动收入的工作。

三、按保险期限分类

按保险期限分类，人身意外伤害保险可分为一年期的人身意外伤害保险、极短期的意外伤害保险和多年期的意外伤害保险。

1. 一年期的人身意外伤害保险

一年期的人身意外伤害保险是指保险期限为一年的人身意外伤害保险。我国目前开办的个人人身意外伤害保险，附加意外伤害保险等均属于1年期人身意外伤害保险，如学生团体平安保险、个人综合意外伤害保险等。

2. 极短期的意外伤害保险

极短期的意外伤害保险是指保险期限不足一年，甚至只有几天、几小时或几分钟的人身意外伤害保险。如我国目前开办的公路旅客意外伤害保险、索道游客意外伤害保险、航客人身意外伤害保险等都属于极短期人身意外伤害保险。

3. 多年期的意外伤害保险

意外伤害满期还本保险就是一种多年期储蓄型的人身意外伤害保险，该险种的保险期限为3年、5年、8年，被保险人可以自己选择，投保时只缴纳一笔保险本金，这笔保险本金取决于保险期限、保险金额、被保险人的职业以及相应年期的利率。被保险人在保险期限内遭受意外伤害造成死亡或残疾，保险人给付死亡保险金或残疾保险金，当保险期满时，无论是否发生过保险金给付，保险本金都将返还。其实意外伤害满期还本保险中充当保险费的就是保险本金在保险期限内所产生的利息。

四、按投保方式分类

按投保方式分类，人身意外伤害保险可分为个人人身意外伤害保险、团体人身意外伤害保险。

1. 个人人身意外伤害保险

个人人身意外伤害保险是指一份意外伤害保险保单只为一个被保险人的死亡或残疾提供保险保障的人身保险业务。

2. 团体人身意外伤害保险

团体人身意外伤害保险是以团体方式投保，一张意外伤害保险保单可以为团体的所有成员提供死亡或残疾保障的人身保险业务。

人身意外伤害保险的保险费率主要取决于被保险人所从事的职业性质，在同一个团体中，团体成员从事危险性质相同的职业，采用相同的保险费率。因此人身意外伤害保险是最适合采用团体投保方式。在人身意外伤害保险业务中，团体意外伤害保险占绝对的比重。因为雇员遭受意外伤害，大都是在工作中发生的，雇主要负一定的责任，所以雇主乐于为雇员投保团体人身意外伤害保险。不少企业为了改善职工福利，增强职工的凝聚力，由企业交付保费为职工投保团体人身意外伤害保险。

第五节　人身意外伤害保险与产险和寿险的异同

在西欧、北美、日本等国，人身意外伤害保险是由财产保险公司经营的。我国虽然现在允许财产保险公司经营短期的人身意外伤害保险和健康保险，但是长期以来人身意外伤害保险主要还是由寿险公司经营的。我们通过人身意外伤害保险与财产保险和人寿保险的比较来讨论人身意外伤害保险的归属问题。

一、人身意外伤害保险与财产保险的异同

（一）人身意外伤害保险与财产保险的相同点

（1）从保险期限看，人身意外伤害保险与财产保险都属于短期性的险种，保险期限不超过一年。

（2）从保险事故发生看，在人身意外伤害保险中，一旦发生意外伤害，必然造成被保险人的伤残或死亡。在财产保险中，一旦发生保险责任范围内的保险事故，必然造成保险标的物的损失。

（3）从纯费率的厘定看，无论是人身意外伤害保险还是财产保险，都是根据

灾害事故发生的概率来厘定纯费率。人身意外伤害保险的纯费率取决于意外事故发生的概率,与被保险人的职业关系最为密切,而财产保险的纯费率取决于自然灾害和各种意外事故发生的概率。

(4) 从未到期责任准备金的计提看,无论是人身意外伤害保险还是财产保险,未到期责任准备金采用年平均法、月比例法或逐日计算法计提。年平均法就是根据当年有效保费的50%计提未到期责任准备金。月比例法是以每月实际保费收入为基数,将1年分为24个半月计算汇总未到期责任准备金。逐日计算法是根据有效保单的天数与有效保单的保费来计提未到期责任准备金。月比例法与逐日计算法是国际上通行的计提短期性保险业务的未到期责任准备金的方法。

(二) 人身意外伤害保险与财产保险的区别

(1) 从保险标的看,人身意外伤害保险的保险标的是被保险人的生命和身体,具有不可估价性。而财产保险的保险标的是有形的财产及有关的利益。

(2) 从保额的确定看,人身意外伤害保险的保险金额是由投保人与保险人双方约定的,投保人根据自己的保险需求和保费的交付能力确定。而财产保险的保险金额是根据保险标的的实际价值确定的。

(3) 从保险金的赔付看,人身意外伤害保险属于定额给付性业务,死亡保险金按保险金额给付,残疾保险金按保险金额与残疾程度对应的给付比例给付。如果包括医疗费用,则在保额的限度内补偿实际支出的医疗费用。而财产保险是补偿性的业务,在保险金赔付时必须严格遵循保险的补偿原则、代位追偿原则和重复保险的分摊原则,使被保险人获得的补偿仅限于它的实际损失,最高不超过保额。

(4) 从保险主体看,在人身意外伤害保险中,投保人和被保险人可以是同一个主体,也可以是两个分离的主体,投保人可以是自然人,也可以是法人,但被保险人只能是自然人,而且必须指定受益人。在财产保险中,投保人与被保险人是同一个主体,可以是自然人,也可以是法人。

二、人身意外伤害保险与人寿保险的异同

(一) 人身意外伤害保险与人寿保险的相同点

(1) 从保险标的看,人身意外伤害保险的保险标的是人的身体和生命,人寿保险的保险标的是生命,它们都具有不可估价性。

(2) 从保额的确定看,人身意外伤害保险和人寿保险的保额都是由投保人与保险人双方约定,投保人根据自己的保险需求和保费交付能力来确定。

(3) 从保险主体看,人身意外伤害保险和人寿保险的投保人和被保险人可以是同一个主体,也可以是分离的主体,投保人可以是自然人,也可以是法人,被

保险人只能是自然人。

(4) 从受益人的指定看,人身意外伤害保险和人寿保险都需要由被保险人指定受益人,当被保险人死亡时,由受益人领取保险金。

(二) 人身意外伤害保险与人寿保险的区别

(1) 从保险期限看,人身意外伤害保险是短期性险种,保险期限不超过一年,因此费率厘定时不考虑利率因素,保费采用趸缴方式。人寿保险是长期性险种,保险期限可以是 10 年、20 年甚至到被保险人终身,因此费率厘定时要考虑利率因素,保费大多采用限期交付方式。

(2) 从保险事故发生看,人身意外伤害保险中,一旦发生意外伤害事故,必然造成被保险人死亡或残疾,保险人按保险合同约定给付保险金。而在人寿保险中,被保险人死亡或生存到约定年龄、期限都属于保险事故,因此保险事故发生时有可能造成损失(如死亡),也可能没有损失(期满生存),但不管损失与否,保险人均按保险合同约定作定额给付。

(3) 从纯费率厘定看,人身意外伤害保险的纯费率是根据意外事故发生的概率厘定的,这个概率主要取决于被保险人的职业。而人寿保险的纯费率是根据死亡率和利息率来厘定的,死亡率主要取决于被保险人的年龄与身体健康状况等因素。

(4) 从未到期责任准备金的计提看。人身意外伤害保险的未到期责任准备金计提采用年平均法、月比例法和逐日计算法,而人寿保险未到期责任准备金是根据有效保单的全部净值来计提,主要考虑保险金额、死亡率、利息率、年龄以及已保年期等因素,采用过去法、未来法计提理论责任准备金并用一年定期修正法加以调整。

三、人身意外伤害保险的归属问题

前面我们详细分析了人身意外伤害保险与财产保险、人寿保险的异同,下面从保险标的、投保人与被保险人的关系、保险金额确定、受益人指定、赔付原则、保险期限、保险事故后果、纯费率厘定、未到期责任准备金计提 9 个项目来比较财产保险、人身意外伤害保险与人寿保险的异同,见表 7-1。从表中可以看出,项目 1—项目 4,人身意外伤害保险与人寿保险相同,项目 6—项目 9,人身意外伤害保险与财产保险相同。至于项目 5 赔付原则,人身意外伤害保险中的医疗费用与财产保险一样采用补偿方式,人身意外伤害保险中的死亡、残疾给付与人寿保险一样采用定额给付方式。

如果从保险的基本职能损失补偿的角度分析,财产保险是最具保险特征的,因为财产保险中,保险事故发生必然造成损失,被保险人可以获得充分的全面的补偿。人寿保险最不具保险特征,因为在人寿保险中,保险事故发生不一定造成损失,但保险人都按约定的保险金额给付保险金。而在人身意外伤害保险中,保险事故发生必然造成损失,保险人按约定的保险金额或保险金额与残疾程度对应的给付比例给付保险金,由此可见,人身意外伤害保险的保险特征比人寿保险强比财产保险弱。因此从某种意义上讲,人身意外伤害保险是介于人寿保险与财产保险之间的一个险种或者介于寿险与非寿险之间的一个险种。

表 7-1　　　　　财产保险、人身意外伤害保险、人寿保险异同比较

项目	财产保险	人身意外伤害保险	人寿保险
1. 保险标的	财产及利益	人的身体和生命	
2. 投保人与被保险	同一主体	可以分离的主体	
3. 保险金额	按保险标的实际价值确定	由保险双方约定	
4. 受益人	不需要指定受益人	需要指定受益人	
5. 赔付原则	补偿实际损失	补偿实际支出的医疗费用	定额给付
6. 保险期限	短期性		长期性
7. 保险事故后果	必定造成损失		不一定造成损失
8. 纯费率厘定	依据灾害事故发生的概率		依据预定死亡率或生存率、预定利率
9. 未到期责任准备金计提	采用年平均法、月比例法或逐日计算法计提		采用过去法、未来法计提并用一年定期修正法或美国保险监督官修正法加以调整

我国从保险标的、保险金额的确定、受益人的指定、投保人与被保险人的关系、定额给付等定性的角度考虑,将人身意外伤害保险归入人身保险范畴,由人寿保险公司来经营,正如我国《保险法》对保险业务作的分类(图 7-1)。

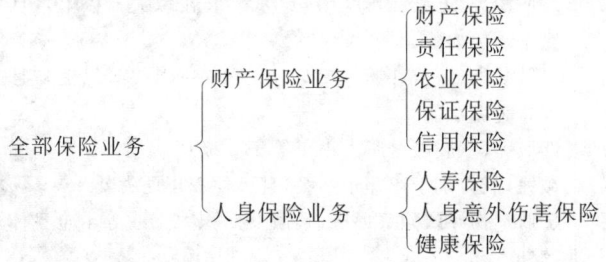

图 7-1　我国保险业务的分类

而一些欧美国家更多地从费率厘定,未到期责任准备金计提等精算技术的角度考虑,将人身意外伤害保险归入财产保险业务,即非寿险业务,由财产与责

任保险公司来经营。如美国《保险立法》对保险业务的分类(图7-2)。

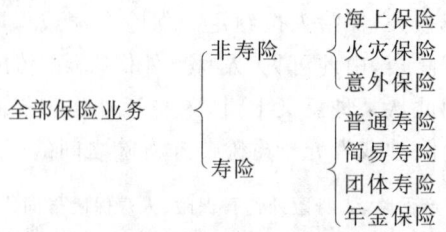

图7-2 美国保险业务的分类

[相关链接]

人身意外伤害保险伤残评定与给付比例表(行业标准)

等级	项目	残疾程度	最高给付比例
第一级	一	颅脑损伤导致极度智力缺损(智商小于或等于20),日常生活完全不能自理,处于完全护理依赖状态	100%
	二	颅脑损伤导致植物状	
	三	双侧眼球缺失	
	四	一侧眼球缺失,且另一侧眼盲目5级	
	五	胸部损伤导致心肺联合移植	
	六	腹部损伤导致小肠切除大于或等于90%	
	七	咀嚼、吞咽功能完全丧失	
	八	腹部损伤导致双侧肾切除	
	九	腹部损伤导致孤肾切除	
	十	腹部损伤导致胰完全切除	
	十一	三肢以上缺失(上肢在腕关节以上,下肢在踝关节以上)	
	十二	三肢以上完全丧失功能	
	十三	二肢缺失(上肢在腕关节以上,下肢在踝关节以上),且第三肢完全丧失功能	
	十四	一肢缺失(上肢在腕关节以上,下肢在踝关节以上),且另二肢完全丧失功能	
	十五	四肢瘫(三肢以上肌力小于等于3级)	
	十六	截瘫(肌力小于或等于2级)且大便和小便失禁	
	十七	皮肤损伤导致瘢痕形成,且瘢痕面积大于或等于全身体表面积的90%	
	十八	躯干及四肢Ⅲ度烧伤,面积大于或等于全身皮肤面积的60%	

续表

等级	项目	残疾程度	最高给付比例
第二级	一	颅脑损伤导致极度智力缺损（智商小于等于34），日常生活完全不能自理，处于完全护理依赖状态	90%
	二	一侧眼球缺失，且另一侧眼盲目4级	
	三	双眼盲目5级	
	四	双眼视野缺损，直径小于5°	
	五	双耳听力损失大于等于91dB，且双侧耳郭缺失	
	六	腹部损伤导致小肠切除大于等于75%，合并短肠综合征	
	七	腹部损伤导致肝切除大于等于75%	
	八	双侧上颌骨完全缺失	
	九	双侧下颌骨完全缺失	
	十	一侧上颌骨及对侧下颌骨完全缺失	
	十一	二肢缺失（上肢在肘关节以上，下肢在膝关节以上）	
	十二	一肢缺失（上肢在肘关节以上，下肢在膝关节以上），且另一肢完全丧失功能	
	十三	二肢完全丧失功能	
	十四	四肢瘫（二肢以上肌力小于等于2级）	
	十五	偏瘫（肌力小于等于2级）	
	十六	截瘫（肌力小于等于2级）	
	十七	头颈部Ⅲ度烧伤，面积大于等于全身体表面积的8%	
	十八	面部皮肤损伤导致瘢痕形成，且瘢痕面积大于等于面部皮肤面积的90%	
	十九	皮肤损伤导致瘢痕形成，且瘢痕面积大于等于全身体表面积的80%	

续表

等级	项目	残疾程度	最高给付比例
第三级	一	颅脑损伤导致重度智力缺损(智商小于等于34)，不能完全独立生活，需经常有人监护，处于大部分护理依赖状态	80%
	二	一侧眼球缺失，且另一侧眼盲目3级	
	三	双眼盲目大于等于4级	
	四	双眼视野缺损，直径小于10°	
	五	双耳听力损失大于等于91dB，且一侧耳郭缺失	
	六	一耳听力损失大于等于91dB，另一耳听力损失大于等于71dB，且一侧耳郭缺失，另一侧耳郭缺失大于等于50%	
	七	双耳听力损失大于等于71dB，且双侧耳郭缺失	
	八	舌缺损大于全舌的2/3	
	九	胸部损伤导致心脏贯通伤修补术后，心电图有明显改变	
	十	腹部损伤导致胰切除大于等于50%，且伴有胰岛素依赖	
	十一	会阴部损伤导致双侧睾丸缺失	
	十二	会阴部损伤导致双侧睾丸完全萎缩	
	十三	会阴部损伤导致一侧睾丸缺失，另一侧睾丸完全萎缩	
	十四	同侧上、下颌骨完全缺失	
	十五	上颌骨、下颌骨缺损，且牙齿脱落大于等于24枚	
	十六	一侧上颌骨完全缺失	
	十七	一侧下颌骨完全缺失	
	十八	一肢缺失(上肢在腕关节以上，下肢在踝关节以上)，且另一肢完全丧失功能	
	十九	二肢缺失(上肢在腕关节以上，下肢在踝关节以上)	
	二十	四肢瘫(二肢以上肌力小于等于3级)	
	二十一	偏瘫(肌力小于等于3级)	
	二十二	截瘫(肌力小于等于3级)	
	二十三	颈部皮肤损伤导致瘢痕形成，颈部活动度完全丧失	
	二十四	面部皮肤损伤导致瘢痕形成，且瘢痕面积大于等于面部皮肤面积的80%	
	二十五	皮肤损伤导致瘢痕形成，且瘢痕面积大于等于全身体表面积的70%	
	二十六	躯干及四肢Ⅲ度烧伤，面积大于等于全身皮肤面积的40%	

续表

等级	项目	残疾程度	最高给付比例
第四级	一	颅脑损伤导致中度智力缺损(智商小于等于49),日常生活能力严重受限,间或需要帮助,处于大部分护理依赖状态	70%
	二	一侧眼球缺失,且另一侧眼低视力2级	
	三	双眼盲目大于等于3级	
	四	双眼视野缺损,直径小于20°	
	五	双耳听力损失大于等于71dB,且一侧耳郭缺失	
	六	双耳听力损失大于等于56dB,且双侧耳郭缺失	
	七	一耳听力损失大于等于91dB,另一耳听力损失大于等于71dB,且一侧耳郭缺失大于等于50%	
	八	双耳听力损失大于等于91dB	
	九	胸部损伤导致一侧全肺切除	
	十	胸部损伤导致双侧肺叶切除	
	十一	腹部损伤导致小肠切除大于等于75%	
	十二	腹部或骨盆部损伤导致全结肠、直肠、肛门结构切除,回肠造瘘	
	十三	腹部损伤导致全胃切除	
	十四	腹部损伤导致胰头、十二指肠切除	
	十五	会阴部损伤导致阴茎体完全缺失	
	十六	一侧上颌骨缺损大于等于50%,且口腔、颜面部软组织缺损大于20cm²	
	十七	一侧下颌骨缺损大于等于6cm,且口腔、颜面部软组织缺损大于20cm²	
	十八	面颊部洞穿性缺损大于20cm²	
	十九	双手完全缺失	
	二十	双手完全丧失功能	
	二十一	一手完全缺失,另一手完全丧失功能	
	二十二	两上肢,或两下肢,或一上肢及一下肢,各有三大关节中的两个关节完全丧失功能	
	二十三	四肢瘫(二肢以上肌力小于等于4级)	
	二十四	颈部皮肤损伤导致瘢痕形成,颈部活动度丧失大于等于75%	
	二十五	面部皮肤损伤导致瘢痕形成,且瘢痕面积大于等于面部皮肤面积的60%	
	二十六	皮肤损伤导致瘢痕形成,且瘢痕面积大于等于全身体表面积的60%	

续表

等级	项目	残疾程度	最高给付比例
第五级	一	一侧眼球缺失,且另一侧眼低视力1级	60%
	二	双眼低视力大于等于2级	
	三	双耳听力损失大于等于71dB,且一侧耳郭缺失大于等于50%	
	四	双耳听力损失大于等于56dB,且一侧耳郭缺失	
	五	双侧耳郭缺失	
	六	双耳听力损失大于等于81dB	
	七	一耳听力损失大于等于91dB,且另一耳听力损失大于等于71dB	
	八	外鼻部完全缺失	
	九	胸部损伤导致同侧双肺叶切除	
	十	腹部或骨盆部损伤导致直肠、肛门切除,且结肠部分切除,结肠造瘘	
	十一	腹部损伤导致肝切除大于等于50%	
	十二	骨盆部损伤导致一侧输尿管缺失,另一侧输尿管闭锁	
	十三	骨盆部损伤导致膀胱切除	
	十四	骨盆部损伤导致尿道闭锁	
	十五	会阴部损伤导致阴道闭锁	
	十六	会阴部损伤导致阴茎体缺失大于50%	
	十七	上颌骨、下颌骨缺损,且牙齿脱落大于等于20枚	
	十八	一侧上颌骨缺损大于25%,小于50%,且口腔、颜面部软组织缺损大于10cm²	
	十九	一侧下颌骨缺损大于等于4cm,且口腔、颜面部软组织缺损大于10cm²	
	二十	双手缺失(或丧失功能)大于等于90%	
	二十一	一肢缺失(上肢在肘关节以上,下肢在膝关节以上)	
	二十二	一肢完全丧失功能	
	二十三	偏瘫(一肢肌力小于等于2级)	
	二十四	截瘫(一肢肌力小于等于2级)	
	二十五	单瘫(肌力小于等于2级)	
	二十六	头颈部Ⅲ度烧伤,面积大于等于全身体表面积的5%,且小于8%	
	二十七	颈部皮肤损伤导致瘢痕形成,颈部活动度丧失大于等于50%	
	二十八	面部皮肤损伤导致瘢痕形成,且瘢痕面积大于等于面部皮肤面积的40%	
	二十九	皮肤损伤导致瘢痕形成,且瘢痕面积大于等于全身体表面积的50%	
	三十	躯干及四肢Ⅲ度烧伤,面积大于等于全身皮肤面积的20%	

续表

等级	项目	残疾程度	最高给付比例
第六级	一	双眼低视力大于等于1级	50%
	二	双眼视野缺损，直径小于60°	
	三	一侧耳郭缺失，且另一侧耳郭缺失大于等于50%	
	四	双耳听力损失大于等于71dB	
	五	一耳听力损失大于等于91dB，且另一耳听力损失大于等于56dB	
	六	舌缺损大于全舌的1/3	
	七	腹部损伤导致小肠切除大于等于50%，且包括回盲部切除	
	八	腹部损伤导致胰切除大于等于50%	
	九	会阴部损伤导致双侧输精管缺失	
	十	会阴部损伤导致双侧输精管闭锁	
	十一	会阴部损伤导致一侧输精管缺失，另一侧输精管闭锁	
	十二	一侧上颌骨缺损等于25%，且口腔、颜面部软组织缺损大于10cm²	
	十三	面部软组织缺损大于20cm²，且伴发涎瘘	
	十四	单侧颞下颌关节强直，张口困难Ⅲ度	
	十五	双侧颞下颌关节强直，张口困难Ⅲ度	
	十六	双手缺失（或丧失功能）大于等于70%	
	十七	双足跗跖关节以上缺失	
	十八	一肢缺失（上肢在腕关节以上，下肢在踝关节以上）	
	十九	偏瘫（一肢肌力小于等于3级）	
	二十	截瘫（一肢肌力小于等于3级）	
	二十一	单瘫（肌力小于等于3级）	
	二十二	面部皮肤损伤导致瘢痕形成，且瘢痕面积大于等于面部皮肤面积的20%	
	二十三	头部撕脱伤后导致头皮缺失，面积大于等于头皮面积的20%	
	二十四	皮肤损伤导致瘢痕形成，且瘢痕面积大于等于全身体表面积的40%	
	二十五	腹部损伤导致腹壁缺损面积大于等于腹壁面积的25%	

续表

等级	项目	残疾程度	最高给付比例
第七级	一	一侧眼球缺失	40%
	二	一眼盲目5级	
	三	一眼视野缺损,直径小于5°	
	四	一耳听力损失大于等于91dB,且另一耳听力损失大于等于41dB	
	五	一耳听力损失大于等于91dB,且另一耳听力损失大于等于41dB	
	六	外鼻部大部分缺损	
	七	胸部损伤导致肺叶切除	
	八	腹部损伤导致小肠切除大于等于50%	
	九	腹部损伤导致结肠切除大于等于50%	
	十	骨盆部损伤导致一侧输尿管缺失,另一侧输尿管严重狭窄	
	十一	骨盆部损伤导致一侧输尿管闭锁,另一侧输尿管严重狭窄	
	十二	胸部损伤导致女性双侧乳房缺失	
	十三	骨盆部损伤导致子宫切除	
	十四	上颌骨、下颌骨缺损,且牙齿脱落大于等于16枚	
	十五	双手缺失(或丧失功能)大于等于50%	
	十六	一上肢三大关节中,有两个关节完全丧失功能	
	十七	骨盆环骨折,且两下肢相对长度相差大于等于8cm	
	十八	髋臼骨折,且两下肢相对长度相差大于等于8cm	
	十九	双下肢长度相差大于等于8cm	
	二十	一下肢三大关节中,有两个关节完全丧失功能	
	二十一	双足足弓结构完全破坏	
	二十二	一足跗跖关节以上缺失	
	二十三	脊柱骨折脱位导致颈椎或腰椎畸形愈合,且颈部或腰部活动度丧失大于等于75%	
	二十四	偏瘫(一肢肌力小于等于4级)	
	二十五	截瘫(一肢肌力小于等于4级)	
	二十六	颈部皮肤损伤导致颈前三角区瘢痕形成,且瘢痕面积大于等于颈前三角区面积的75%	
	二十七	面部皮肤损伤导致瘢痕形成,且瘢痕面积大于等于24cm²	
	二十八	皮肤损伤导致瘢痕形成,且瘢痕面积大于等于全身体表面积的30%	
	二十九	躯干及四肢Ⅲ度烧伤,面积大于等于全身皮肤面积的10%	

续表

等级	项目	残疾程度	最高给付比例
第八级	一	一眼盲目大于等于4级	30%
	二	一眼视野缺损,直径小于10°	
	三	双侧眼睑显著缺损	
	四	双侧眼睑外翻	
	五	双侧眼睑闭合不全	
	六	一侧耳郭缺失	
	七	一耳听力损失大于等于71dB,且另一耳听力损失大于等于41dB	
	八	一耳听力损失大于等于91dB	
	九	鼻尖及一侧鼻翼缺损	
	十	双侧鼻腔或鼻咽部闭锁	
	十一	语言功能完全丧失	
	十二	胸部损伤导致心肌破裂修补	
	十三	腹部损伤导致脾切除	
	十四	胸部损伤导致大于等于12根肋骨骨折	
	十五	腹部损伤导致结肠部分切除	
	十六	腹部损伤导致胰部分切除	
	十七	腹部损伤导致肝部分切除	
	十八	腹部损伤导致一侧肾切除	
	十九	骨盆部损伤导致双侧输尿管严重狭窄	
	二十	骨盆部损伤导致一侧输尿管缺失,另一侧输尿管狭窄	
	二十一	骨盆部损伤导致一侧输尿管闭锁,另一侧输尿管狭窄	
	二十二	胸部损伤导致女性一侧乳房缺失,另一侧乳房部分缺失	
	二十三	上颌骨、下颌骨缺损,且牙齿脱落大于等于12枚	
	二十四	双侧颞下颌关节强直,张口困难Ⅱ度	
	二十五	一上肢三大关节中,有一个关节完全丧失功能	
	二十六	双手缺失(或丧失功能)大于等于30%	
	二十七	骨盆环骨折,且两下肢相对长度相差大于等于6cm	
	二十八	髋臼骨折,且两下肢相对长度相差大于等于6cm	
	二十九	双下肢长度相差大于等于6cm	
	三十	一足足弓结构完全破坏,另一足足弓结构破坏大于等于1/3	
	三十一	双足十趾完全缺失	
	三十二	一下肢三大关节中,有一个关节完全丧失功能	
	三十三	双足十趾完全丧失功能	

续表

等级	项目	残疾程度	最高给付比例
第八级	三十四	脊柱骨折脱位导致颈椎或腰椎畸形愈合,且颈部或腰部活动度丧失大于等于50%	30%
	三十五	单瘫(肌力小于等于4级)	
	三十六	头颈部Ⅲ度烧伤,面积大于等于全身体表面积的2%,且小于5%	
	三十七	颈部皮肤损伤导致颈前三角区瘢痕形成,且瘢痕面积大于等于颈前三角区面积的50%	
	三十八	面部皮肤损伤导致瘢痕形成,且瘢痕面积大于等于18cm²	
	三十九	皮肤损伤导致瘢痕形成,且瘢痕面积大于等于全身体表面积的20%	
第九级	一	一眼盲目大于等于3级	20%
	二	一眼视野缺损,直径小于20°	
	三	一侧眼睑显著缺损	
	四	一侧眼睑外翻	
	五	一侧眼睑闭合不全	
	六	一侧耳郭缺失大于等于50%	
	七	一耳听力损失大于等于56dB,且另一耳听力损失大于等于41dB	
	八	一耳听力损失大于等于71dB	
	九	一侧鼻翼缺损	
	十	口腔损伤导致牙齿脱落大于等于16枚	
	十一	腹部损伤导致脾部分切除	
	十二	胸部损伤导致大于等于8根肋骨骨折	
	十三	胸部损伤导致大于等于4根肋骨缺失	
	十四	骨盆部损伤导致直肠、肛门损伤,且遗留永久性乙状结肠造口	
	十五	腹部损伤导致一侧肾部分切除	
	十六	骨盆部损伤导致一侧输尿管缺失	
	十七	骨盆部损伤导致一侧输尿管闭锁	
	十八	骨盆部损伤导致尿道狭窄	
	十九	骨盆部损伤导致膀胱部分切除	
	二十	胸部损伤导致女性一侧乳房缺失	
	二十一	骨盆部损伤导致子宫部分切除	
	二十二	上颌骨、下颌骨缺损,且牙齿脱落大于等于8枚	
	二十三	双手缺失(或丧失功能)大于等于10%	
	二十四	双上肢长度相差大于等于10cm	
	二十五	骨盆环骨折,且两下肢相对长度相差大于等于4cm	
	二十六	髋臼骨折,且两下肢相对长度相差大于等于4cm	
	二十七	双下肢长度相差大于等于4cm	
	二十八	一足足弓结构完全破坏	
	二十九	双足十趾中,大于等于五趾缺失	

续表

等级	项目	残疾程度	最高给付比例
第九级	三十	一足五趾完全丧失功能	20%
	三十一	四肢长骨一骺板以上粉碎性骨折	
	三十二	脊柱骨折脱位导致颈椎或腰椎畸形愈合,且颈部或腰部活动度丧失大于等于25%	
	三十三	面部皮肤损伤导致瘢痕形成,且瘢痕面积大于等于$12cm^2$或面部线条状瘢痕大于等于20cm	
	三十四	皮肤损伤导致瘢痕形成,且瘢痕面积大于等于全身体表面积的5%	
第十级	一	外伤性脑脊液鼻漏或耳漏	10%
	二	一眼低视力大于等于1级	
	三	一眼视野缺损,直径小于60°	
	四	外伤性白内障	
	五	双耳听力损失大于等于26dB	
	六	一耳听力损失大于等于56dB	
	七	单侧鼻腔或鼻孔闭锁	
	八	口腔损伤导致牙齿脱落大于等于8枚	
	九	腹部损伤导致脾破裂修补	
	十	胸部损伤导致大于等于4根肋骨骨折	
	十一	胸部损伤导致大于等于2根肋骨缺失	
	十二	骨盆部损伤导致直肠、肛门损伤,且瘢痕形成	
	十三	腹部损伤导致肾破裂修补	
	十四	骨盆部损伤导致一侧输尿管严重狭窄	
	十五	骨盆部损伤导致膀胱破裂修补	
	十六	骨盆部损伤导致子宫破裂修补	
	十七	会阴部损伤导致一侧睾丸缺失	
	十八	会阴部损伤导致一侧睾丸完全萎缩	
	十九	会阴部损伤导致一侧输精管缺失	
	二十	会阴部损伤导致一侧输精管闭锁	
	二十一	上颌骨、下颌骨缺损,且牙齿脱落大于等于4枚	
	二十二	颅骨缺损大于等于$6cm^2$	
	二十三	一侧颞下颌关节强直,张口困难Ⅰ度	
	二十四	双上肢长度相差大于等于4cm	
	二十五	一上肢三大关节中,因骨折累及关节面导致一个关节功能部分丧失	
	二十六	骨盆环骨折,且两下肢相对长度相差大于等于2cm	

续表

等级	项目	残疾程度	最高给付比例
第十级	二十七	髋臼骨折,且两下肢相对长度相差大于等于2cm	10%
	二十八	一足足弓结构破坏大于等于1/3	
	二十九	双足十趾中,大于等于两趾缺失	
	三十	双下肢长度相差大于等于2cm	
	三十一	一下肢三大关节中,因骨折累及关节面导致一个关节功能部分丧失	
	三十二	面部皮肤损伤导致瘢痕形成,且瘢痕面积大于等于$6cm^2$或面部线条状瘢痕大于等于10cm	

说明:本标准对功能和残疾进行了分类和分级,将人身保险伤残程度划分为一至十级,最重为第一级,最轻为第十级。与人身保险伤残程度等级相对应的保险金给付比例分为十档,伤残程度第一级对应的保险金给付比例为100%,伤残程度第十级对应的保险金给付比例为10%,每级相差10%。

思考题

1. 如何理解人身意外伤害保险中的意外伤害?
2. 人身意外伤害保险的基本责任和派生责任有哪些?
3. 简述人身意外伤害保险的特点。
4. 简述人身意外伤害保险的不可保意外伤害和特约承保意外伤害。
5. 分析人身意外伤害保险保险责任的构成条件。
6. 简述人身意外伤害保险中残疾保险金的给付方式。
7. 简述人身意外伤害保险与财产保险的异同。
8. 简述人身意外伤害保险和人寿保险的异同。

第八章 健康保险

第一节 健康保险概述

一、健康保险的概念

人的一生,除了死亡风险和年老退休风险外,还会面临疾病和残疾等人身风险,这两种人身风险的发生,一方面需要治疗而支出医疗费用;另一方面因疾病或意外伤害暂时或永久丧失工作能力会导致收入损失。健康保险正是以这两种风险作为保险责任,补偿医疗费用支出和收入损失。因此,健康保险可以定义为:以人的身体作为保险标的,在保险期限内因疾病、生育或意外事故导致医疗费用和收入损失时,由保险公司予以补偿或给付保险金的人身保险。

由于健康保险内容庞杂,很难给它下一个严格的定义。不同国家对健康保险的界定存在较大差异,比如美国,健康保险是意外伤害保险、疾病保险、医疗保险、残疾收入保险等多个险种的统称,涵盖的范围相当广泛。我国《保险法》第九十五条规定:"人身保险业务,包括人寿保险、健康保险和人身意外伤害保险等保险业务。"而我国保险监督管理委员会下发的《关于印发〈人身保险产品定名实行办法〉的通知》(保监发〔2000〕42号)第六条指出:"按保险责任,健康保险分为疾病保险、医疗保险、收入保障保险。"因此,有些教科书或文章中把健康保险称为医疗保险或者把健康保险称为疾病保险都是不妥的,因为健康保险的范围远远大于医疗保险或疾病保险。

二、健康保险的特征

1. 健康保险与人寿保险的比较

健康保险与人寿保险虽然都属于寿险业务,由人寿保险公司来经营,但是这两类业务还是有区别的。

(1)人寿保险是以人的寿命作为保险标的,以被保险人在保险期限内死亡或期满生存作为保险事故,当被保险人在保险期限内死亡或者生存到保险合同约定的年龄、期限时,由保险人按照保险合同的规定给付死亡保险金或满期生存保险金。因此人寿保险合同是定额给付性合同。而健康保险是身体的健康作为保险标的,以疾病、生育、意外事故等造成被保险人医疗费用支出和收入损失为保险事故。健康保险不是对被保险人的生命或身体伤害进行补偿,而是对被保险人因疾病或意外事故支出的医疗费用和收入损失进行补偿,此外,被保险人因疾病或生育导致残疾或死亡时,保险人按保险合同的规定作定额给付。因此,健康保险是集补偿性与定额给付性于一体的保险业务,但是大多数的健康保险合同是补偿性合同。

(2) 大多数的人寿保险合同如定期寿险、终身寿险、两全保险等都是属于为第三人利益订立的保险合同。被保险人必须指定受益人,当被保险人死亡后,由受益人领取保险金。而健康保险是为被保险人提供医疗费用和收入损失保障,除了疾病保险中有死亡给付责任,需要指定受益人外,医疗保险、残疾收入保险等都以被保险人的生存为条件,因此无需指定受益人。

(3) 人寿保险费率厘定的基本要素有预定死亡率、预定利息率和预定营业费用率,运用科学的精算方法,准确地预测被保险人未来的生死概率。健康保险费率厘定比人寿保险复杂得多,不仅要考虑疾病发生率、残疾发生率、住院率、疾病持续时间、利息率、死亡率、费用率等因素,还要考虑保单解约率、营销方式、承保标准、理赔原则以及医院管理、医疗设备、医疗技术、医护人员的职业道德等影响健康保险费率的因素。由于健康保险影响费率的因素多,而且有的因素很难完整而准确的预测,使得健康保险费率厘定更加复杂。

(4) 人寿保险是长期性险种,保险期限可以是十年、二十年甚至到被保险人终身,而健康保险中除少数承保特定风险的保险业务如重大疾病保险、特种疾病保险、长期护理保险外,大多数的健康保险如医疗保险、残疾收入保险等都属于短期性险种,保险期限通常为一年。

2. 健康保险与人身意外伤害保险的比较

健康保险虽然与人身意外伤害保险有相同之处,国外有的把人身意外伤害保险归入健康保险,但是两类业务还是有区别的。

(1) 人身意外伤害保险的保险责任仅限于意外伤害造成被保险人死亡、残疾,由保险人承担给付保险金的责任,对于疾病、生育等引起的死亡、残疾不属于人身意外伤害保险的保险责任范围。而健康保险不仅承保意外伤害造成被保险人的死亡、残疾,也承保疾病、生育等原因造成被保险人的死亡、残疾。

(2) 人身意外伤害保险的基本责任是死亡和残疾,医疗费用和收入损失属于人身意外伤害保险的派生责任,只有在投保人身意外伤害保险的基础上附加意外伤害医疗保险和意外伤害收入损失保险,保险人才承担保险责任。而在健康保险中,医疗保险、残疾收入保险属于健康保险的保险责任范围。

3. 健康保险的特点

在我国,虽然人寿保险、人身意外伤害保险、健康保险都属于人身保险的范畴,但是健康保险有许多不同于其他人身保险的特点,通过健康保险与人寿保险、健康保险与人身意外伤害保险的比较,可以把健康保险的特征概括如下:

(1) 综合性。健康保险内容广泛而复杂,凡不属于人寿保险、人身意外伤害保险的人身保险都可归入健康保险。疾病、生育、意外事故等原因造成的残疾、死亡、支出医疗费用、收入损失都属于健康保险的责任范围,因此健康保险具有综合保险的性质。

(2) 补偿性。健康保险以人的身体健康状况作为保险标的,以疾病、生育、意外事故所致的残疾、死亡、支出医疗费用、收入损失为保险事故,保险金的赔付既有补偿性的,又有定额给付性的,但是大多数健康保险合同属于补偿性合同。

(3) 复杂性。健康保险中的疾病保险和医疗保险涉及的都是医学上的专业技术,风险具有可变性和难预测性,尤其是随着人类疾病种类越来越多,医疗技术日益提高,医疗器械和药品不断更新,使得健康保险风险的识别和度量、费率的厘定变得十分复杂。同时医疗费用支出中还存在不少人为因素,使得健康保险的理赔难以准确把握。

三、健康保险的分类

(一) 按投保方式分类

按投保方式分类,健康保险可分为个人健康保险和团体健康保险。

1. 个人健康保险

个人健康保险是指保险人与单个被保险人订立保险合同,根据被保险人的需要提供健康保障的保险。

2. 团体健康保险

团体健康保险是指保险人与团体(如雇主或企业)订立保险合同,为团体内符合条件的所有成员提供健康保险保障的保险。

(二) 按保障内容分类

按保障内容分类,健康保险可分为医疗保险、疾病保险和残疾收入保险。

1. 医疗保险(medical expense coverage)

医疗保险又称医疗费用保险,通常是补偿被保险人因疾病和意外伤害需要治疗时支出的医疗费用。这些医疗费用包括医疗费、手术费、药费、门诊费、护理费、各项检查费、住院费及医院杂费。常见的医疗保险有普通医疗保险、住院医疗保险、手术医疗保险、综合医疗保险和高额医疗保险。

2. 疾病保险(disease coverage)

疾病保险是指当被保险人罹患合同约定的疾病时，保险人按照保险金额给付保险金而不考虑被保险人实际支出的医疗费用的保险。常见的疾病保险有重大疾病保险和特种疾病保险。

3. 残疾收入保险(disability income coverage)

残疾收入保险又称收入保障保险，或丧失工作能力收入保险，目的是为那些因疾病或意外伤害不能正常工作而失去原来的工作收入或收入减少的被保险人提供定期的收入保险金，以满足被保险人在残疾期间的生活费用等支出的需要。

（三）按组织性质分类

按组织性质分类，健康保险可以分为商业健康保险、管理型医疗保险计划、社会健康保险与自保计划。

1. 商业健康保险

商业健康保险是指投保人与保险人在自愿的基础上订立保险合同，当被保险人因疾病、生育、意外伤害而导致死亡、残疾、支出医疗费用或收入损失时，由保险人承担补偿或给付保险金的责任的保险。

2. 管理型医疗保险计划

管理型医疗保险计划是美国健康保险采用的主要形式，它将医疗服务的筹资和医疗服务的提供相结合的系统管理方式，以降低医疗保险成本，提高医疗服务效率。管理型医疗保险的组织形式有"蓝盾"和"蓝十字"计划、医疗保健组织、优选医疗服务组织等。

3. 社会健康保险

社会健康保险是国家通过立法形式强制实施的，对劳动者因患病、生育、伤残等原因支出的医疗费用和收入损失给予补偿的社会保障制度。

4. 自保计划

自保计划是指雇主通过全部或部分自筹资金的方式为其雇员提供医疗保险并因此承担全部或部分理赔风险。

第二节　医疗保险

医疗保险(medical expense coverage)是为被保险人因疾病或者伤残需要治疗支出的费用提供保险的保障。医疗保险是健康保险中最重要的险种。

一、医疗保险的主要内容

（一）保险期限与责任期限

医疗保险保单中除了规定保险期限外，还规定了责任期限，责任期限有 90 天、180 天、360 天，通常以 180 天居多。如果被保险人在保险期限内患病，并在保险期限内治愈，对于保险期限内支出的属于保险责任范围的医疗费用均由保险人承担；如果被保险人在保险期限内患病，责任期限在保险期限内满期，那么被保险人在保险期限内发生的属于保险责任范围的医疗费用，由保险人赔付；如果被保险人在保险期限内患病，而责任期限延伸到保险期限之后，则保险人只负责被保险人在责任期限内支出的属于保险责任范围内的医疗费用。

（二）保险金额

医疗保险中的保险金额是保险人赔偿的最高限额，无论被保险人在保险期限内一次还是多次患病治疗或者因为意外伤害接受治疗，保险人均按实际支出的医疗费用赔付，但是累计的赔付金额以保险金额为限。

（三）保障项目

被保险人在治疗疾病或伤残的过程中会发生各种各样的医疗费用，有与治疗直接相关的费用，如药费、手术费、检查费，也有间接的费用如陪护费、膳食费、交通费，还包括与疾病或伤残治疗不相关但患者自己要求的额外费用，如假肢费、假牙费、整容费等。为了在给被保险人提供充分的医疗费用保障的同时控制自身的经营成本，保险人通常在保险合同中明确规定医疗费用保障的项目。把属于保障范围的医疗费用项目在保险责任中明确列明，把不予赔付的医疗费用项目列入除外责任。

（四）代位追偿

对于补偿方式的医疗保险，保险人拥有代位追偿权，目的是使被保险人获得赔偿仅限于他实际支出的医疗费用，防止被保险人因为医疗保险额外获利。当被保险人发生医疗费用支出后，如果医疗费用已经从第三方得到了全部或部分赔偿，保险人就不再支付保险金或者只支付第三方赔偿后的差额部分。如果保险人按照保险合同规定支付了医疗费用，那么保险人有权代替被保险人向第三方追偿。

（五）医疗费用分摊

为了控制医疗保险的经营成本，同时鼓励被保险人将医疗费用支出控制在尽可能低的水平，防止被保险人可能出现的道德风险和心理风险，保险人通常在医疗保险中设置了一些限制性的条款，让被保险人也分摊一部分的医疗费用。

1. 免赔额条款(deductible clause)

在医疗保险中规定免赔额,如果被保险人实际支出的医疗费用低于免赔额的,由被保险人自己负责,如果被保险人实际支出的医疗费用超过免赔额,超过部分由保险人予以补偿。

免赔额采用的形式有:① 规定单一的绝对免赔额。被保险人实际支出的医疗费用低于免赔额时,保险人不予补偿,医疗费用超过免赔额时,超过部分由保险人给予补偿;② 规定年度免赔额。从每个年度开始,被保险人必须自己支付免赔额内的医疗费用,当累计医疗费用超过免赔额后,超过部分才由保险人予以补偿。

医疗保险中规定免赔额的意义在于:① 减少医疗保险的小额索赔,降低保险人的理算费用;② 促使被保险人加强对医疗费用的自我控制,避免不必要的浪费。

2. 共保条款(coinsurance provision)

由于医疗保险的风险不易控制,一般情况下,保险人在医疗保险中设有共保条款。对超过免赔额以上的医疗费用采用保险人与被保险人共同分摊的比例赔付法。许多保单包含一个20%的共保要求,按照这个要求,被保险人在支付免赔额以后还须支付剩余医疗费用的20%。共保比例条款的规定,既有利于保障被保险人的经济利益,也有利于保险人控制医疗费用支出,减少被保险人的心理风险。

3. 赔付限额条款

医疗保险一般规定一个保险金额,作为保险人赔付的最高限额。无论被保险人在保险期限内一次还是多次患病或伤残,保险人只对限额内的医疗费用予以补偿,如实际支出的医疗费用超过规定的保险金额,超过部分保险人不承担赔付责任。赔付限额条款的规定,目的是加强对医疗保险的管理,保障保险人与被保险人的利益。

除了规定最高限额外,保险人为了限制保险赔偿责任,还会在保单中规定其他的责任限制条款,如规定住院费用的给付限额,包括住院的天数限制和每天给付的限额,规定外科手术费用的给付限额,规定每次门诊费用的给付限额等。

(六)医疗保险的赔付方式

在医疗保险中,医疗费用的赔付方式有三种,即补偿方式、定额给付方式和提供医疗服务的方式。

1. 补偿方式

补偿方式又称报销方式,在保险金额的限度内按照实际支出的医疗费用进行补偿。补偿方式是一种较为普遍的医疗保险赔付方式,但是这种方式容易造成医疗费用的浪费。

2. 定额给付方式

定额给付方式是不考虑实际支出的医疗费用的多少,保险公司按约定的金额给付保险金。定额给付方式常用于手术医疗保险,根据手术的部位和危险程度确定保险金给付的比例,作定额给付。这种方式容易导致被保险人得不到充分的保障。

3. 提供医疗服务方式

提供医疗服务方式通常是保险公司与医疗机构合作,由保险公司向医疗机构或医生提供费用和报酬,由医生向被保险人提供医疗服务。这种方式特别受到一些老年人的欢迎。

二、医疗保险的类型

在美国,医疗保险的类型有三种,即基本医疗保险、高额医疗保险和补充医疗保险。

(一) 基本医疗保险(basic medical expense coverage)

常见的基本医疗保险有门诊医疗保险、住院医疗保险、手术医疗保险、综合医疗保险等。

1. 门诊医疗保险

门诊医疗保险是为被保险人的门诊费用提供保障,门诊费用主要包括医药费、检查费、化验费等。门诊医疗保险的保费成本较低,比较适合一般的社会公众,但是保险公司面临较高的来自被保险人和医务工作人员的道德风险和欺诈风险,对医药费用和检查费用的控制难度较大,因此,保险人在保单中要设定免赔额条款和共保条款。

2. 住院医疗保险(hospital expense coverage)

住院医疗保险是对被保险人住院期间所发生的医疗费用提供保险保障。住院费用包括住院期间的床位费用、治疗费用、检查费用、医药费用、手术费用以及医院杂费等。为了防止被保险人的道德风险,控制不必要的长时间住院,住院医疗保险一般规定了每日的给付金额、免赔天数、最长的给付天数,保险人只对超过免赔天数但没有超过最长给付天数内的住院费用承担赔付责任。

3. 手术医疗保险(surgical expense coverage)

手术医疗保险是为被保险人在患病治疗过程中进行必要的住院和门诊外科手术费用提供保险保障,手术医疗保险可以单独投保,也可以作为住院医疗保的附加险投保。

4. 综合医疗保险(comprehensive expense coverage)

综合医疗保险为被保险人提供一种全面的医疗保险,它的费用范围包括门诊、住院及手术等一切费用。综合医疗保险保障范围广,保险费率也高。保单常规定免赔额和共保赔付比例。

上述的几种医疗保险可以单独投保,也可以包含于同一张保单中。基本医疗保险的保障常常是有限的,有些医疗费用被排除在保障范围之外。

(二) 高额医疗保险(major medical insurance policy)

高额医疗保险是对被保险人因疾病或意外事故所致的高额医疗费用提供保险保障。与基本医疗保险相比,高额医疗保险为被保险人提供了更大范围的保险保障,高额医疗保险可以规定一个总的赔付限额,也可以对每一项医疗费用规定最高限额。高额医疗保险在经济发达,人身保险业务也发达的地区非常盛行。高额医疗保险有两种类型,一种是补充高额医疗保险,另一种是综合高额医疗保险。

1. 补充高额医疗保险(supplemental major medical policy)

补充高额医疗保险是在某一种基本医疗保险的基础上补充签发的,既为那些超过基本保单赔付水平的医疗费用提供保障,也常为那些超过基本保单保障范围的医疗费用支付保险金。

2. 综合高额医疗保险(comprehensive major medical policy)

综合高额医疗保险是将补充高额医疗保险与基本医疗保险相结合的险种,它不仅为被保险人提供了充足的医疗费用保险,而且覆盖了被保险人可能发生的大多数医疗费用。如住院费、手术费、麻醉费和输氧费、医院收取的其他各种费用、外科医生和内科医生费用以及注册护士的服务费、特定门诊费用、体检费、职业病和语言障碍矫正费用等。高额医疗保险允许被保险人到任何注册医疗机构接受治疗,只要属于保单责任范围,保险人在扣除了被保险人应该支付的免赔额和共保额后的一切合理的医疗费用承担赔偿责任。

在高额医疗保险中,保险人通常规定免赔额、共保比例以及止损条款来降低自身的经营成本,同时还将战争行为、被保险人故意自伤行为、不属于意外伤害或其他治疗原因所导致的整容手术、常规牙齿矫治、常规眼科检查和视力矫正等支出的医疗费用作为除外责任。

(三) 补充医疗保险(supplemental medical policy)

补充医疗保险有牙科费用保险、眼科保健保险和生育保险。

1. 牙科费用保险(dental expense coverage)

基本医疗保险和高额医疗保险中都不包括常规的牙科治疗费用,因此牙科费用保险可以作为基本医疗保险或者高额医疗保险的附加险来投保。牙科费用保险为被保险人的牙齿常规检查、牙疾预防、龋齿治疗等牙齿和口腔疾病所需的医疗费用提供保险保障。为了鼓励被保险人获得经常性的牙科检查,大多数牙科费用保险为常规检查和预防工作提供全额保险。

2. 眼科保健保险(vision care coverage)

在基本医疗保险和高额医疗保险中不包括常规眼科检查和视力矫正费用,因此眼科保健保险可以作为基本医疗保险和高额医疗保险的附加险投保。眼科保健保险为被保险人接受常规眼科检查和视力矫正所发生的医疗费用提供保障。大多数眼科保健保险不仅为被保险人每年一次的常规检查提供保障,而且保单还规定了保险人支付眼镜镜片、镜架和隐形眼镜的最高保险金额。

3. 生育保险

生育保险包括健康婴儿保险和母婴安康保险。母婴安康保险是为身体健康的孕妇及婴儿提供保险保障,自产妇入院办理住院手续之日起到出院为止的期间,产妇因分娩、疾病或意外伤害死亡,或婴儿因疾病或意外伤害死亡,保险人给付保险金。健康婴儿保险是以被保险妇女产下畸形儿为保险事故而负责支付优厚的养育费。值得一提的是,英国劳合社率先推出了多胞胎保险,对被保险妇女产下多胞胎负责给付保险金。

我国推出的医疗保险有费用报销型医疗保险和津贴给付型医疗保险两种。费用报销型医疗保险是在保险金额和责任范围内,由保险公司按照被保险人实际支出的医疗费用进行补偿的医疗保险。以帮助被保险人的疾病得到及时治疗,健康状况得以改善。津贴给付型医疗保险是保险公司按照合同规定的补贴标准,向被保险人按次、按日或按项目支付保险金的医疗保险。理赔与实际发生的医疗费用无关。

第三节 疾病保险

疾病保险(disease coverage)是以疾病作为保险金给付条件的人身保险。当被保险人罹患合同约定的疾病时,保险公司按保险合同规定的保险金额给付保险金,而不考虑被保险人实际支出的医疗费用。疾病保险属于定额给付性的保险业务。

一、可保疾病的必要条件

疾病是指由于人体内在的原因造成的精神上或肉体上的痛苦或不健全。疾病保险中的可保疾病必须具备三个条件：① 必须是明显的非外来原因造成的。② 必须是非先天性原因造成的。③ 必须是非规律性的生活现象造成的。

1. 必须是明显的非外来原因造成的

是否明显的外来原因对身体健康构成威胁是区分疾病和意外伤害的一个重要标准。如果是明显外来原因造成的属于意外伤害。而疾病是由身体内在的生理原因导致，即身体的某个器官、组织甚至系统病变而致功能异常，从而出现各种病理反应的情况。像病菌感染、大气污染等源于外界的因素致病，不能简单地理解为意外伤害，因为这些外来因素只有通过人体的内部机制发生作用才会形成疾病。

2. 必须是非先天性原因造成的

疾病保险要求疾病发生在保险合同的有效期间，也就是说在投保时，被保险人的身体是健康的，在保险期间，由健康状态转入病态。因此一切先天性的身体缺陷，如失明、耳聋、内脏位置异常、器官性能残缺等都不属于疾病保险承保的范围。

3. 必须是非规律性的生活现象造成的

人的生命周期都要经过成长和衰老的过程，在肌体衰老的过程中基于正常规律出现的一些病态属于正常的生理现象，如记忆力衰退等，不属于疾病保险承保的责任。疾病保险通常要求疾病是否发生，何时发生具有偶然性，也就是说被保险人无法预测是否会患上某种疾病，也无法预测会患上哪一种疾病，甚至何时感染和发作都是不确定的。如果因衰老引发的其他疾病，如老年痴呆症，则属于偶然性，应当列入疾病保险的责任范围。

二、重大疾病保险

18世纪以前，导致人类死亡的主要疾病是各种急性传染病，诸如天花、瘟疫、霍乱等。这些传染性疾病可以归为当时所谓的重大疾病的范畴。然而随着医学和社会的进步，各种传染病在全世界大多数国家基本上得到控制。现在所谓的重大疾病就是诸如癌症、心血管疾病、艾滋病等。因此重大疾病需要满足三个条件：一是危及生命，二是支付高昂的医疗费用，三是影响其生活质量。

（一）重大疾病保险的定义

重大疾病保险(critical illness insurance)是指被保险人在保险期限内被确

诊患有保单规定的重大疾病或因疾病身故时由保险人一次性给付保险金的保险。从保险给付的性质上讲，重大疾病保险和寿险都属于定额给付性的保险，但是两者最本质的区别是一般寿险产品以被保险人的死亡作为给付条件，而重大疾病保险以被保险人诊断出患有约定的疾病作为给付条件。

(二) 重大疾病保险的特点

1. 承保风险的特点

重大疾病保险的承保风险具有以下四个特点：

(1) 严重性。重大疾病严重危害人类的健康，给患者家庭带来沉重的医疗费用负担，同时严重降低患者的生活质量。

(2) 普遍性。重大疾病风险是每个人和每个家庭都会面临的难以回避的风险。据统计，中国人一生罹患重大疾病的概率高达74.7%。

(3) 复杂性。重大疾病的复杂性表现为：一是疾病种类繁多，其表现往往因年龄、个人体质和家族遗传而异；二是社会环境的变化、人类生活习惯的改变往往会引致新的疾病，如疯牛病、非典型肺炎等；三是有相当种类的疾病至今还没有被人类认识，但时刻威胁人类的生命安全；四是随着医学发展，有些"重大"疾病变成了"常见"疾病。

(4) 社会性。有些重大疾病具有较高的传染性，如不及时预防和控制，不仅会危害整个社会群体，而且将破坏疾病风险的独立性。

2. 目标市场的特殊性

人寿保险的目标市场是那些有"早逝风险"人，希望在自己死亡以后能为家庭提供收入补偿或者帮助自己未成年的子女完成学业等。因此，人寿保险通常由被保险人指定自己死亡以后最需要关照的人为受益人。

而重大疾病保险的目标市场是那些在患病后特别需要经济补偿的人，希望在自己生存期间能够有较多的现金完成疾病的康复治疗，弥补因患重大疾病而丧失工作能力造成的收入损失，并且帮助其在有生之年完成其未了的心愿。因此重大疾病保险的受益人是被保险人本人。

3. 定价的特殊性

人寿保险的定价基础是被保险人的死亡率、利息率和营业费用率，死亡率的数据来源于生命表。重大疾病保险定价的特殊性表现在三个方面：一是定价基础是各种疾病的发生率而不是死亡率，数据往往不够完备；二是医疗技术的进步可能导致疾病的诊断比预期提前，从而出现保险金过早给付；三是疾病定义的明确性将影响保险产品责任范围的界定，从而在很大限度上影响产品的定价。

4. 理赔的特殊性

由于重大疾病保险涉及保险和医学方面的知识,专业性极强。对重大疾病定义的不明确或者对保险条款的曲解都会引起理赔争议。重大疾病保险理赔所需的文件、信息比一般寿险的理赔要多,调查程序也比较复杂,因此理赔成本很高。

(三)观察期和生存期的规定

重大疾病保险条款中观察期和生存期的规定是保险公司控制风险的重要工具,在产品定价时也必须充分考虑这些因素。

为了防止投保人带病投保,重大疾病保险中规定了观察期,即在重大疾病保险保单生效或者复效之后需要经过一段时间(通常为6个月)才能提出索赔申请,保险人才承担保险责任。

在附加型的重大疾病保险中一般都有生存期的规定。所谓生存期是指被保险人在确诊身患重大疾病后,还需要经过一个特定的时间(一般规定为30天或者更短)才能领取重大疾病保险金。如果被保险人在生存期之内死亡就只能领取身故保险金。在实务上,生存期的设置是有效区分重大疾病保险金和死亡保险金的重要标志。

保险公司规定生存期的主要原因有两个:① 附加险形式的重大疾病保险主要为了补偿那些身患重大疾病而继续生存的被保险人,使他们有能力支付康复所需的医疗费用,同时提高他们的生活质量。因此,有必要规定生存期来区分那些罹患重大疾病后在某一期间内存活和已经死亡的人;② 生存期的规定使保险公司有充足的时间来确认被保险人罹患的疾病确实符合保单条款的定义,如果被保险人在提出索赔申请后很快就死亡,保险公司很难核实是否发生了保险责任范围内的重大疾病,医疗机构也很难提供保单要求的足够的医疗证据。

(四)重大疾病保险的种类

1. 普通重大疾病保险

普通重大疾病保险是最早出现的重大疾病保险,以整个社会群体,凡年龄在一周岁以上、六十周岁以下,身体健康,能正常工作或劳动的人作为保障对象,承保人一生中最可能面临的几种重大疾病,如恶性肿瘤、急性心肌梗死、脑中风、重要器官移植等。对特定社会群体所面临的特定疾病风险,如妇科病、男性病、儿童疾病等均不做考虑。

2. 女性(男性)重大疾病保险

专门以女性或男性作为承保对象,单独设计女性或男性重大疾病保险。由于性别的差异,男性和女性患同种重大疾病的概率不同,不少与性别有关的特定疾病对健康有非常大的危害,例如,女性的骨质疏松症、乳腺癌、子宫癌,男性的前列腺癌。如果为男性和女性设计同一份保单,从费率上说显然是不合适的,也有失公平。

3. 儿童重大疾病保险

专门以婴儿、儿童作为承保对象而设计的重大疾病保险。由于儿童体质、遗传、出生环境方面的原因,容易患病,特别是儿童特有的疾病,例如,主型脑损伤、再生障碍性贫血、失聪、严重心肌炎等都会给家庭带来沉重的经济负担。投保儿童重大疾病保险可以满足这些儿童和家庭的需要。

(五) 重大疾病保险的给付类型

重大疾病保险是一种定额给付性的保险,保险金的给付方式有以下几种形式。

1. 提前给付型

提前给付型重大疾病保险的保险责任包括死亡、高度残疾和重大疾病。在保险期限内如果被保险人罹患保单中约定的重大疾病,被保险人可以提前领取一定比例的死亡保额作为重大疾病保险金,用于医疗或手术费用支出。当被保险人死亡时,剩余比例的保险金由受益人领取。如果被保险人没有发生重大疾病事故,全部保险金作为死亡保障。提前给付型重大疾病保险主要缺陷是重大疾病保险金的提前给付会相应降低死亡保险金的给付,况且身患重大疾病的被保险人往往没有资格再购买其他死亡保障类的保险产品。

2. 附加给付型

附加给付型的重大疾病保险一般作为终身寿险的附加险。它的保险责任包括死亡、高残和重大疾病。与提前给付型重大疾病保险不同的是附加给付型重大疾病保险中规定了生存期,如果被保险人患重大疾病存活超过生存期,保险人给付重大疾病保险金,以后被保险人身故,再向受益人给付死亡保险金;如果被保险人患重大疾病在生存期内死亡,保险人只给付死亡保险金;如果被保险人在保险期限内没有患重大疾病而身故,保险人只给付死亡保险金。附加给付型重大疾病保险最大的优点就是死亡保障总是存在,不会因为重大疾病保险金的给付而减少。它的缺陷是容易出现逆选择,同时生存期的规定也容易出现理赔纠纷。

3. 独立主险型

独立主险型的重大疾病保险的保险责任包括死亡和重大疾病,但是死亡和重大疾病责任是相互独立的。死亡保额和重大疾病保额为单一保额,通常数额一致。保险期限可以是终身的,也可以是定期的。如果被保险人在保险期限内身患保单规定重大疾病,无论是否死亡均给付重大疾病保险金,保险责任终止。如果被保险人在保险期限内不患重大疾病死亡,保险人给付死亡保险金,保险责任终止。独立主险型的重大疾病保险的最大的优点是一定的保费支出能够获得最充分的重大疾病保险保障,而且费率比较低廉。

4. 比例给付型

比例给付型的重大疾病保险是针对重大疾病的疾病种类而专门设计的。根据所患的疾病种类给付不同比例的重大疾病保险金,使重大疾病保障更具有针对性,保费也可以相应降低。例如有些保单条款规定,被保险人身患约定的重大疾病,保险人按保险金额给付,保险责任终止。有的保单条款规定,发生冠状动脉绕道手术给付保险金额的25%,剩余的保险金用于条款中规定的其他重大疾病的给付,当重复发生同一疾病时也会多次给付,直到保险金额用完为止。比例给付型的重大疾病保险的缺陷是保障不足,而且容易出现逆选择。

5. 年金方式给付型

在一些重大疾病保险中规定,当被保险人身患重大疾病时,保险公司不是一次给付所有的保险金,而是采取年金给付的方式,按月给付保险金,直到该被保险人死亡为止。按年金方式给付型重大疾病保险的最大优点是可以最大限度地满足被保险人在生存期间的需要,如支付住院费用、购买营养品等。

6. 回购式选择型

当被保险人第一次罹患重大疾病,保险人给付了一定比例的重大疾病保险金后,死亡保障会因此而降低。回购式选择型重大疾病保险条款规定:如果被保险人在一定期间后仍然存活,可以以某一固定费率买回原保险金额的一个比例(如30%),使死亡保障有所增加,经过一定期间,如果被保险人仍然存活,又可以再次购买原保险金额的一个比例(如25%),经过数次回购之后,保险金额又可以恢复最先购买时的水平。回购式选择型重大疾病保险克服了提前给付型重大疾病保险的缺陷,为患重大疾病的被保险人提供足够的死亡保障。为了避免逆选择,保险人通常规定回购式选择权只附加于有死亡保障责任的产品。

7. 其他给付形态

重大疾病保险的保险金给付还存在一些其他形态,常见的有:

(1)保费豁免。缴费期内被保险人第一次罹患重大疾病,投保人可以豁免保费,保单继续有效。

(2)保费返还。对于独立主险型的重大疾病保险,保单规定在保险期限内如果被保险人没有患重大疾病,保单期满时保险公司将无息退还所缴保费。

第四节 残疾收入保险

残疾收入保险(disability income coverage)又称丧失工作能力收入保险,我国称为收入保障保险。残疾收入保险是对被保险人因疾病或意外伤害导致残疾、丧失全部或部分劳动能力而不能获得正常的收入或收入水平明显下降所造成的损失提供保障的保险。残疾收入保险可分为两类:一类是补偿被保险人因疾病致残的收入损失,另一类是补偿被保险人因意外伤害致残的收入损失。残疾收入保险对被保险人因疾病或者意外伤害所支出的医疗费用不承担赔付责任,由此可见,残疾收入保险属于给付型险种。

一、全残的界定

在残疾收入保险中,保险人不会对任何形式或任何程度的残疾都提供全额的残疾收入保险金。为领取残疾收入保险规定的定期收入给付,被保险人必须遭致符合保单全残定义的残疾,否则只能领取一部分保险金,甚至没资格领取保险金。保险人在每张残疾收入保单中都规定了全残的定义,目的是用全残定义决定受保障的人是否有资格领取残疾收入保险金。早期的残疾收入保险对全残的界定非常苛刻,被保险人很难领取残疾收入保险金。现在许多保险公司放宽了对全残的限制条件。下面介绍商业保险公司通常在残疾收入保险中所做的全残定义。

1. 通用的全残定义

目前,大多数残疾收入保险对全残的定义是:如果被保险人在致残初期,由于残疾不能履行惯常职业的基本职责,则可以认定被保险人全残,被保险人可以按规定领取收入保险金。

在致残后一个约定时期(通常为 2 年或 5 年),如果被保险人仍不能从事与其所受教育、训练或经验相当的任何职业,才可以认定为全残,并继续领取残疾收入保险金,直到保单规定的给付期满。不过,采用该全残定义的保单通常规定:凡从事有偿职业的被保险人都不能被认为是全残,因此,如果被保险人自愿重返任何一种有偿职业,保险人则停止给付全残收入保险金。

2. 列举式的全残定义

在保单中详细明确地列举了被保险人可以被视为全残的各种情况,并规定在治疗结束后由保险人指定或认可的医疗机构进行全残鉴定,如果被保险人在 180 天的等待期之后仍未结束治疗,那么按照等待期满时被保险人的身体状况进行鉴定。列举式全残不仅明确了保险责任,也可以减少理赔纠纷。目前我国的收入保障保险及附加险种就采用这种全残定义。

二、残疾收入保险的特征

1. 保险人

残疾收入保险可以由人寿保险公司以及专业经营健康保险的保险公司经营,也可以由财产保险公司经营。

2. 给付期间

残疾收入保险都规定了给付期间,保险人在给付期间内向被保险人支付残疾收入保险金。给付时间长短是影响保险费率高低的重要因素。

依据给付期间的长短,残疾收入保险可分为短期的残疾收入保险和长期的残疾收入保险。短期个人残疾收入保险规定的最长给付期间为一至五年,长期个人残疾收入保险规定的最长给付期间至少五年,有些保单的最长给付时间可以延长至被保险人65周岁,在某些情况下,甚至可以为被保险人提供终身给付。

短期团体残疾收入保险规定的最长给付时间通常为13周、26周或52周。长期团体残疾收入保险的最长给付期间多于一年,有时最长给付期间会延长至被保险人正常退休年龄或70周岁。

3. 等待期

为了减少在处理和赔付持续很短时间的残疾中发生的费用,降低保险人的经营成本,在残疾收入保险中常规定等待期,等待期是从被保险人致残到开始领取残疾收入保险金所需等待的约定时间。

个人残疾收入保险中的等待期通常为30天至180天。团体残疾收入保险的等待期与给付期间的长短有关,一般长期的团体残疾收入保险的等待期为30天至180天,而短期团体残疾收入保险通常规定,意外事故所致的残疾没有等待期,因疾病所致残疾有1周的等待期。

4. 保险金额

残疾收入保险的目的是在被保险人因疾病或意外伤害无法正常工作时,由保险人定期给付收入保险金,缓解被保险人因丧失工作能力后给自身和家庭带来的经济困难,使被保险人残疾后的生活水平达到或接近原来的生活水平。因此,在一般情况下,保险人在确定保险金额时参照被保险人过去的专职工作收入水平或社会平均年收入水平。但是,由于一个人的收入来源是多渠道的,除了专职收入外还有兼职收入,虽然兼职收入缺乏稳定性,难以预测,但对有些人来说兼职收入往往高于专职收入,按照专职收入确定保险金额作为最高赔偿限额就无法满足这些被保险人的保障需求,因此残疾收入保险的保额确定难度较大。

5. 保险费率

残疾收入保险的保险费率与被保险人的年龄、职业、免赔期间、给付期间等因素有关。由于残疾收入保险的给付时间可能较长,有些给付时间可以延长到被保险人正常退休,甚至提供终身的保险金给付,因此残疾收入保险容易受时间因素的影响,保险公司在确定费率时,除了考虑被保险人的年龄、职业、免赔期间、给付期间等因素外,还要考虑货币的时间价值、通货膨胀等因素。为了给被保险人提供较为充足的保险保障,保险人通常在残疾收入保险中加入生活指数条款,规定保险人给付的残疾收入保险金按照生活指数进行调整,这些都增加了精算工作的难度,使残疾收入保险的费率厘定更为复杂。

三、残疾收入保险的保险金给付

残疾收入保险提供的保险金不是为了完全补偿被保险人致残前的收入,残疾收入保险金有一个限额,它低于被保险人在残疾前的正常收入,目的是为了防止道德风险,避免被保险人为了领取残疾收入保险金而发生自残行为或者残疾后不积极实施康复计划。但是保险金给付也不能太低,否则有悖于保险的经济补偿的宗旨,因此被保险人领取的残疾保险金与他残疾前的收入水平有一定的关系。

残疾收入保险可以采用两种方法即固定给付金额法和收入给付公式法来确定被保险人的残疾收入给付金额,采用哪种方法来确定残疾收入给付金额取决于该残疾收入保险是个人残疾收入保单还是团体残疾收入保单以及是长期的残疾收入保单还是短期的残疾收入保单。

1. 固定给付金额法

固定给付金额法适用于个人残疾收入保险。个人残疾收入保单通常规定了一个固定给付金额,当被保险人因疾病或意外事故造成全残时,保险人按照约定的金额定期向被保险人进行给付。给付金额的约定取决于投保时被保险人的收入水平。在固定给付金额法下,无论被保险人在残疾期间是否还有其他收入来源,保险人都要按照约定金额给付残疾收入保险金。

在美国,为了防止道德风险,保险人在对每一个被保险人确定其最高残疾收入给付金限额时,通常要考虑被保险人惯常的税前劳动收入、被保险人的非劳动收入如红利和利息等、被保险人残疾期间从其他来源可得的收入如团体残疾收入保险和政府资助的残疾收入计划所提供的残疾收入保险金、被保险人现时适用的所得税率等。

2. 收入给付公式法

收入给付公式法适用于团体残疾收入保险。团体残疾收入保单都规定了一个收入给付公式,保险人根据收入给付公式确定应该向残疾的被保险人支付的定期给付金额。收入给付公式法规定被保险人领取的残疾收入保险金等于被保险人残疾前收入的一个约定百分比,而且给付数额应该扣除被保险人从其他渠道领取的任何残疾收入保险金。通常情况下,团体长期残疾收入保单规定的给付百分比为60%~70%之间,团体短期残疾收入保单规定的百分比比团体长期残疾收入保单高,可以达到90%~100%。如果疾病或意外伤害造成被保险人部分残疾,保险人则给付被保险人全残保险金的一定比例,保险金给付公式为:

$$部分残疾收入保险金 = \frac{残疾前收入 - 残疾后收入}{残疾前收入} \times 全残收入保险金$$

第五节 长期护理保险

家庭结构的小型化、人口的老龄化以及医疗护理费用的激增,使得长期护理保险的需求不断上升。长期护理保险的开办,不仅转移了老年护理风险,为老年人的晚年生活提供保险保障,提高老年人的生活质量,而且减轻了家庭和社会的负担,促进社会和谐、稳定的发展。

一、长期护理保险的概念

长期护理保险(long term care insurance)是针对那些身体衰弱、生活不能自理或者不能完全自理,需要他人辅助全部或部分日常生活的被保险人,为其在护理院、医院和家中接受的长期医疗护理或者照顾性护理服务提供经济保障的保险。

二、长期护理保险的内容

1. 保险责任

长期护理保险的保险责任是对被保险人在护理院护理、社区护理和家庭护理时因接受各种个人护理服务或发生护理费用提供经济补偿。

2. 除外责任

由于下列原因导致被保险人丧失自理能力接受护理服务的,不属于保险责任:

(1) 被保险人自残;

(2) 被保险人因吸毒或酗酒致残;

(3) 被保险人因战争、军事行为致残；

(4) 被保险人因犯罪活动致残；

(5) 被保险人因艾滋病需要护理。

3. 保险费与保险金

长期护理保险的保险费一般按照被保险人投保时的年龄采用均衡保费的形式收取。保险费的高低不仅取决于被保险人的年龄，还要考虑被保险人选择的给付期的长短、等待期、保险责任范围等诸多因素。

长期护理保险的保险金主要分三种形式：一是费用补偿型的保险金。保险人按照被保险人接受长期护理服务所产生的费用发票给付保险金。二是固定型保险金。一旦被保险人满足给付保险金的条件，不管其实际发生的费用是多少，保险公司向被保险人给付合同约定的保险金。三是提供护理服务。保险人既不补偿被保险人支出的护理费用，也不给付合同约定的保险金，而是直接向被保险人提供健康护理服务。

4. 保险金给付限制

长期护理保险的保险金给付限制包括给付时间的限制和给付水平的限制。给付时间限制包括免责期和给付期限。免责期是指长期护理保险单生效后保险公司不履行保险责任的一段时期，在这一段时期，即使被保险人接受了护理服务，并且符合领取保险金的条件，保险公司仍不给付保险金。给付期限是指被保险人能够领取保险金的最长时间，通常是两年到终身之间的任何期限，但是很少有保单提供终身给付。有的保单还对护理院护理和家庭护理规定了不同的给付期限。保险公司支付长期护理保险金是以被保险人日常生活无法自理为条件，被保险人日常生活无法自理的项目越多，获得的保险金也越多。为了限制给付水平，保险公司一般在保险条款中列出日常活动表，如饮食、如厕、沐浴、穿衣等，采用梯形结构计算给付数额。例如所有日常生活都无法自理给付100%的保险金，3～5项日常活动无法自理给付50%等。

5. 既往病症限制

既往症是保单生效之前已存在的伤病。大多数长期护理保险保单对既往病症有所限制。最常见的既往症限制期是6个月或者更长，一般不超过2年。

三、长期护理保险的种类

1. 按投保方式不同分类

按投保方式不同，长期护理保险可分为个人长期护理保险和团体长期护理保险。

(1) 个人长期护理保险。个人长期护理保险是只为单一的被保险人提供护理服务和护理费用补偿的保险。

(2) 团体长期护理保险。团体长期护理保险分为雇主型保险计划和非雇主型保险计划。雇主型保险计划是由雇主为其雇员以团体保险方式购买的个人长期护理保险,不管雇员将来是否离职,保单一直有效。雇主型保险计划的优点是保费相对较低,免核保。非雇主型保险计划是一些社会团体希望通过团体方式购买长期护理保险,以获得较好的保险条件。对于非雇主型保险计划,除非团体中参加者众多,否则保险公司不会降低投保条件,而且对高风险的社会团体,保险公司拒绝承保。

2. 按保险责任分类

按保险责任,长期护理保险可分为单一责任护理保险和综合责任护理保险。

(1) 单一责任护理保险。单一责任护理保险只承担长期护理责任,当被保险人在保险期限内接受护理服务时,由保险人按规定给付保险金。

(2) 综合责任护理保险。综合责任护理保险是指保险人在承担长期护理责任的基础上,增加了生存和死亡给付责任的保险。

3. 按实施主体不同分类

按实施主体不同,长期护理保险可分为商业型的长期护理保险和法定型的长期护理保险。

(1) 商业型的长期护理保险。商业型的长期护理保险是由商业保险公司作为经营主体开办的长期护理保险,属于商业保险的范畴。

(2) 法定型的长期护理保险。法定型的长期护理保险是由政府作为实施主体开办的长期护理保险,属于社会保险的范畴。

五、美国和日本的长期护理保险介绍

1975年美国第一代长期护理保险问世,但是长期护理保险市场从1985年才逐渐发展起来。美国的长期护理保险具有两个显著的特征:① 长期护理保险具有多种形式的保险责任,能够充分满足被保险人的各种护理需要,如专业家庭护理、日常家庭护理和中级家庭护理。② 长期护理保险享受一般健康保险和意外伤害保险同样的税收优惠待遇,即长期护理保险金不必纳税;死亡保险金不作为遗产,不必缴纳遗产税。长期护理保险已经成为美国广大家庭最受欢迎的险种,在美国的社会保障体系中发挥着越来越重要的作用。

日本的长期护理保险在20世纪90年代初已经取得飞速发展,但是2000年4月日本通过了《护理保险制度》的法律,将长期护理保险列入社会保险体系,日本的长期护理保险发展明显放缓。《护理保险制度》规定：长期护理保险费50%来源于民众所缴纳的保险费，另外的50%则源于中央政府和地方政府的财政支出，所有年满40岁的公民都必须缴纳长期护理保险费。目前日本的长期护理保险没有现金给付形式而是采取提供护理服务的形式，地方政府为需要护理服务的公民建立多个护理机构，并为每50人配备一个专业的护理经理，病人及其家属有权自由选择护理经理，当他们不满意其护理经理时可随时申请更换。同时，公民有权选择住在专业的护理机构还是住在家里接受护理服务。一般情况下，公民是否需要接受护理服务以及接受何种层次的护理服务，由医疗机构人员和政府职员收集病人有关信息，然后由电脑诊断软件进行技术处理并做出判断。

[相关链接]

2020年11月5日，《重大疾病保险的疾病定义使用规范修订版》颁布，重大疾病覆盖的疾病范围由以前的25种增加到28种。新增严重慢性呼吸功能衰竭、严重克罗恩病与严重溃疡性结肠炎三种重疾。

新规摘要：四降一限两不保。

轻度甲状腺癌降为轻症——降级赔

早期神经内分泌肿瘤降为轻症——降级赔

部分心肌梗死降为轻症——降级赔

轻症赔付不超过重疾保险金额的30%

限制疾病数量、保障重叠度高的重疾不可增加、发生率极低的疾病必须注明。

彻底删除原位癌——不保

彻底删除交界性肿瘤——不保

思考题

1. 名词解释：健康保险　住院医疗保险　高额医疗保险　疾病保险　残疾收入保险　长期护理保险。
2. 简述健康保险的特点。
3. 按保障内容分类，健康保险可分为哪几类？
4. 简述医疗费用分摊条款的内容。
5. 列举医疗保险的赔付方式。
6. 疾病保险中的疾病必须满足哪些条件？
7. 简述重大疾病保险的特点。
8. 残疾收入保险的保险金给付是如何确定的？

第九章 团体保险

第一节 团体保险概述

一、团体保险的概念

团体保险(group insurance)是以团体为投保人与保险公司订立一份总的保险合同,为该团体符合资格的所有员工提供有关意外伤亡、疾病、医疗、养老等保险的保障。

总团体保险合同的双方当事人是保险公司和团体保单持有人。团体保单持有人可以是一个人,也可以是一个组织,负责决定团体保险的保障类型,与保险公司商定保险条款并购买团体保险。在团体保险合同生效后,团体保单持有人还要负责处理团体保险的某些日常管理工作,例如负责为团体保险计划增加新的团体成员,负责向保险公司交付保险费等。

团体保险单的一个重要部分是对受保单保障的个人的描述。受团体保单保障的个人在美国称为团体被保险人。在加拿大,团体人寿保险保单保障的个人称为团体寿险被保险人,团体健康保险保单保障的个人称为被保险的团体成员。团体成员不属于总团体保险合同的当事人,不参与保险合同的签订,也无权拥有一份独立的团体保险合同。但是被保险的团体成员在合同中享有一定的权利,如保险金的请求权、受益人的指定权等。依据保险法律规定,保险人必须向团体保单持有人提供团体保险计划的书面说明书,然后由团体保单持有人分发给每一位被保险人,这种书面说明书称为保险凭证,保险凭证上记载了团体保险合同的保障范围以及团体被保险人在合同中享有的各项权利。因此团体被保险人通常又被称为保险凭证持有人。

二、团体保险快速发展的原因

自从20世纪初第一张现代团体保险保单问世以来,团体保险发展异常迅速,二次世界大战以后,在西方发达国家,为了改善雇主与雇员的关系,迎合工会的要求以及用低廉的保费获得保险保障等原因,团体保险日益发达。目前,美国大约有40%的有效人寿保险、加拿大有50%以上的有效人寿保险属于团体保险。

1. 团体保险为员工创造福利

为了吸引优秀的员工加入企业和有效激励员工进行创造性劳动和长期服务,企业必须为员工创造福利。员工福利表现在两个方面:① 向员工支付现金形式的货币收入;② 向员工提供非现金形式的其他货币收入,其中一个重要内容就是给员工安排团体保险,解除员工对在职时和退休后经济保障和安全保障需要的担忧。

2. 团体保险享受税收优惠政策

世界上大多数国家都对团体保险实施 EET 税制,即对团体保险尤其是团体养老保险的缴费、资金运用、保险金领取三个环节分别实行免税(exempting)、免税(exempting)、征收个人所得税(taxing)的做法。政府给予的税收优惠政策调动了企业和员工为退休金计划供款的积极性。

第二节 团体保险的特点

一、团体保险风险选择的对象是团体而不是团体中的个人

团体保险与个人保险相比,最显著的特点是对团体的风险选择取代了对个人的风险选择。在个人人寿保险业务中,除了简易人寿保险外,保险人不仅要求被保险人体检,而且还要求投保人提供符合承保条件的证明或声明,根据每一个被保险人的医务审查和事务审查来决定是否承保,是正常承保还是条件承保。也就是说个人寿险业务是针对每一个被保险人身体健康状况逐一进行风险选择。而在团体保险实务中,通常是不需要体检或提供其他可保证明就可以承保,风险选择的重点是团体的资格要求、团体的业务性质、团体规模等要素,而不是选择团体中每一个个人的身体健康状况。

二、团体保险使用一张总的团体保险单(master contract)

保险人承保了个人保险业务后,给投保人或被保险人签发一张保险单,保险单中详细列明了保险条款的内容。而在团体保险业务中,保险人给投保团体签发一份总的团体保险单,一份团体保险单为团体中成千上万的被保险人提供保险保障。投保团体是团体保险保单的持有人,而团体中的每一个被保险人持有一份保险凭证,保险凭证上并不包括全部的保险条款,仅列明合同的保障范围以及团体被保险人在合同中享有的各种权利。

三、团体保险低成本、高保障

团体保险以相对低于个人保险的成本为众多的被保险人提供保险保障是团体保险有别于个人保险的又一显著特征。团体保险采用集体作业的方式,具有规模经营效益的特点,节省了经营管理成本,可以以较低的保费获得较高的保险保障,具体表现为:

(1) 团体保险使用一张总的团体保险单,简化了承保、收费、会计等手续,提高了工作效率。团体保单持有人负责处理了许多日常管理工作,节约了保险公司的业务管理费用。

(2) 团体保险免检体格,节省了保险公司的体检费用。

(3) 团体保险采用团体投保,减少了逆选择因素的不利影响,相对降低了平均死亡率和疾病发生率。

(4) 团体保险往往是作为团体职工福利计划的一部分,保费全部或部分由团体支付,针对每一个被保险人来说以最低的保费获得较高的保险保障。

四、团体保险计划的灵活性

个人保险合同是要式合同,保险条款和保险费率都是由保险公司拟定的,被保险人只能按照投保单上的要求如实填写。而在团体保险中,虽然团体保险合同也有一定的格式和标准的保险条款,但是相对于个人保险合同而言,保险计划具有一定的灵活性。对于较大规模的团体,投保单位可以与保险公司就保险条款设计、保障的范围、保额的确定、保险费率的厘定等进行协商。只要不违反法律,不引起严重的逆选择,不使管理手续复杂化,保险人都会充分考虑投保团体的要求,并在保险合同中体现出来。因此团体保险在实务操作中根据投保单位的个性化需求设计有针对性的保险责任,并采取协议或者特别约定的方式予以承保。

五、保费以经验费率为基础

团体保险确定理赔成本或索赔金额的基本原理与个人保险相同,只是团体保险在厘定保险费率后,还要根据团体的规模和以前的索赔经验进行调整。

1. 不同团体保险费率的厘定

对于不同的团体,保险费率厘定的方法有手册费率法、经验费率法和混合费率法。

手册费率法(manual rating)是在不考虑特定团体以往的赔付和费用经验的

情况下,保险公司利用自己的经验数据或其他保险公司的经验数据来统计投保团体的预期赔付和费用经验,并计算团体保险费率的一种方法。手册费率法适用于新投保团体首期保费的确定和小团体首期保费和续期保费的确定。因为新投保团体和小团体都缺乏可供保险公司确定保险费率时参考的历史赔付经验和费用经验。

经验费率法(experience rating)是指保险公司以特定团体的历史赔付经验和费用经验为基础来确定团体保险费率的方法。这种费率法适用于大型团体的续期保费和目前正被其他保险公司承保的大型团体的首期保费。

混合费率法(blended rating)是指对于某些团体的规模中等,保险公司既不能完全采用经验费率法,又必须充分考虑其赔付的经验数据,保险公司采用将手册费率法和经验费率法相结合的方法即混合费率法来确定团体保险的保险费率。

2. 同一团体保险费率的厘定

对于同一团体不同的被保险人,保险费率的确定方法有同一费率法和差别费率法。

同一费率法是指对同一团体内所有的被保险人采用同一费率。适用同一费率通常有两种情况:一是团体内被保险人的年龄和工种比较接近,面临的风险状况类似;二是为了方便投保人或满足投保人的特殊需要,保险公司在分别计算出每一被保险人的保费后加总换算成平均保险费率,然后按平均保险费率收取保险费。

差别费率法是指对同一团体的不同的被保险人根据其年龄、性别、工种、健康状况采用不同的保险费率,以体现保险的公平和权利义务对等的原则。

个人保险费率厘定时以生命表为依据,考虑被保险人的死亡率、预期的利息率和保险公司的营业费用率。团体保险费率厘定是一个相当复杂的过程,除了考虑选用恰当的费率厘定方法外,还要考虑投保险种所确定的基本费率、团体的规模、团体的历史赔付经验、团体的管理制度和管理水平、团体中每一成员的年龄、性别以及团体的平均年龄、团体的行业性质以及团体成员的工种分布、团体成员的健康状况、团体中每一成员的保险金额、连带被保险人的情况等。在实务中,对于规模较大、风险程度较低、索赔记录较少的团体,在计算保费时,保险公司往往给予一定比例的减费处理,反之则酌情进行加费处理。

团体保险的保费通常是按月交付的,保险公司在每个保单年度初厘定续期保险费率,在每一个保单年度末,部分团体保险保费可能需要退还给团体保单持有人。保费的退还金额取决于保险公司对团体赔付经验和费用经验的评估。对于大型团体,评估主要依赖团体自身的经验,对于规模不大的团体,评估要综合考虑团体自身的经验和其他类似团体的经验。如果团体的赔付经验或者保险公司的管理费用低于费率厘定时的预期值,保险公司将退还为此保障收取的部分保费。不论是分担型的团体保险(指保费部分由团体成员支付的团体保险)还是非分担型的团体保险(保费全部由团体支付的团体保险),所有的保费退还均支付给保单持有人。如果分担型团体保险的退还金额超过保单持有人所分担的团体保费,超过部分作为团体保险计划参与者的个人福利。

第三节 团体保险的限制性规定

团体保险一般不需体检或提供其他可保证明就可以承保,但这并不意味团体保险承保时不进行风险选择和风险控制,只是其风险选择和控制的方法与个人保险不同。在团体保险中,为了保证团体保险的承保质量,防止逆选择的产生,保险公司通常对团体保险作出了以下限制性规定。

一、投保团体资格的限制

投保团体必须是一正式的法人团体,有其特定的业务活动,独立核算,并能独立承担民事责任。团体资格的限制使得那些为了保险目的而临时集结在一起的团体不可能获得保险的保障。有资格购买团体保险的团体通常有机关团体企事业单位,其中企业包括国有企业、集体企业、民营企业、中外合资企业、中外合作企业、外商独资企业,团体包括工会团体、协会团体、信用团体。

二、被保险人资格的限制

团体保险的被保险人必须是能正常工作的团体在职人员,退休人员、长期因病全休及半休人员、兼职人员、返聘人员等均不能成为团体保险的被保险人。对被保险人资格规定的主要原因:① 能正常工作就是一种健康证明,虽然在正常工作的在职人员中,有的人体质较好,有的人体质较差,但从总体上讲,采用团体投保方式,可以消除逆选择的影响,保证承保对象总体上达到平均健康水平;② 老职工退休,新职工加入,新老职工的正常交替,使大多数团体的平均年龄趋于稳定,从而保证了死亡率和疾病发生率的稳定。

三、投保人数的限制

团体保险对团体投保人数限制包括两个方面:一是对投保团体绝对数的限

制。在早期经营团体保险时,对投保人数的要求是不少于100人,随着保险公司承保技术和风险管理技术的提高以及团体保险市场竞争的加剧,投保人数的要求逐渐降低。我国团体保险投保人数的规定:对一、二、三类行业,团体投保的最低投保人数为8人,如投保团体总人数不足8人,须全员投保,3人以下团体不能投保团体保险,四类及四类以上行业的团体投保,最低投保人数须达到20人。若保险条款的承保对象中包括连带被保险人,则符合条件的连带被保险人必须全员参加。二是对投保团体相对数的限制。投保团体全额负担保险费时,要求团体所有符合投保条件的在职员工都必须参加,被保险人自负部分保险费时,投保人数比例不得低于75%。若保险条款的承保对象中包括连带被保险人,则符合条件的连带被保险人的参保比例必须达到连带被保险人总数的60%以上。

四、保险金额的限制

为了防止逆选择,团体保险的被保险人不能自行选择保险金额。团体保险中保额的确定方法有三种:① 是团体所有的被保险人,不论年龄大小,采用统一保额;② 按照被保险人的工资水平的约定倍数确定每一个被保险人的保额;③ 根据被保险人的职务级别分别确定保险金额。在团体保险中为了防止保额不成比例地集中在少数人身上,团体保险中最高保额与平均保额之间要有一个合理的平衡,通常最高保额不能超过平均保额的10倍。

在保险实务中,究竟根据哪种规定来计算保险金额,在签订保险协议时,由投保团体与保险人具体协商决定。但是一旦保单签发,投保团体和被保险人均无权增减保险金额。

第四节 团体保险的分类

在美国,团体保险业务主要分两大类,一类是为被保险人的死亡提供保险保障的团体人寿保险(group life insurance);另一类是为被保险人的疾病和意外伤害提供保险保障的团体健康保险(group health insurance)。按照我国的分类习惯,团体保险分为团体人寿保险(包括团体年金保险)、团体人身意外伤害保险、团体健康保险。

一、团体人寿保险

团体人寿保险又称为团体寿险,它是以团体方式投保的定期或终身死亡保险。团体寿险分为两类,一类是团体定期寿险(group term insurance);另一类是团体终身寿险(group permanent insurance)。雇主通过给雇员投保团体寿险,不仅解决了雇员因意外死亡给家庭带来的经济困难,也部分地解决了依法要由雇主承担的经济责任,更为重要的是通过团体寿险为那些无法获得个人寿险保障的被保险人的老年生活提供了经济保障,因此在发达国家,团体寿险是雇员福利计划(employee benefit plan)的一种最主要的形式。

1. 团体定期寿险

团体定期寿险是团体寿险中最早开办的险种,也是最主要的险种。团体定期寿险保障的是被保险人的早逝风险。绝大多数团体定期寿险采用每年续保方式承保。在每年续保时,团体被保险人无须提供可保证明,保单也不具备现金价值。保险公司有权根据投保团体的年龄结构、性别等方面的变化,在每年续保时调整保险费率。

团体定期寿险中,如果保单是非分担型的团体定期寿险,投保团体所交付的保费可以作为营业费用处理,并从应税收入中扣除。

2. 团体终身寿险

团体终身寿险经常是作为补充保险签发的,由团体被保险人在团体定期寿险的基础上,选择终身保险计划,并且要交付相当一部分的保费。团体终身寿险为雇员退休后的生活提供保险保障。由于不具备团体定期寿险的税收优惠,团体终身寿险的发展速度和规模远不及团体定期寿险。

团体终身寿险的最常见的形式有三种:团体缴清保险、均衡保费终身寿险和团体万能寿险。

(1) 团体缴清保险。团体缴清保险是缴清终身寿险和保额递减定期寿险的综合体。每年由雇员支付的那部分保费用作趸交保费购买缴清终身寿险,由雇主支付的那部分保费用于购买团体定期寿险。缴清终身寿险的保额每年递增,定期寿险的保额每年递减。团体缴清保险可为雇员提供终身保障,即使雇员离开团体或退休,保单仍然有效。

(2) 均衡保费终身寿险。均衡保费终身寿险通常是在限期缴费终身寿险(如65岁缴清终身寿险)的基础上签发的。如果是分担型的保险,雇员对保单的部分现金价值享有既得利益,其金额由雇员的保费分担额决定。如果是非分担型保险,雇员对保单现金价值没有既得利益。当雇员脱离团体时,他的保险保障被终止,保单的任何累积现金价值归雇主所有。

(3) 团体万能寿险。美国寿险市场在推出个人万能寿险不久,保险公司又推出了团体万能寿险。从很多方面看来,团体万能寿险更接近个人寿险而不是团体寿险。虽然在投保时必须满足团体保险的条件,但是在团体万能寿险中,雇主不支付保费,保费的高低由雇员根据自己的经济承担能力来决定,保单的现金价值也取决于团体被保险人缴付的保费的多少。如果保额较高,通常要求被保险成员提供可保证明。团体被保险人可以改变保险金额,但是增加保额时也需要提供可保证明。团体万能寿险为团体被保险人提供随同保障,当团体的成员离开团体或退休时仍然可以得到保障,而不像其他团体寿险,一旦被保险成员离开团体,只能将团体寿险更换为个人寿险。

在团体万能寿险保单下,保险公司为每个保单持有人设置了单独账户,该账户上有三个收入项目即新缴保险费、对现金价值保证支付的利息、对现金价值支付的超额利息。支出项目有按死亡率收取的提供死亡给付保障的费用、管理和销售费用。收支余额可以用来增加保单的现金价值。保险公司每年向保单持有人寄送一份报告书,详细列明所缴保费如何在提供死亡给付保障、费用和现金价值中间进行分配。团体万能寿险的最大特点是保单具有灵活性,被保险人可以定期改变缴费数额,也可以改变保险金额。

3. 团体信用人寿保险

团体信用人寿保险是债权人为其现在和未来的债务人购买的一种保险。与其他团体寿险不同的是团体信用人寿保险必须指定保单持有人即债权人,如商业银行、财务公司、年金机构为受益人,当团体被保险人死亡时,由债权人领取死亡保险金,以抵偿被保险人所负的债务。团体信用人寿保险中每一个被保险人的保险金额等于其所欠债权人的债务数额。作为债务人可以参加团体信用保险,也可以不参加,但是法律一般规定作为债权人,不允许以要求债务人购买团体信用人寿保险作为提供贷款的附加条件。当债权人申请终止合同时、债权人欠缴保费时、债务人已经清偿债务时,团体信用人寿保险终止。

二、团体年金(group annuity)

(一) 传统型的团体年金

传统的团体年金,主要满足简单的养老保险需求。团体延期年金、预存管理年金和即期参与保证年金都属于固定投资收益型的传统团体年金。

1. 团体延期年金(deferred-group-annuity contract)

团体延期年金是由雇主为在职的每一个雇员投保的年金,当雇员年老退休后从保险公司领取年金。团体延期年金是最古老的一种团体年金形式。保险公司一般会对每一个投保团体的年金经营状况进行考察,如有较多的剩余,可以对保单分红,红利支付给投保团体。

2. 预存管理年金(deposit-administration-annuity contract)

预存管理年金与团体延期年金一样也是由雇主为其在职的雇员投保的延期年金,只是雇主缴纳的保险费并不记在每个雇员名下,而是全部保存下来,形成一笔基金(即预存管理基金)。这笔基金由保险公司进行投资运用并保证其收益不低于某一既定的利率。当某一雇员年老退休时,从基金中划出一部分作为趸缴保险费,为该雇员投保个人即期终身年金。

3. 即期参与保证年金(immediate participate guarantee annuity contract)

即期参与保证年金是从预存管理年金演化而来的一种团体年金,始于20世纪50年代,它也是由雇主按雇员退休后应领取的年金额缴纳保险费,形成一笔基金,保险人要保证雇员退休后按约定的金额向雇员支付年金。即期参与保证年金的实务操作方法是:雇主缴纳保险费形成一笔基金,雇员的年金支付由基金支出,基金运用的收益也并入基金,一旦基金的数额低于雇员约定年金额的趸缴保险费时,即把基金分解到雇员个人名下作为趸缴保险费,为雇员投保缴清延期终身年金。

(二) 创新型的团体年金

1. 分红型团体年金

分红型团体年金兼有保障和投资双重功能,已成为团体年金的主导产品。分红型团体年金可以由投保单位缴费,也可以单位和员工共同缴费,单位和员工的缴费比例由投保单位自主决定。保险公司通常为投保人建立企业账户,在企业账户下分别为每一个员工建立个人账户,个人账户分为"单位缴费"和"个人缴费"两个部分。单位缴费部分扣除管理费后记入投保人指定的员工的个人账户。保险公司每年年末根据分红保险业务的实际经营状况和监管机关的规定确定红利分配方案,按投保时确定的红利分配方式派发红利,对个人账户分派红利,并分别记入个人账户的"单位缴费"部分和"个人缴费"部分。投保人有权要求将由单位缴费部分产生的红利支付给投保人。当员工离职时个人账户中个人缴费部分的现金价值返还给员工。单位缴费部分的现金价值通过银行转账方式退还投保人或根据投保人要求将其划入企业账户或投保人指定的其他员工的个人账户"单位缴费"部分。

分红型团体年金的保险责任包括身故保险金和养老保险金,有的还包括离职保险金。投保人和员工无需直接参与复杂的年金资产投资决策,却可以分享保险公司的经营成果。

2. 变额型的团体年金

变额型团体年金可以由投保单位缴费,也可以由单位和员工共同承担保险费,各自承担的比例由单位和员工自行约定。变额型团体年金需要设立独立的投资账户,投资账户的全部投资收益除扣除一定比例的管理费用外全部归投保人和员工享有。员工可根据自己的投资目标及风险偏好选择投资账户,并且可以根据自己的实际状况适时转换投资账户,但是保险公司不承诺投资收益,所有投资风险全部由员工承担。员工所缴保险费产生的各项权益,全部归员工所有,单位所缴保费及其投资收益的归属比例也由单位和员工在投保时约定。

变额型团体年金的保险责任通常包括身故保险金、退休金、全残保险金和离职保险金,有的还包括提前退休金。当员工年老退休时可以选择一次领取养老金也可分期领取养老金,或者当被保险人因全残、离职或其他原因脱离投保人团体时,只要其个人账户价值超过保险公司规定的金额,该员工就可以申请成为保留成员,保险公司会将其个人账户转为保留账户。

3. 万能型的团体年金

虽然万能型团体年金和变额型团体年金一样属于投资型的年金产品,需要设置独立的投资账户。但是相对于变额型的团体年金,万能型团体年金具有三个特点:

(1)设置了更加灵活透明的投保人账户和个人账户。个人账户分为已归属部分和未归属部分,单位交付的保险费在扣除保险公司的手续费后按权益归属比例分别计入投保人账户和员工个人账户,员工个人交付的保费在扣除手续费后计入员工的个人账户。

(2)设立减保选择,账户可以弹性伸缩。投保单位每年有一次减少投保人账户未归属部分账户累积金额的权利,投保单位可以根据企业运作需要适时调整投保人账户未归属部分的金额。

(3)保险公司承诺最低的保险投资收益,投资风险由员工和保险公司共同承担。万能型团体年金的保险责任除了身故保险金和退休金之外,通常还包括离职保险金,即员工在保险合同约定的年金领取日前离职,保险人按其个人账户中已归属该员工名下的账户金额一次性给付离职保险金。

团体年金保险费率厘定的要素是预定的生存率、预定的利息率和预定的营业费用率。团体年金采用集合基金的方法,运用生命表中的生存率采用复利的形式计算保险费。由于养老保险对长寿者有利,因此保险公司通常使用终端年龄高的年金生命表计算年金保险的保险费。

三、团体人身意外伤害保险

团体人身意外伤害保险是以团体方式投保的人身意外伤害保险,其保险责任、给付方式与个人人身意外伤害保险相同,只是团体人身意外伤害保险与个人人身意外伤害保险在保单效力上有所区别。在团体人身意外伤害保险中,被保险人一旦脱离投保的团体,保单效力对该被保险人自其脱离该单位之日起即行终止,但对其他被保险人仍然有效。投保团体可以为该被保险人办理退保手续。保险实务中,如果在保险期间,未发生理赔给付的被保险人离职,投保人可以申请与新加入员工进行更换,无须办理退保和投保手续,也无须增减保费。

对于一年期的团体人身意外伤害保险的保险费率根据团体所在行业的性质和被保险人的职业分类确定,保险费率按不同职业的危险大小设定不同的档次,同时还考虑团体的规模、参保人数。续期保费主要根据上一年的理赔经验对保费进行调整。对于特殊行业、工种按危险程度加收保险费甚至拒保。

对于保险期限不足一年的极短期的团体人身意外伤害保险的费率的确定有两种方法:① 以一年期团体人身意外伤害保险的费率为基础,按短期费率表计算;② 针对保险期限只有几星期、几天甚至几小时的极短期团体人身意外伤害保险,按被保险人所从事活动的性质分类,如旅游者、飞机旅客、长途汽车旅客、登山者、参加体育比赛者等分别确定保险费率。

四、团体健康保险

团体健康保险具有手续简便、费率低、提供的保障项目和范围广泛等特点,在美国和加拿大,大多数由商业保险公司签发的健康保险都是团体健康保险。团体健康保险承保的保险责任包括两大类:① 由于疾病或意外伤害所支出的医疗费用。② 由于疾病或意外伤害而丧失工作能力所致的收入损失。团体健康保险的主要险种有团体医疗保险、团体牙科费用保险、团体残疾收入保险。

(一)团体医疗保险

团体医疗保险是以团体方式投保为团体被保险人提供医疗费用保障的团体保险。团体医疗保险的保险责任范围为被保险人因意外伤害和疾病治疗所发生的各种费用,如药费、手术费、注射费、检查费、输血费、输氧费、住院费等,对上述各项费用,保险人在扣除免赔额后按约定比例赔付。团体医疗保险是团体健康保险的最常见的类型,保险责任范围与个人医疗保险基本相同。按保障范围分类,团体医疗保险可分为团体基本医疗保险和团体高额医疗保险,团体基本医疗保险又可分为团体住院医疗保险、团体门诊医疗保险、团体手术医疗保险、团体综合医疗保险。

(二)团体牙科费用保险

牙科费用保险以前不列入团体健康保险计划中,但现在已有1亿多美国人成为此保险的被保险人,牙科费用保险成了健康保险发展中最快的险种之一。团体牙科费用保险有两种形式:综合保险和表列法,综合保险把所有牙科治疗费用列入保险责任范围,表列法只列出可以报销的牙科治疗费用。保险公司为了控制保险金支出,团体牙科费用保险中普遍使用了免赔额、共同保险、报销限额、等待期、除外责任等限制性条款。

(三)团体残疾收入保险

团体残疾收入保险有短期残疾收入保险和长期残疾收入保险。短期残疾收入保险的给付期一般为13周至2年,在给付之前有3~7天的等待期,给付金额一般为工资的50%~67%。长期残疾收入保险给付期短则2年,长则到被保险人退休或死亡为止,每月给付金额为工资的60%~67%,但要扣除社会保险的给付金额。有些长期残疾收入保险使用生活费用调整条款和免缴公司养老金计划保险费条款。生活费用调整条款是根据生活费用上升幅度增加给付金额,但每年增加金额一般限制在2%~3%的范围内;免缴公司养老金计划保险费条款是在雇员长期丧失工作能力后,由雇主替他交付公司养老金计划的保险费。

团体健康保险在承保、内部管理等方面与团体寿险基本一致,团体健康保险的给付内容与个人健康保险的给付内容也差别不大。但是团体健康保险与个人健康保险还是存在一些差异:① 团体健康保险采用经验费率,并定期进行调整;② 团体健康保险灵活性强,个人健康保险的标准条款一般在团体健康保险中不适用;③在团体健康保险续保时,保险公司有权拒绝整个团体,但在保单有效期内,对于团体中的每一个人,保险公司不可任意解除。

第五节 团体保险的标准条款和特殊条款

一、团体保险的标准条款

团体保险的标准条款有团体成员资格要求条款,宽限期条款,不可抗辩条款和保单终止条款,这些条款无论在团体人寿保险还是团体健康保险中均适用。

(一)团体成员资格要求条款

团体成员资格要求条款界定了团体保险下哪些团体成员有资格获得团体保险保障。一般情况下,只有身体健康能正常工作或学习的在职员工(或在校学生)才能获得保障资格。有些团体保险既承保团体成员,也承保被保险团体成员的受抚养者,但是他们的权利不同。例如保单通常将受益人规定为团体成员本人,提供给受抚养者的保险是任选的,合格的团体成员有权选择或拒绝这项保险。

团体保险中的在职工作条款和观察期条款规定了新团体成员获得保障必须满足的条件。在职工作条款规定,为了有资格获得团体保险保障,被保险成员在保单生效之日必须在职工作,而不是在职患病或休假,否则在他重返工作岗位之前,得不到保险保障。观察期条款规定:新的团体成员在有资格参加团体保险之前必须等待一段时间,通常是 180 天,如果是非分担型的团体保险,满足其他资格要求的新团体成员在观察期满将自动获得该团体保险保障。如果是分担型的团体保险,观察期满之后还有一段适任期,通常是 31 天,在适任期间,新团体成员可以申请参加团体保险,但是新团体成员必须签署授权书允许企业(或雇主)从他的工资中扣除部分薪金以交付保费分担额。只有新团体成员完成这种授权后,他的团体保险保障才能生效。

例如,玛丽和乔治到了另一个城市从事新的工作,他俩都有资格获得雇主提供的团体人寿保险的保障。两张保单都含有 30 天的观察期。但是玛丽的保险属于非分担型的团体寿险,而乔治的保单属于分担型的团体寿险。根据团体保险中的观察期条款可知,玛丽的非分担型团体寿险在观察期 30 天之后自动生效。而乔治的分担型团体寿险,在 30 天的观察期后还有一段适任期,在适任期内,他可以申请这一团体寿险并签署授权书允许雇主从他的工资中扣除他的团体寿险的保费分担额。因此在 30 天的观察期后,只有乔治在适任期间签署了授权书,他的团体寿险保单才能生效。

(二)宽限期条款

与个人保险一样,团体人寿保险和团体健康保险中都包含一个 31 天的宽限期条款。团体保险的宽限期条款规定:在宽限期内,团体保险保单继续有效,如果团体保单持有人过了宽限期仍不缴保费,团体保险保单中止。如果团体保险保单因为在宽限期后未缴保费而中止,团体保单持有人在法律上有责任为宽限期内提供的保障交付保费。

(三)不可抗辩条款

团体保险的不可抗辩条款用以限定保险公司根据团体投保单中的陈述对总团体保险合同的有效性提出抗辩的期限。抗辩期限限制在保单生效的两年内。如果团体投保单中包含蓄意不实告知,保险公司在任何时候可以对该团体保险合同的有效性提出抗辩。由于团体投保单中出现重大不实告知的可能性很小,因此保险公司很少对团体保险单的有效性提出抗辩。

一般情况下,团体保险的被保险人无须提供可保证明就可以参加团体保险。但是如果团体人寿保险或团体健康保险要求团体被保险人在投保时提供可保证明,而团体被保险人在他的书面证明中对其可保性作了重大不实告知,那么团体保险保单的不可抗辩条款允许保险公司在被保险人提供可保证明的两年内对单个被保险人的保险保障提出抗辩,而不是对总团体保险保单的有效性提出抗辩。

(四) 保单终止条款

团体保单终止条款规定了团体保险合同何时终止以及团体被保险人的保险保障何时终止。

大多数团体保险保单明确规定:团体保单持有人可以在任何时候书面通知保险人终止团体保险合同,同样如果满足条件,保险人也可以在任何一个保费到期日终止团体保险合同。例如团体保险的参保比例低于保单规定的最低要求,保险人有权终止团体保险合同。但是,保险人在终止团体保险合同时,必须提前书面通知团体保单持有人,告知保单将在下一个续期保费到期日终止。

团体保险保单中含有规定团体被保险人的保险何时终止的条款。如果团体被保险人不再是有资格享有保险的团体中的成员或者团体被保险人已被终止雇佣关系或者团体被保险人不能交付保费分担额时,团体被保险人的保险保障将被终止,而团体保险保单则继续有效。

二、团体人寿保险的特殊条款

团体人寿保险除了包括团体保险的标准条款外,还包括一些特殊的条款,这些特殊的条款有给付金额条款、受益人指定条款、保单转换条款、年龄误告条款、保险金给付选择权条款等。

(一) 给付金额条款

团体寿险保单必须明确规定每一名团体被保险人的保险金额或者规定保险人确定保险金额的方法。通常在团体寿险保单中列有一张给付表,用以确定每一个团体被保险人的保险金额。在团体寿险保单中最常见的给付表类型有两种:一种给付表是根据一个特定公式来确定保险金额,例如团体寿险中每一名成员按照其年收入或薪金的约定倍数确定保险金额;另一种给付表是所有团体被保险人确定一个保险金额,例如团体寿险可以确定所有团体被保险人的保险金额为3万元,或者根据每一个团体被保险人的职业性质或职务级别分别确定一个保险金额,例如,团体的总经理、副总经理、部门经理、普通职员分别确定一个保险金额。但是为了防止逆选择,团体寿险保单不能以个人为基础来确定保险金额,而是以客观指标为基础确定保险金额。

如果团体寿险保单还为团体成员的受抚养者提供保险保障,在团体寿险中又会包含另一张用以确定受抚养者保险金额的独立给付表。这种给付表也有两种类型：一种是向所有的受抚养者提供一个统一的保险金额；另一种是先为团体被保险人的配偶确定一个保险金额，再为其子女确定一个较低的保险金额。保险公司通常规定：团体成员的保险金额必须高于受抚养者的保险金额，因为团体寿险是企业雇员福利计划的重要组成部分，主要是为团体成员提供保险保障。

（二）受益人指定条款

与个人寿险保单受益人指定的规则和要求一样，团体寿险保单中指定和变更受益人是团体被保险人特有的权利而不是团体保单持有人的权利。如果团体保险保单还为团体被保险人的受抚养者提供保险保障，团体被保险人也有权指定该保险保障的受益人。当然团体保单也可以规定，团体被保险人就是受抚养者保险保障的受益人。

团体寿险保单中指定受益人的唯一一个限制条件就是团体被保险人不能将团体保单持有人指定为受益人。不过团体信用人寿保险例外，团体信用人寿保险通常由团体保单持有人指定自己作为保单的受益人。

（三）转换权条款

团体寿险保单的转换权条款规定：如果团体被保险人因为特定原因而终止团体保险保障，团体被保险人可以将团体寿险转换为个人寿险而无须提供可保证明。

(1) 团体被保险人因终止雇佣关系，脱离团体或者不再属于某合格团体的一员而终止了团体保险保障时，美国 NAIC 示范法和加拿大团体准则都赋予了团体被保险人将团体寿险转换为个人寿险而无须提供可保证明的权利。在行使转换权时，团体被保险人必须填写个人寿险投保单，并在团体寿险保单终止后的 31 天内交付首期保费，保费根据团体被保险人的性别和年龄相对应的标准保险费率计算。但是 NAIC 示范法规定，年龄在 65 岁或 65 岁以上的团体被保险人不可以获得转换权。一般情况下，有转换权的被保险人可以购买保险公司正在销售的任何一种个人寿险，但是保险金额是有限制的。一些团体寿险保单规定转换后的个人寿险保额不能超过其在团体寿险中的保额。而根据 NAIC 示范法和加拿大团体准则，许多团体寿险保单规定，转换后的个人寿险保单的保额不能超过团体被保险人在原团体寿险保单中的保额与团体被保险人在 31 天的转换期内将要获得的新的团体寿险保单的保额之间的差额。

例如，玛丽在 Maron 公司拥有一份保额为 12 万美元的团体人寿保险，保单条款规定在不提供可保证明的情况下，可以将团体寿险保单转换为个人寿险保单。玛丽 35 岁时辞去了 Maron 的工作，并在 Jacle 公司谋了一份新职，Jacle 公司为玛丽提供了一份保额为 6 万美元的团体人寿保险。玛丽可以将 Maron 公司的团体寿险保单转换为个人寿险保单，根据 NAIC 示范法和加拿大的团体准则规定，个人寿险保单的保额为 6 万美元，也就是玛丽在 Maron 公司的团体寿险保额与她有资格从 Jacle 公司获得的团体寿险保额之差。保险费按照玛丽的性别和年龄相对应的标准保险费率来确定。

(2) 当团体寿险保单终止时，根据 NAIC 示范法规定，如果团体被保险人参加团体寿险已达 5 年之久，他可以将团体寿险转换为个人寿险，在 31 天的转换期内购买个人寿险时，团体被保险人无须提供可保证明。个人寿险的保额以 1 万美元或者原团体寿险中团体被保险人的保额与被保险人在 31 天转换期内可以获得新的团体寿险保额之差这两项中较低者为准。保险费根据转换时被保险人的性别、年龄对应的标准保险费率而定。

美国 NAIC 示范法规定，团体寿险保单必须包含一项展期条款，展期条款通常为团体被保险人在 31 天的转换期内提供展期保险保障，如果团体被保险人在 31 天的转换期内死亡，而且还未获得个人寿险保单或者被保险人并没有在转换期内行使转换权，保险人必须承担给付死亡保险金的责任。给付金额为被保险人可以转换的最高个人寿险金额。

(四) 年龄误告条款

个人寿险保单的年龄误告条款规定，当被保险人年龄误告时，保险人可以根据被保险人的真实年龄调整死亡保险金给付以反映被保险人的年龄误告。但是在团体寿险保单下，由于团体被保险人的给付金额都是由团体寿险保单中包含的给付表确定的，因此大多数团体寿险保单规定：当团体被保险人因为年龄误告导致实缴保费与应缴保费不一致时，保险人将根据被保险人的真实年龄调整实缴保费，以反映团体被保险人的年龄误告。

(五) 保险金给付选择权条款

当团体被保险人死亡时，保险人通常将保险金一次给付指定的受益人。但是有时团体寿险保单也提供保险金给付方式的选择权，由团体被保险人或受益人任选一种给付方式。不过只有当死亡保险金达到约定的最低金额时，团体被保险人或受益人才有权行使保险金给付方式的选择权。

三、团体健康保险的特殊条款

团体健康保险中除了包含团体保险的标准条款外，还包括一些特殊的条款，这些特殊条款有既存状况条款、转换权条款、调整保险金给付条款和体检条款。

(一) 既存状况条款

为了防止被保险人的逆选择和道德风险，和个人健康保险一样，团体健康保险中也包含了既存状况条款。团体健康保险保单通常将既存状况定义为：个人在保险保障生效前的三个月内就医的某种状态。既存状况条款规定：除非团体被保险人所拥有的团体健康保险保单已达约定的期限，否则对于被保险人的既存状况，保险人不给付保险金。

团体健康保险保单通常规定，对于某一既存状况，如果被保险人已经持续3个月没有为此状况接受治疗，或者被保险人参加的团体健康保险保单已经持续了12个月，则不再视为既存状况，被保险人可以获得保险保障。如果一团体以前获得另一家保险公司签发的团体健康保险的保障，现在团体保单持有人要转换新的保险公司，那么新保险公司签发的团体健康保险保单的既存状况条款对以前已获得保险保障的任何团体成员都不适用。

（二）转换权条款

转换权条款主要是针对医疗保险而言的。美国大多数州法律规定：团体医疗保险中必须包含转换权条款。转换条款的含义是：当被保险团体成员脱离团体时，保险单赋予被保险人一种有限制的权利，允许其购买个人医疗保险而无须提供可保证明。但是如果其保障将导致被保险人超额保险时，保险人可以拒绝签发个人医疗保险单。例如，某雇员脱离了原团体，又找了一份新的工作，获得了新雇主提供的团体医疗保险保障。根据保单转换权条款的规定，雇员将原雇主提供的团体医疗保险单转换为个人医疗保险单，就可能出现超额保险，保险人可以拒绝签发个人医疗保险。

当团体医疗保险转化为个人医疗保险时，一般情况下，个人医疗保险的保险费要高于团体医疗保险的保费，而且个人医疗保险的保险金给付限制也比团体医疗保险的保险金给付的限制更严格。

（三）协调给付条款

协调给付条款（Coordination Of Benefit Provision，COB）是指当被保险人拥有多份团体健康保险的保障时，通过调整被保险人获得的保险金，使被保险人获得保险金不超过他实际支出的医疗费用。团体健康险保单中规定协调给付条款目的是防止被保险人从多份团体健康保险中获得超过他实际支出医疗费用的额外利益。协调给付条款常用于团体医疗保险。

在美国，对享有双重团体医疗保险的被保险团体成员，协调给付条款通过明确定义作为第一给付提供者的团体健康保险和第二给付提供者的团体健康保险。作为第一给付提供者负责支付其保单所承诺的全部保险金；然后被保险人向第二给付提供者索赔，同时说明第一给付提供者所给付的金额，第二给付提供者根据协调给付条款确定应赔付的金额。

1. 协调给付条款的给付方法

协调给付条款常采用两种方法确定作为第二给付提供者应付的保险金。

(1) 第一给付提供者根据保单规定向被保险人支付免赔额和共保分担额以外的所有费用,第二给付提供者将支付第一提供者未给付的那部分医疗费用,也就是说团体被保险人已支付的免赔额和共保分担额由第二提供者报销。在这种协调给付条款下,团体被保险人通常不支付保险范围内的任何医疗费用。

(2) 不重复给付条款。假如作为第二给付提供者的团体健康保险保单中包含了不重复给付条款,那么如果第一给付提供者已支付的给付金额与第二给付提供者假定作为第一给付提供者执行时应支付的金额之间存在差额,这个差额将由第二给付提供者支付。不重复给付条款要求团体被保险人个人负担一部分保障范围内的医疗费用,这比第一种类型的协调给付条款更加严格地限定了保险金给付额。

例如,玛丽拥有两份团体医疗保险,两份保单中都有协调给付条款,而且两份保单都规定了200元免赔额和20%的共保比例。现在玛丽实际支出了6200美元的医疗费用。那么被指定为第一给付提供的保险人必须支付4800美元的医疗费用,具体计算如下:

$$(6200-200)\times 80\% = 4800 \text{ 美元}$$

由于两份保单的免赔额与共保比例相同,第二给付提供者也应向她支付4800美元医疗费用,但是根据协调给付条款的规定,第二给付提供者只需向被保险人玛丽支付1400美元医疗费用。结果玛丽本人不负担任何医疗费用。

假如,第二给付提供的团体健康保险中包含了不重复给付条款,那么第一给付提供者必须支付4800美元的医疗保险金。根据不重复给付条款的规定,第一给付提供者支付的4800美元的医疗保险金与玛丽假如被置于第二给付提供的团体健康保险中应得的保险金4800美元相同,这样第二给付提供者不必给付任何医疗保险金,1400美元的医疗费用由被保险人自己负担。如果第二给付提供的团体健康保险保单的免赔额为100美元,共保比例为20%,那么假如将玛丽置于第二给付提供的团体健康险中应赔的医疗保险金为:

$$(6200-100)\times 80\% = 4880 \text{ 美元}$$

第一给付提供者支付了4800美元医疗费用保险金,第二给付提供者只须支付80美元,玛丽自己承担1320美元。如果第二给付提供的团体健康保险保单的免赔额为500美元,共保比例为20%,那么假如将玛丽置于第二给付提供的团体健康险中应赔的医疗保险金为:

$$(6200-500)\times 80\% = 4560 \text{ 美元}$$

第一给付提供者支付的 4 800 美元医疗费用保险金,第二给付提供者不再支付医疗费用,1 400 美元医疗费用由玛丽自己承担,由此可见不重复给付条款对保险金给付作了更为严格的限制。

2. 第一给付计划的确定规则

大多数协调给付条款包含确定第一给付计划的规则。

(1) 如果被保险人同时拥有两份团体健康保险,一份团体健康保险中包含了 COB 条款,另一份团体健康保险中不包括 COB 条款,通常将不包括 COB 条款的团体健康保险作为第一给付计划,包含 COB 条款的团体健康保险作为第二给付计划。

(2) 如果被保险人同时拥有多份团体健康保险,有不止一份团体健康保险中包含了 COB 条款,通常将被保险人以雇员身份而不是受抚养者身份签订的团体健康保险为第一给付计划。

(3) 如果一个人作为受抚养者由多份团体健康保险提供保险保障,通常采用两种方法来确定第一给付计划:一种方法是优先生日法,即生日较早的雇员所享有的团体健康保险为受抚养者的第一给付计划;另一种方法是男性优先法即男性雇员的雇主提供的团体健康险计划为受抚养者的第一给付计划。不同法律对采用的方法往往有不同的规定。例如玛丽生于五月,她的先生乔治生于八月,那么根据优先生日法,玛丽的雇主提供的团体健康保险为儿子杰克的第一给付计划;根据男性优先法,乔治的雇主提供的团体健康保险将作为儿子杰克的第一给付计划。不过在美国,大多数州都规定确定第一给付计划必须采用优先生日法。

(四) 体检条款

大多数团体残疾收入保险都包含了体检条款。为了帮助保险人证实被保险人索赔的有效性,保险人有权要求已提出残疾收入索赔的被保险人接受保险人指定医生的体检。此外,条款还赋予保险人要求残疾的被保险人定期进行医疗检查的权利,以便证明被保险人是否仍然残疾。

[相关链接]

新版职业业类别表

大分类	中分类		小分类	职业类别
0 一般 职业	1 机关、团 体、公司	000101	公务员、职员（内勤）	1
		000102	维修工、司机（外勤）	2
		000103	其他工作人员	1
1 农牧业	101 农业	010101	种植业者	1
		010102	养殖业者	2
		010103	果农	2
		010104	苗圃工	1
		010105	农业管理人员（不亲自作业）	1
		010106	农业技师	2
		010107	农业工人	2
		010108	农业机械操作或维修人员	3
		010109	农业实验人员	1
		010110	农副特产品加工人员	2
		010111	热带作物生产人员	2
		010112	长短工	3
		010113	农具商	2
	102 畜牧业	010201	畜牧管理人员（不亲自作业）	1
		010202	圈牧人员	2
		010203	放牧人员	3
		010204	兽医	1
		010205	动物疫病防治人员	1
		010206	实验动物饲养人员	2
		010207	草业生产人员	2
		010208	家禽、家畜等饲养人员	2
		010209	其他畜牧业生产人员	2
		010210	畜牧管理人员（亲自作业）	3
		010211	昆虫（蜜蜂）饲养人员	3
		010212	宠物健康护理员	3

续表

大分类	中分类	小分类		职业类别
2 渔业	201 内陆渔业	020101	渔场管理人员(不亲自作业)	1
		020102	渔场管理人员(亲自作业)	2
		020103	养殖工人(内陆)	2
		020104	养殖工人(沿海)	4
		020105	捕鱼人(内陆)	3
		020107	水产实验人员(室内)	1
		020108	捕鱼人(沿海)	4
		020109	水产品加工人员	1
		020110	水族馆经营者	2
	201 海上渔业(备注2)	020201	海洋渔船船员	特别费率(备注1)
		020202	近海渔业	特别费率
			船长等管理人员	特别费率
			工程师	特别费率
			大副、二副、三副	特别费率
			甲板手	特别费率
			捕鱼人	特别费率
			厨师	特别费率
			雷达操作员	特别费率
		020203	远洋渔业	特别费率
			船长等管理人员	特别费率
			工程师	特别费率
			大副、二副、三副	特别费率
			甲板手	特别费率
			捕鱼人	特别费率
			厨师	特别费率
			雷达操作员	特别费率
3 木材森林业	301 造林业	030101	山林管理员	2
		030102	山地造林工人	3
		030103	森林防火员	6
		030104	平地育苗人员	1
		030105	实验室育苗栽培人员	1

续表

大分类	中分类	小分类		职业类别
3 木材森林业	302 砍伐业	030201	生产行政管理员	2
		030202	伐木工人	6
		030203	运材车辆司机及押运人员	5
		030204	起重机操作工人	5
		030205	装运工人	6
		030206	领班	4
		030207	木材工厂现场工作人员	4
	303 木材加工业	030301	一般工作人员	2
		030302	技术人员	2
		030303	锯木工人	4
		030304	防腐剂工人	3
		030305	木材储藏槽工人	4
		030306	木材搬运工人	5
		030307	吊车操作人员	2
		030308	领班	2
		030309	合板制造工人	3
		030310	分级员	2
		030311	检查员	2
		030312	标记员	2
		030313	磅秤员	2
	304 森林资源管护人员	030401	护林员	3
		030402	森林病虫害防治员	2
		030403	其他森林资源管护人员	2
	305 野生动植物保护及自然保护区人员	030501	野生动物保护人员	3
		030502	野生植物保护人员	2
		030503	自然保护区巡护监测员	2
		030504	标本员	2
4 矿业采石业	401 坑外作业	040101	生产管理人员(不到现场)	1
		040102	矿业工程师、技师、领班	3
		040103	采石、采矿作业人员	5
		040104	油矿、钻勘作业人员	5
		040105	其他作业人员	3
		040106	其他工作人员	2
		040107	工矿安全人员	3
		040108	其他矿物处理人员	4
		040109	生产管理人员(现场监督)	2

续表

大分类	中分类	小分类		职业类别
4 矿业采石业	402 坑道内作业		国有统配煤矿、采石、采矿	
		040201	生产技术管理人	特别费率
		040202	采掘工	特别费率
		040203	其他作业人员	特别费率
			地方国有煤矿、采石、采矿	
		040204	生产技术管理人员	特别费率
		040205	采掘工	特别费率
		040206	其他作业人员	特别费率
			城镇集体企业煤矿、采石、采矿	
		040207	生产技术管理人员	特别费率
		040208	采掘工	特别费率
		040209	其他作业人员	特别费率
			乡镇煤矿、采石、采矿	
		040210	个人私营煤矿、采石、采矿	特别费率
	403 海上作业	040301	所有作业人员（潜水人员特别费率）	特别费率
	404 陆上油矿开采业	040401	行政人员	1
		040402	工程师	1
		040403	技术员	1
		040404	油气井清洁保养修护工	4
		040405	钻勘设备装修保养工	4
		040406	钻油井工人	5
		040407	石油、天然气开采人员	5
		040408	其他勘探及矿物开采人员	5
	405 海上油矿开采业	040501	行政人员	1
		040502	工程师	1
		040503	技术员	1
		040504	油气井清洁保养修护工	4
		040505	钻勘设备装修保养工	4
		040506	钻油井工人	6
		040507	石油、天然气开采人员	6
		040508	其他勘探及矿物开采人员	5

续表

大分类	中分类	小分类		职业类别
5 交通运输业	501 陆运 (备注3)	050101	一般工作人员(不参与驾驶者)	1
		050103	出租车司机	3
		050104	非营业短途客货运输车司机及随车人员	4
		050105	人力三轮车驾驶员	3
		050106	拖拉机、农用四轮车驾驶人员	5
		050107	机动三轮车驾驶员	5
			营业客货运输车司机及随车人员	5
		050108	长途客货运输车司机及随车人员	6
		050109	装卸工人	4
		050110	砂石车司机及随车人员	6
		050111	工程卡车人员	5
		050112	液化、汽化油罐车人员	6
		050113	缆车操作员	3
		050114	拖吊车驾驶及工作人员	4
		050115	救护车驾驶员	3
		050116	营运摩托车驾驶人员	5
		050117	垃圾车驾驶员	2
	502 铁路	050201	一般工作人员	1
		050202	车站清洁工人	2
		050203	随车人员(技术人员除外)	2
		050204	驾驶员	3
		050205	燃料填充员	3
		050206	机、电工	3
		050207	修理厂一般工作人员	1
		050208	修理厂技工	3
		050209	修路工	5
		050210	铁路维护工	5
		050211	道口看守人员	3
		050212	装卸搬运工人	3
		050213	月台工作人员	2
		050214	修理厂工程师	2
		050215	货运领班	2

续表

大分类	中分类	小分类		职业类别
5 交通运输业	503 航运	客货轮		
		050301	船长	3
		050302	轮机长	3
		高级船员		
		050303	大副	4
		050304	二副	4
		050305	三副	4
		050306	大管轮	4
		050307	二管轮	4
		050308	三管轮	4
		050309	报务员	3
		050310	事务长	3
		050311	医务人员	3
		一般船员		
		050312	水手长	5
		050313	水手	5
		050314	铁匠、木匠、泵匠	5
		050315	电机师	5
		050316	厨师	5
		050317	服务员	5
		050318	实习生	5
		游览船及小汽艇		
		050319	游览船驾驶及工作人员	4
		050320	小汽艇驾驶及工作人员	4
		港口作业		
		050321	码头工人及领班	5
		050322	起重机械操作员	4
		050323	仓库管理人	2
		050324	领航员	4
		050325	引水人	4
		050326	关务人员	2
		050327	稽查人员	4
		050328	缉私人员	5
		050329	拖船驾驶员及工作人员	4
		050330	渡轮驾驶员及工作人员	3
		050331	救难船员	6

续表

大分类	中分类	小分类		职业类别
5 交通运输业	504 空运		飞机场	
		050401	一般工作人员	1
		050402	缉私人员	3
		050403	清洁工人	2
		050404	机场内交通司机	2
		050405	行李货物搬运工	2
		050406	加添燃料员	2
		050407	航空清洁工(内)、飞机洗刷人员(外)	2
		050408	跑道维护工	2
		050409	机械员	4
		050410	飞机修护人员	4
			航空货运	
		050411	一般工作人员	1
		050412	理货员	3
			航空公司	
		050415	直升机飞行员	6
		050416	一般工作人员	1
		050417	票务人员	1
		050418	机场柜台人员	1
		050419	清仓员	2
		050420	外务人员	2
		050421	报关人员	2
		050422	国际航线飞行人员及服务人员	3
		050423	国内航线飞行人员及服务人员	3
		050424	飞行训练学员	特别费率
6 餐旅业	601 旅游业	060101	一般内勤人员	1
		060102	外务员	2
		060103	导游	3
		060104	司机	3
	602 旅馆业	060201	一般工作人员	1
		060202	服务人员	1
		060203	外务员	2
		060204	技工	3
		注:餐饮部工作人员比照餐饮业		

续表

大分类	中分类	小分类		职业类别
6 餐旅业	603 餐饮业	060301	一般工作人员	1
		060302	采买	2
		060303	厨师	2
		060304	服务员	1
		060305	收帐员	1
		060306	屠宰工人	2
7 建筑工程业	701 建筑公司（土木工程）	070101	一般工作人员	1
		070102	建筑设计人员	1
		070103	现场技术检查员	3
			建筑工人	
		070104	领班	3
		070105	模板工	4
		070106	木匠(室内)、泥水匠(室内)	3
		070107	泥水匠(室外及高处)	4
		070108	建筑工程车辆机械操作员	4
		070109	建筑工程车辆驾驶员	4
		070110	油漆工(室内)	4
		070111	水电工(室内)	4
		070112	钢骨结构工人	特别费率
		070113	钢架架设工人	特别费率
		070114	焊工(室内)	4
		070115	焊工(室外及高处)	5
		070116	楼宇拆除工人(无需用炸药)	6
		070117	楼宇拆除工人(需用炸药)	特别费率
		070118	安装玻璃幕墙工人、扎铁工人	特别费率
		070119	散工	2
		070120	推土机操作员	2
		070121	负责人（不亲自作业不在现场）	1
		070122	负责人（不亲自作业偶到现场）	2
		070123	负责人（亲自作业视具体性质）	2
		070124	外勤人员	2
		070125	测量人员	3
		070126	工程人员	3
		070127	工地服务人员	2
		070128	木匠(室外及高处)	5

续表

大分类	中分类	小分类		职业类别
7 建筑工程业	701 建筑公司（土木工程）	070129	混凝土混合机操作员	4
		070130	磨石工人	4
		070131	洗石工人	4
		070132	安装工人（室外及高处）	5
		070133	装修人员	4
		070134	排水、防水工程人员	4
		070135	油漆工（室外及高处）	5
		070136	水电工（地下）	5
	建筑物维修及管理	070137	清洁工人	2
		070138	建筑物外墙、玻璃幕墙维护人员	4
		070139	电工、管道工人、防火系统安装人员	2
		070140	警报器安装人员	2
		070142	物业管理行政、办公室工作人员	1
		070143	保安	5
		070144	工程师	1
	702 铁路道路铺设	070201	现场技术检查员	3
		070202	工程机械操作员	4
		070203	工程车辆驾驶员	4
		070204	铺设工人（平地）	4
		070205	维护工人	4
		070206	电线架设及维护工人	5
		070207	管道铺设及维护工人	5
		070208	铺设工人（山地）	5
		070209	工程师	3
	703 电梯升降梯	070301	安装工人	4
		070302	修理及维护工人	4
		070303	操作员（不包括矿场使用者）	2
	704 装潢业	070401	设计人员	1
		070402	室内装潢人员	3
		070403	室外装潢人员（高处作业）	5
		070404	地毯装设人员	2
		070405	监工	1

续表

大分类	中分类	小分类		职业类别
7 建筑工程业	造修船业	070406	工程师	特别费率
		070407	领班、监工	特别费率
		070408	工人	特别费率
		070409	室外装潢人员（非高处作业）	特别费率
		070410	承包商	特别费率
		070411	金属门窗制作、安装工人	特别费率
		凡涉及造修船业及其周边行业的（钢丝绳厂等）		特别费率
	705 其他	070501	地质探测员（山区、海上）	3
		070502	工地看守员	4
		070503	海湾港口工程人员	5
		070504	水坝工程人员	5
		070505	桥梁工程人员	5
		070506	隧道工作人员	5
		070507	潜水工作人员	特别费率
		070508	爆破工作人员	特别费率
		070509	地质探测员（平地）	2
		070510	挖泥船工人、挖沙工人	5
		070511	寺庙彩绘人员	3
		070512	挖井工程人员	4
8 制造业	801 钢铁厂	080101	生产行政管理人员	2
		080102	技术人员	2
		080103	炼钢工人	3
		080104	其他工人	3
	802 铁工厂 机械厂	080201	生产行政管理人员	2
		080202	技术人员	2
		080203	扳金工	5
		080204	装配工	5
		080205	焊接工（室内）	5
		080206	车床工	5
		080207	铸造工	5
		080208	水电工	5
		080209	锅炉工	5
		080210	电镀工	5
		080211	铣、剪、冲床工	5
		080219	焊接工（室外及高处）	5

续表

大分类	中分类	小分类		职业类别
8 制造业	化工产品生产人员	080212	化工产品生产通用工艺工人	3
		080213	石油炼制生产人员	3
		080214	煤化工生产人员	3
		080215	化学肥料生产人员	3
		080216	火药、炸药制造人员	特别费率
		080217	日用化学品生产人员	3
		080218	其他化工产品生产人员	3
	803 电子业	080301	生产行政管理人员	2
		080302	技术人员、工程师	2
		080303	装配修理工	3
		080304	制造工	3
		080305	包装工	2
	804 电机业	080401	生产行政管理人员	2
		080402	技术人员	2
		080403	空气调节器装修人员（高处）	5
		080404	有关高压电工作人员	6
		080405	冷冻修理工、室内空调装修员	4
	805 塑胶业 橡胶业	080501	生产行政管理人员	2
		080502	技术人员	2
		080503	工人	3
		080504	塑胶射出成型工人（自动）	3
		080505	塑胶射出成型个人（其他）	4
		080506	工程师	2
	806 水泥业 （包括水泥、石膏、石灰）	080601	生产行政管理人员	2
		080602	技术人员	2
		080603	熟练工人	4
		080604	采掘工	4
		080605	爆破工	特别费率
		080606	非熟练工人	特别费率
		080607	石棉瓦工人、作业者	4
		080608	陶瓷、木炭、砖块制作工	4
	807 化学源料业	080701	生产行政管理人员	2
		080702	技术人员	3
		080703	一般工人	2
		080704	硫酸、盐酸、硝酸制造工	特别费率
		080705	电池制造工人	4
		080706	液化气体制造工人	5

续表

大分类	中分类	小分类		职业类别
8 制造业	808 炸药业	080801	火药爆竹制造及处理人员（包括爆竹、烟火制造工）	特别费率
		080802	火工品制造人员	特别费率
		080803	雷管制造工	特别费率
		080804	爆破器材制造、实验工	特别费率
	809 汽车、机车、自行车、制造业	080901	生产行政管理人员	2
		080902	技术人员	2
		080903	装造工人	4
		080904	修理保养工人	3
		080905	喷漆工人	3
		080906	试车人员	4
	810 纺织及成衣业	081001	生产行政管理人员	2
		081002	技术人员	2
		081003	织造工人	2
		081004	染整工人	2
		081005	切棉、压边、锯工、椅垫工人	2
		081006	吹气、毛毡、填料、机械操作	2
		081007	暴身于尘埃和有毒化合物工人	5
	811 造纸工业	081101	生产行政管理人员	2
		081102	技术人员	2
		081103	造纸厂工人	4
		081104	纸浆厂工人	3
		081105	纸箱制造工人	3
	812 家具装造	081201	生产行政管理人员	1
		081202	技术人员	1
		081203	木制家具装造修理工人	3
		081204	金属家具装造修理工人	3
	813 手工艺品业	081301	生产行政管理人员	1
		081302	竹木制手工艺品加工工人	2
		081303	金属手工艺品加工工人	3
		081304	布类纸品工艺品加工工人	2
		081305	矿石手工艺品加工人员	3
		081306	其他手工艺品加工人员	3
		081307	陶瓷制作加工人员	3
		081308	玻璃制作加工人员	3

续表

大分类	中分类	小分类		职业类别
8 制造业	814 其他	081401	生产行政管理人员	1
		081402	技术人员	1
		081403	工人	3
		081404	从事有毒有害的作业人员	5
		081405	肥皂、洗洁精制造人员	2
		081406	烟草业制作人员	2
	815 电线电缆业	081501	技师	3
		081502	工人	4
	816 食品饮料业	081601	冰块制造工	3
		081602	技师	2
		081603	碾米厂操作人员	3
		081604	其他制造工人	3
		081605	装罐工人	3
		081606	制造工人	2
9 新闻出版广告业	901 新闻杂志业	090101	一般工作人员	1
		090102	外勤记者	2
		090103	摄影记者	2
		090104	印刷厂工人	3
		090105	送报员	2
		090106	战地记者	特别费率
	902 出版业	090201	一般工作人员	1
		090202	编辑人员	1
		090203	摄影记者	2
		090204	送货员	3
	903 广告业	090301	一般工作人员	1
		090302	外勤业务人员	2
		090303	广告影片之拍摄录制人员	2
		090304	广告招牌架设、安装人员(室外)	5
		090305	广告招牌制作者(室内)	2
		090306	玻璃匠及图样设计人员	2
		090307	安装光管及外勤维修人员	2

续表

大分类	中分类	小分类		职业类别
10 卫生	1001 医院、诊所	100101	一般医务行政人员	1
		100102	一般医师及护士	1
		100103	精神病科医师、看护及护士	3
		100104	病理检查员	1
		100105	放射线技术人员	2
		100106	放射线修护人员	4
		100107	医院炊事员	2
		100108	杂工	2
		100109	清洁工	2
		100110	监狱、看守所医生	3
		100111	助产士	2
		100112	跌打损伤治疗人员	2
	1002 防疫、保健人员	100201	一般医务行政人员	1
		100202	一般医师及护士	1
		100203	分析员	1
		100204	消毒员	3
11 娱乐业	1101 影视及演艺业	110101	行政人员	1
		110102	制片人	1
		110103	编剧	1
		110104	一般演员(含导演)	2
		110105	舞蹈演艺人员	2
		110106	巡回演出文艺团体人员(杂技除外)	4
		110107	一般杂技演员	4
		110108	高难度动作杂技演员	6
		110109	武打演员	5
		110110	特技演员	特别费率
		110111	其他从业人员(绘画、演奏、作曲等)	1
		110112	驯兽师、空中飞人、走钢丝	特别费率
		110113	饲养员	5
		110114	化妆师	1
		110115	场记	2
		110116	摄影工作人员	2
		110117	灯光及音响效果工作人员	2
		110118	冲洗片工作人员	1
		110119	电视记者	2

续表

大分类	中分类	小分类		职业类别
11 娱乐业	1101 影视及演艺业	110120	机械工、电工	3
		110121	布景搭设人员	3
		110122	电影院售票员	1
		110123	电影院放映人员	1
		110124	电影院服务人员	2
	1102 高尔夫球场	110201	教练	2
		110202	球场保养工人	2
		110203	维护工人	2
		110204	球场服务员	2
	1103 保龄球馆	110301	球馆服务	1
		110302	机械修护员	2
		110303	清洁工人	2
		110304	教练	2
		110305	球员	2
	1104 撞球场	110401	负责人	1
		110402	记分员	1
	1105 游泳池及海水浴场	110501	管理人员	1
		110502	服务员	1
		110503	游泳池救生员	4
		110504	海水浴场救生员	5
	1106 其他游乐园（包括动物园）	110601	管理人员	1
		110602	售票员	1
		110603	电动玩具操作员	2
		110604	一般清洁工	2
		110605	兽栏清洁工	4
		110606	水电机械工	4
		110607	动物园驯兽师	特别费率
		110608	饲养人员	5
	1107 其他	110701	咖啡厅工作人员	3
		110702	茶室工作人员	2
		110703	酒家工作人员	3
		110704	歌厅工作人员	3
		110705	舞厅工作人员	3
		110706	夜总会工作人员	3
		110707	酒吧、网吧工作人员	3

续表

大分类	中分类	小分类		职业类别
12 文教	1201 教育机构	120101	教师	1
		120102	学生	1
		120103	校工	2
		120104	体育老师	2
		120105	军训教官	2
		120106	各项运动教练	2
		120107	汽车驾驶训练教练	3
	1202 书店、文具及其他	120201	维修工	2
		120202	一般工作人员	1
		120203	售货员	1
		120204	外勤人员	2
		120205	博物馆工作人员	1
		120206	图书馆工作人员	1
13 宗教	1301 教堂寺庙	130101	寺庙及教堂管理人员	1
		130102	宗教团体工作人员	1
		130103	僧尼、道士及传教人员	1
14 公共事业	1401 邮政	140101	内勤人员	1
		140102	骑摩托车邮递人员	4
		140103	骑自行车或人力三轮车邮递人员	4
			驾驶电动或机动车邮递人员	4
		140104	包裹搬运工	2
	1402 电信及电力	140201	内勤人员	1
		140202	抄表员、收费员	2
		140203	电信电力装置维护修理工	4
		140204	电信电力工程设施之架设人员	5
		140205	电信高压电工程设施人员	特别费率
		140206	核能发电厂工作人员	4
		140207	电台天线维护人员	5
			凡涉及高压电作业的	特别费率

续表

大分类	中分类	小分类		职业类别
14 公共事业	1403 自来水（水利）	140301	一般工作人员	1
		140302	抄表员、收费员	2
		140303	水坝、水库管理人员	3
		140304	水利工程设施人员	3
		140305	自来水管装修人员	3
		140306	水土保持作业人员	2
		140307	水文勘测作业人员	3
		140308	水质分析员	1
		140309	其他水利设施管护人员	2
		140310	其他水利能源开发人员	2
	1404 煤气热力	140401	一般工作人员	1
		140402	收费员、抄表员、检察员	2
		140403	管线装修工	3
		140404	煤气器具制造工	3
		140405	操作工	3
		140406	煤气分装工	4
		140407	液化气罐随车司机及工人	6
15 商业	1501 批发业	150101	一般工作人员	1
		150102	售货员	1
		150103	仓库保管员	2
		150104	燃料仓库保管员	5
		150105	搬运工	2
		150106	司机	3
	1502 零售	150201	一般工作人员	1
		150202	售货员	1
		150203	珠宝工艺品售货员	3
		150204	保管员	2
		150205	采购、推销员	2
		150206	搬运	2
		150207	司机	3
		150208	厨具、陶瓷、古董、花卉商	1
		150209	银楼、当铺、杂货、食品商	1
		150210	家具、机车、眼镜、文具商	1
		150211	布匹、服饰、药品、工艺商	1
		150212	玻璃、石材、建材、钢材商	2

续表

大分类	中分类	小分类		职业类别
15 商业	1502 零售	150213	木材、五金、电器、器材商	2
		150214	肉鱼、医疗仪器、珠宝商	2
		150215	化学原料商	3
		150216	液化瓦斯零售商	3
		150217	瓦斯分装工	4
		150218	旧货收购人员	1
16 金融、保险业	1601 银行、保险、信托证券、典当	160101	内勤人员	1
		160102	外勤人员	2
		160103	储蓄所工作人员	2
		160104	营业点工作人员	2
		160105	运钞押运人员（含司机）	5
17 服务业	1701 自由业	170101	律师	1
		170102	会计师	1
		170103	文书	1
		170104	经纪人	1
	1702 普通服务业	170201	理发师	1
		170202	美容师、形象设计师	1
		170203	浴室（领有牌照的）	1
		170204	各业修理工	2
		170205	刻字工	1
		170206	洗衣店工人	2
		170207	大楼管理员、市场管理员	3
		170208	摄影师	2
		170209	服装加工工人	1
		170210	警卫人员（有巡逻押运任务者）	4
		170211	警卫人员（内勤）	3
		170212	保镖	特别费率
		170213	骑自行车或人力三轮车邮递人员	4
			驾驶电动或机动车邮递人员	4
		170214	公证行外务员	2
		170215	报关行外务员	2
		170216	冲印师	1
		170217	裁缝	2
			浴室	
		170218	一般管理及工作人员	1
		170219	服务员、护卫员、接待员	2
		170220	按摩人员	2

续表

大分类	中分类	小分类		职业类别
17 服务业	1703 其他	170301	道路清洁工	3
		170302	下水道清洁工	3
		170303	高楼外部清洁工	5
		170304	存车及洗车工	2
		170305	装修工	3
		170306	殡葬工	2
		170307	烟囱清洁工	5
		170308	加油站工作人员	2
	1704 资讯业	170401	维护工程师	2
		170402	系统工程师	1
		170403	销售工程师	1
18 家庭管理	1801 家庭管理	180101	家庭主妇（无业）	1
		180102	佣人	2
		180103	家庭护理	2
19 治安人员	1901 治安人员 安全、保卫、消防人员	190101	警务行政及内勤人员	1
		190102	警察（有巡逻任务者）	4
		190103	监狱看守所管理人员	4
		190104	交通警察	3
		190105	刑警	6
		190106	消防队队员	6
		190107	保安人员	4
		190108	治安人员	4
		190109	主管、高级管理人员	1
		190110	办公室公务人员	1
		190111	炸药处理警察	特别费率
		190112	治安警察	4
		190113	防暴警察	特别费率
		190114	警校学生	特别费率

续表

大分类	中分类	小分类		职业类别
20 体育	2001 球类	200101	教练人员、裁判人员	2
		200102	足球运动员	5
		200103	篮球运动员	3
		200104	曲棍球运动员	4
		200105	冰上曲棍球运动员	5
		200106	其他球类运动员	2
		200107	桌球运动员	1
		200108	羽毛球运动员	2
		200109	网球运动员	2
		200110	垒球运动员	2
		200111	排球运动员	3
		200112	棒球运动员	3
		200113	手球运动员	3
		200114	巧固球运动员	3
		200115	橄榄球运动员	6
		200116	高尔夫运动员	1
		200117	保龄球运动员	1
	2002 田径	200201	教练员	1
		200202	运动员	2
	2003 体操	200301	教练员	2
		200302	运动员	3
	2004 游泳	200401	教练员	1
		200402	游泳运动员	2
		200403	跳水运动员	3
	2005 射击、射剑	200501	教练员	1
		200502	运动员	2
	柔道、武术	200503	教练员	3
		200504	运动员	5
	空手道	200505	教练员	3
		200506	运动员	5
	跆拳道	200507	教练员	3
		200508	运动员	5
	2006 举重	200601	教练员	1
		200602	运动员	3

续表

大分类	中分类	小分类		职业类别
20 体育	2007 拳击	200701	教练员	5
		200702	运动员	6
	2008 赛车	200801	教练员	1
		200802	自行车运动员	3
		200803	汽车赛车手	特别费率
		200804	摩托车赛车手	特别费率
	2009 水上运动	200901	教练员	1
		200902	帆船、划船运动员	2
		200903	赛艇、风浪板运动员	4
		200904	水上摩托艇运动员	3
		200905	冲浪运动员	4
		200906	潜水运动员-0至50米	6
		200907	潜水运动员-50米以上	特别费率
		200908	潜水教练	3
	2010 冰上运动	201001	教练员	1
		201002	滑冰运动员	3
		201003	滑雪运动员	4
	2011 民俗体育活动	201101	教练员	2
		201102	运动员	2
	2012 马术	201201	教练	2
		201202	马房工人、马夫、练马师	2
		201203	骑师、见习骑师、参赛骑师	3
	2013 特技表演	201301	特技表演人员	特别费率
	2014 滑翔机具	201401	教练	特别费率
		201402	驾驶人员	特别费率
	2015 跳伞	201501	教练	特别费率
		201502	跳伞人员	特别费率
	2016 登山	201601	登山运动员	特别费率
		201602	教练	特别费率
	2017 汽车、机车赛车	201701	教练	特别费率
		201702	赛车人员	特别费率

续表

大分类	中分类		小分类	职业类别
21 其他	2101 执法监督	210101	公、检、法、工商、税务、卫生检验等执法监督人员	3
	2102 企业	210201	厂长	3
		210202	经理	3
	2103 个体经营	210302	无固定职业人员	3
	2104 无业	210401	学龄前儿童	1
		210402	离退休人员（无兼职）	2
		210403	其他人员（无兼职）	2
	2105 现役军人	210501	一般军人、军校学生（非军事专业）	3
		210502	行政及内勤人员	1
		210503	后勤补给及通讯、地勤人员	1
		210504	军医院官兵	1
		210505	军事研究单位设计人员	1
		210506	军事单位武器弹药研究、制作人员	特别费率
		210507	伞兵部队	特别费率
		210508	航空试飞人员	特别费率
		210509	一般地面部队人员	3
		210510	特种兵	特别费率
		210511	空军、海军、潜艇军人	特别费率
		210512	军校学生（军事专业）及新兵	特别费率
	凡涉及高空作业的			5

释义【高空】：《高处作业分级》(GB 3608-93)规定：凡在坠落高度基准面2m以上（含2m）高处进行作业，均为高空作业。

思考题

1. 简述团体保险的特点。
2. 简述团体保险的限制性条件。
3. 分析不同团体保险费率和同一团体保险费率的厘定方法。
4. 分析团体健康保险中协调给付条款的规定。

第十章 人身保险的承保

第一节 人身保险核保概述

现代保险经营是建立在科学的基础上,不仅表现在保险营销手段的现代化,保险费率厘定的科学化,还表现在承保管理的标准化和程序化。人身保险的承保是保险公司依据一定的标准对投保标的进行评估和筛选的过程,是一个风险选择的过程。

一、人身保险核保的概念

人身保险的核保是指保险人对被保险人的身体健康状况、职业、财务状况、投保动机等因素进行危险程度的评估,决定是否承保以及确定承保条件的过程。人身保险核保是保险承保工作的关键,只有认真、细致、全面地评估保险标的的风险,才能科学地进行承保选择和承保控制,才能以适当的保险费率或保险条件作出正确的承保决策。

二、人身保险核保的意义

人身保险核保工作的好坏不仅直接关系到保险合同能否顺利履行,还关系到保险公司的承保盈亏和财务稳定。因此,严格规范核保工作是降低赔付率,增加保险公司盈利的关键,也是衡量保险公司经营管理水平高低的重要标志。

1. 有利于贯彻权利义务对等的原则

通过核保,保险公司将被保险人按危险程度不同加以分类,根据危险程度的大小采用不同的保险费率和承保条件,使被保险人个体之间不因某一个体危险因素较高而损害其他个体的利益,确保被保险人的权利和义务对等,维护被保险人之间的公平。

2. 有利于防范保险公司的经营风险

通过核保中的医务审查和事务审查,可以在很大程度上减少投保人的逆选择和道德风险,从而降低保险公司的赔付率,保证保险业务的优良质量。

3. 有利于保险公司的持续经营

通过核保时的四次风险选择,可以使被保险人的实际死亡率、疾病发生率、意外事故发生率符合精算部门预定的要求,为保险公司创造良好的经济效益,提高保险公司的市场竞争力,以达到持续稳健经营的目的。

三、人身保险核保的内容

人身保险核保工作的基本目标是为保险公司安排一个安全和盈利的业务分布组合。

个人人身保险的核保内容包括核保选择和核保控制两方面。核保选择包括对"人"的选择,即对投保人或被保险人的选择;对"物"的选择,即对保险标的及其利益的选择。由于人身保险的保险标的是被保险人的寿命和身体,因此在人身保险中,对"人"的选择和对"物"的选择往往是合二为一的。在人身保险核保选择时,核保人员往往通过风险评估来防止逆选择和道德风险的产生。风险评估包括以被保险人身体健康风险为中心的医务审查和以被保险人职业、道德风险为中心的事务审查。核保控制是保险公司对投保风险作出合理的核保选择后,根据承保标的具体风险状况,运用保险技术手段,控制自身的责任和风险。保险人除了在保险条款中明确规定被保险人的义务外,还要通过控制保险金额、避免高额保险、明确规定保险责任范围、规定等待期、免赔额和共同保险等控制承保风险。

团体保险核保是由保险公司对参加其团体保险计划的各个不同团体,根据其不同的危险程度,赋以不同的承保条件,以达成收费的公平。团体保险核保的目的是维持团体内危险的公平性、避免逆选择、维持对团体经营的最低成本。团体保险核保的主要内容包括四个方面:团体的种类、保单利益的安排、费率的厘定和续保。团体种类有团体的资格、团体的规模、团体成员的资格、团体参保率和团体成员流动率等;保单利益的安排主要涉及保额的确定和最高保额的限制、保费承担方式、危险评估要素、转保原因以及小团体的核保;保险费率厘定包括初年度费率和续保费率。初年度费率采用手册费率,续年度费率根据续保时团体参保率、理赔经验、保单管理情况采用经验费率。团体保险业务的核保分为新业务核保和续保业务核保。

四、保险科技在人身保险核保中的运用

随着保险科技在保险业的大量运用,人身保险核保的流程不断简化,工作效率也不断提高。自助投保、手机投保、一键式投保已经相当普遍。即使在终身寿险、重大疾病保险等核保比较复杂的人身保险领域,借助于保险科技,营销人员同样可以通过手机App或专用电子设备,实现快捷投保。例如以平安寿险推出

的"AI客服"为例,其可通过人脸识别、声纹识别等生物认证技术,匹配大数据完成客户身份信息的远程核实,帮助客户实现"在线一次性业务办理"。

可穿戴设备包括智能手环、手表、眼镜、衣服、鞋子等,通过软件支持和数据交互、云端交互来实现其功能。人身保险公司利用可穿戴设备的各种感测技术获取以生命体征为主要对象的实时信息,从而对健康保险领域产生重要影响。可穿戴设备随时监测记录各种与人体健康有关的数据(如运动量、心跳、睡眠等),保险公司通过这些数据了解投保者的生活习惯以及各项身体数据是否健康,并以此进行差别定价和动态定价。例如,保险公司通过向客户免费赠送健康手环来收集他们的健康大数据,对不同客户的风险状况进行分类,从而采用差别费率。又如一些保险公司采用了运动步数抵扣保费的方法,通过奖励措施鼓励投保人坚持运动、保持健康的生活方式,以经济手段降低保险公司自身的医疗健康风险。

移动互联网、云计算、搜索引擎等的飞速发展,极大改变了客户的消费方式和行为,尤其是年轻人已形成线上消费习惯,这种变化给保险公司提供了大量数据样本。保险公司通过对客户的个人属性、购买行为、金融信息和风险因子数据的精准分析,整合资源构建覆盖客户衣食住行的丰满画像,既能帮助保险公司更快速、更深入地了解客户的消费行为和消费能力,开发出更多贴近"衣食住行娱"等生活场景的保险产品,满足客户的多层次的保险需求,又能预测客户的消费需求及倾向,开展对新客户的精准营销。同时保险公司利用大数据技术尤其是医疗大数据技术还可以精准预测承保风险,提高风险选择能力,为不同客户制定差别费率和个性化的保险解决方案,有效地避免道德风险和保险欺诈。

随着基因技术的崛起和发展,一种新的保险模式——基因检测+保险应运而生。对于保险公司来说,基因检测作为健康保险的切入口,可以积累海量客户的健康数据,依据风险高低进行更精确的定价,并针对不同风险程度的客户提供医疗服务和风险跟踪。最关键的是在承保前的风险筛选环节,基因检测技术能够提高保险公司的风险管理水平。例如癌症早期筛查技术能够更精准、更早期的发现癌症。但是基因检测这一科技也给保险带来了不容小觑的挑战,一是逆向选择问题,二是隐私保护问题。所以各个国家法律尚未明确规定基因检测技术是否能够用于人寿保险和健康保险的核保。目前保险公司和基因测序科技公司主要的合作方式为:基因测序公司利用高新技术,提供基因检测服务,保险公司则提供用户平台。既可以由保险公司把基因检测作为单独产品销售,也可以把基因检测作为某项保险的一部分,赠送给用户。

总之,可穿戴设备、大数据、基因检测等风险识别手段在保险核保和定价中的运用是未来人身保险业发展的必然趋势,这些高科技的风险识别技术对保险的渗透和改造,将不断提高保险公司的风险选择能力,尤其对一些高风险客户甚至潜在风险客户的筛查能力。

第二节 人身保险核保程序

人寿保险的核保要经过四次风险选择,即业务员核保、体检医生核保、专业部门核保、生存调查,核保结束后作出核保决定。

一、人身保险的一般核保流程

1. 业务员核保

业务员核保在人身保险的核保中又称为第一次风险选择。由于业务员在新业务招揽过程中直接或间接与客户接触,对客户的职业、既往病史、家庭资料、生活方式、投保动机以及其他契约上的重要事项了解最清楚。因此对于免检体格的保险业务,业务人员对客户的第一次风险选择几乎代表了核保的全过程。对体检的保险业务,业务员为保险公司核保人员提供第一手核保资料,为以后的核保打下基础,业务员的选择在寿险核保中扮演着极其重要的角色。

保险代理人、业务员通过上门服务,与投保人、被保险人面晤,进行初步核保,并了解公司所需的核保信息。

(1) 业务员与投保人、被保险人直接见面,了解其投保动机,避免道德风险的产生。

(2) 业务员详细观察被保险人的体格、外观、脸色、步态等是否正常,有无残疾、智力和功能障碍等不健康状况,以及被保险人家庭情况、居住环境等生活情况。当然业务员也可以通过技巧性询问了解被保险人的健康情形、职业、过去的投保历史、嗜好、生活习惯、被保险人的既往病史、家庭病史、手术史、意外伤害史等,以及投保人、被保险人和受益人之间的关系,在可能的情况下了解其收入和资产状况,以确定投保险别及保额是否适当。业务员根据面晤观察询问情况,如实做成业务员报告书,提供给核保人员。

(3) 指点投保人填写投保单,用黑、蓝墨水填写,字迹清楚,不得涂改,规定填写项目不得遗漏。明确健康告知书及声明书由被保险人填写,并由投保人或被保险人亲笔签名,儿童由其法定监护人代为签名。

业务员的第一次风险选择首先应尽力避免道德风险,如婉言拒绝非善意投保者、无可保利益者以及生活习惯不良与环境因素恶劣者投保;二是应认真了解被保险人的健康状况，以初步断定是否需要体检；三是向客户详细说明寿险合同的条款、告知义务、责任免除、合同失效、合同解除、贷款规定等，以免日后因客户误解而产生纠纷；四是认真填写业务报告书，对被保险人的健康状况、职业、财务状况如实告知，保证业务报告书的信息具有及时性、准确性、客观性、详实性，为核保人员提供第一手资料，尤其是对健康状况可疑的应提示给公司核保人员，以便进一步核保。

2. 体检医师核保

体检医师核保又称医务审查或者第二次风险选择。由体检医师运用医学知识及技术并结合保险知识对被保险人的健康状况进行评估、筛选、分类，为确定被保险人的死亡率提供最具价值的资料。保险公司一般通过签订特约协议建立自己的定点特约医院，有条件的保险公司根据自身业务情况设立医务室，对被保险人进行体检。但是从节约成本的角度考虑，要求所有的被保险人全部进行医务体检是不经济的，因此保险公司往往依据被保险人的年龄和保额将所有的保件分为体检件与免体检件。对年龄较大、保额较高者需做体检，且体检项目也随年龄和保额的增大而相应增多。

体检医师核保时首先要查验受检者的身份，听取被保险人的告知，引导其如实告知现症、既往症和家族病史，并按检验项目详细检查被保险人身体，依此作出健康评价，作成体检报告书，提出核保建议。

体检报告书一般由两部分组成：一是由被保险人填写的健康告知部分，原则上是由被保险人亲笔填写，如果由体检医师代填，最终要由被保险人亲笔签字确认；二是由体检医师询问、检查、综合评价后填写的体检结论部分。经综合评价后得出体检结论，并对核保决定提出建设性意见。

3. 专业部门核保

专业部门核保又称第三次风险选择。专业部门核保包括核保人员审查和核保人员核保。核保人员审查主要是确定资料是否齐全，是否符合保险公司的投保规则，投保单填写是否详实、准确，特别注意客户有无亲笔签名。核保人员核保主要是审核投保申请书以及业务员报告书，了解投保人的基本情况，如年龄、职业、性别、体格、各种病史等；对以前参加过保险的人，向其参保的公司询问其投保历史，尤其是有无不良投保记录；对投保金额巨大、告知声明遗漏或核保人员认为有疑问的保件，有必要做进一步的资料收集。一般对健康状况有疑点的可要求被保险人做体检，以获得进一步的健康资料；对财务收入状况有疑点的可委托专人调查，以确保保额的恰当；有时核保人员认为被保险人的体检资料尚不足以评估危险而需要了解被保险人的既往病史时，可到被保险人曾就诊的医院调阅有关的病历报告,或使用有关的特殊疾病问卷或补充告知声明。

核保人员核定危险程度,划归不同的风险等级,确定承保条件。一般的投保件经过核保人员核保,会归入以下四类:

(1) 标准件。对于客户的身体状况不影响其死亡率,或者其死亡率虽然较高,但只要不高于同年龄的40%,都属于标准体的范围。

(2) 次标准件。对于死亡率超过其同年龄的死亡率40%的客户,则裁定为次标准体,并划分为不同等级。

(3) 延保件。对于客户的资料不够完整,或需要进一步治疗,保险公司暂不承保,待有足够资料与治疗结果后,再作决定。

(4) 拒保件。对于客户的危险程度超过正常标准很多,影响其他客户理赔的公平性,保险公司会拒绝承保。

4. 生存调查

人身保险合同经过业务人员核保、体检医师核保和核保人员核保后虽已成立,但风险选择的过程并未结束,保险公司为了进一步了解保户的投保动机、生活情况以及健康状况、排除道德风险及逆选择,有必要对生存中的被保险人实施追踪调查。生存调查一般由保险公司的行政编制调查人员,或招揽此保件的业务人员,甚至可委托无任何利害关系的调研公司的专业调查人员,对已承保或尚在核保中的保件予以适当的评估,了解风险选择的过程或结果是否适当。因此,生存调查又称第四次风险选择。

按调查时间分,生存调查可分为事前调查和事后调查。如果单从避免逆选择和道德风险的角度出发,对于全部投保件作事前调查是最理想的,但受时间和费用的约束,实务操作比较难,一般只对投保金额较高、健康状况有疑点的投保件实施事前调查。事后调查的目的是排除已承保的不良保件,若发现有疑问或核保结论不正确,可对已成立的保险合同作相应的处理。

按调查方式分,生存调查可分为直接调查和间接调查。直接调查是直接面见投保人和被保险人,了解其健康和经济状况是否符合投保条件的要求,这种方法简洁经济,但可靠性差。间接调查是与生活中和投保人、被保险人有接触的人交谈,侧面了解投保人、被保险人的情况。这种方法客观有效,但耗时、费力、成本高。因此,决定采用何种方法进行调查,一般要综合考虑风险的性质、业务人员的素质、市场占有率以及平均保额等因素。

生存调查后发现投保单、健康告知声明、业务员报告书和体检报告书上有疏忽、遗漏的地方,需要再作认真查证,然后视具体情况作适当的处理。如果是投保人或被保险人故意不告知,而且足以降低核保人对其风险的评估,在保险合同成立前发现,保险人不予承保,在保险合同成立后发现,保险人有权解除合同。如果是业务员、体检医师或核保人员的过失或疏忽,保险人通过变更承保条件,使合同继续有效。

二、核保决定

对于个人保险业务,经过上述的四次风险选择,保险人作出核保决定。

1. 正常承保

对于符合保险公司承保条件的标准件保单,保险公司按标准费率承保,出具保险单。

2. 条件承保

对于次标准件和延保件保单,保险公司通过增加限制性条件或加收附加保费的方式予以承保,出具保险单。在人身保险中条件承保的方法有年龄增加法、保险金削减法、附加保险费率法和特定器官除外法。

年龄增加法适用于递增型风险的人,将被保险人的年龄增加一个固定年数加以承保。例如被保险人患有高血压、糖尿病等。

保险金削减法适用于递减型风险的人,承保时按正常费率承保,但是在保单规定的时期内发生保险事故,按比例减少保险金给付。

附加保费法适用于固定型额外风险的人,在承保时保险人征收一定金额的额外保费。

特定器官除外法是指对具有某种轻微健康缺陷的被保险人,在确定承保方式时可采取特定器官除外而不增加其他承保条件的方法予以承保。

3. 拒绝承保

对投保人的投保条件明显低于保险公司承保标准的拒保件,保险人就会拒绝承保。

对于团体保险业务,保险公司核保后把团体根据其面临的风险程度分为标准风险团体、次标准风险团体和拒保团体三类,并根据不同的承保条件作出核保决定。对于团体的职业性质不会使团体被保险人的死亡率高于社会平均死亡率水平,该团体被视为标准风险团体,保险公司按标准费率正常承保。对于团体的职业性质使团体被保险人的死亡率高于社会平均死亡率水平,该团体被视为次标准风险团体,保险公司通过限制保额、提高费率等方式条件承保。对于一些职业危险程度很高的团体,例如,煤矿采选业、金属矿采选业、其他采掘业、烟花爆竹业、采石业工人、采矿业工人、潜水工作人员、爆破工作人员、采掘工、爆破工、硫酸、盐酸、硝酸等有毒物品制造者、火药爆竹制造及处理人、战地记者、特技演员、动物园驯兽师、高空杂技演员、飞车演员、飞人演员、高压电工程设施人员、防爆警察、特种兵(伞兵、水中爆破兵、化学兵、负有布雷爆破任务的工兵)、空中或海上服役军人,保险公司拒绝承保。

核保人员作出核保决定后,由签单员缮制保险单或保险凭证。缮制单证是保险承保工作的重要环节,其质量的好坏,直接关系到保险合同双方当事人的权利和义务能否顺利地履行。单证的缮制要及时,采用计算机统一打印,做到内容完整、数字准确、不错不漏无涂改。保单上注明缮制日期、保单号码,并在保单的正副本上加盖公、私章。如有附加条款,将其粘贴在保单的正本背面,加盖骑缝章。

复核员按签单要求对投保单、体检报告、保险单、批单,以及其他各种单证是否齐全,内容是否完整符合要求,计算是否正确进行认真的复核,力求准确无误。复核后加盖公章及复核员的名章,然后由保险内勤人员清分发送,收取保险费。最后将投保单、保险单和批单副本装订成册,交专人保管,以便今后查找,使理赔工作能顺利进行。

第三节 人身保险核保要素分析

一、个人寿险核保要素

个人寿险核保的要素有如下几种。

1. 年龄

年龄是个人寿险风险选择所要考虑的最重要因素之一,因为死亡概率随着年龄增加而增加。投保时保险公司一般不要求投保人提供被保险人的年龄证明,但在保险事故发生时,保险公司要求被保险人或受益人提供年龄证明,如果发现年龄误报,将按照年龄误报条款调整给付金额。不过,投保即期年金,由于在年金受领者死亡时发现年龄误报已不可能再调整给付金额,所以在投保时要求提供年龄证明。

2. 性别

性别也是个人寿险风险选择所要考虑的一个非常重要的因素。因为男性和女性的平均死亡概率不同,费率厘定时选用的生命表也不同。

3. 与健康有关的风险因素

(1)体格。体格包括身高、体型和体重分布。经验表明,超重对略有年龄的人都会增加死亡概率,对中老年人尤其如此,因为超重会引起生理失调。同样对近期体重突然减轻也要进行调查,以确定是否是由疾病引起的。保险公司通常运用世界卫生组织公布的身高、体重分布表作为审核被保险人体格的依据。

（2）既往症。如果被保险人已患有某种严重疾病或曾遭受过意外伤害，有的虽已痊愈却仍有复发可能，有的尚未完全恢复，有的留有后遗症并可能转变为额外的危险因素。因此，核保时核保人员除了要求被保险人提供病史外，有时还需要医师或医院出具病情报告。

（3）现症。现在被保险人身体的健康情形有某些异常状态（不限于疾病）。这将对其寿命有重要影响。

（4）家族病史。在风险评估时，家族病史也是一个重要因素。因为现代医学证明，有不少疾病是家族遗传性的疾病，如糖尿病、高血压等。因此在核保时，为了准确评估被保险人的风险，核保人员必须了解被保险人家族有无遗传病史。但是核保人员不能单凭家族病史提高保险费率。

4. 与健康无关的风险因素

（1）职业。虽然随着安全管理和医疗卫生的改善，不同职业死亡率的差别已经缩小，但仍然不容忽视。有些职业会增加死亡概率或意外伤害概率，如高空作业工人、矿工以及生产和使用有毒物质的工人。实务上一般视其危险程度划分为不同的职业类别并实行差别费率。

（2）习惯或嗜好。个人习惯或嗜好不仅会影响被保险人的身体健康，也会影响被保险人遭受意外伤害的概率。因此在核保时，对于个人习惯或嗜好，核保人员主要了解被保险人是否吸烟、酗酒和吸毒，以及是否业余爱好赛车、跳伞、登山等危险性运动。如果被保险人养成这些习惯或嗜好，保险人可以条件承保或者拒保。

（3）道德风险因素。为了防止道德风险的出现，核保人员必须了解投保人的品质和经济状况。投保人的品质可以从其商业活动和个人生活是否讲究信誉体现出来。投保人的经济状况可以从其职业、个人可支配收入以及拥有的资产状况体现出来。如果投保人缺乏经济能力却投保巨额保险，有可能会蕴涵道德风险。因此，核保人员必须仔细审查投保人、受益人和被保险人相互之间的关系，以确信投保人对被保险人的生命具有可保利益。

（4）财务状况。投保人的投保要求与其资产和收入状况是否适应，以避免保单的失效。

二、个人健康保险的核保要素

1. 年龄

年龄是个人健康保险核保的一个重要因素，因为疾病发生率、患病的平均持续期以及伤残康复所需要的时间都会随年龄的增加而增加。

2. 健康状况

个人的健康史和目前的健康状况都是确定发病风险的重要因素。个人的既往症和现症及伤残对其今后的健康也有较大影响，更何况不少疾病都有复发的可能。

3. 职业

影响发病风险的个人职业因素有：职业的固有风险、职业的稳定性以及伤病后重返正常工作岗位所需的康复时间等。丧失工作能力的概率在很大程度上受所从事的职业的影响。在丧失工作能力的两个原因即疾病和意外伤害中，意外伤害与职业的关系更为密切。健康保险的核保人员根据发病率设立了几种职业等级，并将这些等级排序，以反映职业对疾病发生率的影响。

4. 逆选择

健康保险比人寿保险更容易出现逆选择，因为人们一般都是意识到自己存在健康问题才去投保个人健康保险。为了避免和减少逆选择，保险公司在投保时要求投保人如实告知身体健康状况，再由体检医生严格体检，还要在保险单中规定观察期或者等待期条款，以避免投保人在投保时的不实告知或带病投保。

5. 道德危险因素

为了谋取保险金，被保险人有可能在投保时隐瞒或错误申报重要事实，或者保单生效后故意制造保险事故导致自残、故意装病不上班、夸大残疾的程度和故意拖延残疾康复的时间等。

6. 性别

性别对发病风险程度也有影响。由于男性和女性生理差异以及男性和女性从事的职业和其他社会活动的危险程度不同，因此，发病的风险和残疾程度以及残疾康复的时间也有差异。有些疾病女性发病率高，有些疾病男性发病率高；有些疾病是男性特有的，如前列腺疾病，有些疾病是女性特有的，如子宫癌。因此性别也是健康保险核保时要考虑的因素。

7. 工作经历

在健康保险中，个人工作经历也是核保时要考虑的一个因素。在残疾收入保险中，在工作记录上有多次跳槽经历或曾经有临时性工作的人比有着正规雇佣史的人风险更大。因为这种人遭致残疾后，有可能会找各种理由不工作，甚至有可能为了继续领取残疾收入给付和避免重返工作岗位而不积极康复。

8. 生活习惯与生活方式

个人的生活习惯与生活方式与意外伤残和疾病风险关系密切。不良的生活习惯与生活方式会增加意外伤残发生的概率,同时也会影响个人的身体健康。

三、人身意外伤害保险的核保要素

人身意外伤害保险业务的核保要素有职业、危险爱好、年龄、身体健康状况和保险金额等。

1. 职业

意外伤害风险的大小取决于意外事故发生的概率以及对人体造成的伤害程度,这与被保险人的职业关系最为密切,因此职业是人身意外伤害保险核保的最核心要素,保险公司依据各种职业的危险程度,制定职业等级分类表,保险人根据被保险人所从事的职业危险程度的大小确定具体的承保条件,决定是否承保以及保险费率的高低。客户的职业在分类表上若是须加费或拒保者,核保时应该依据该分类表计算保费。如果被保险人在投保时没有如实告知自己的职业,保险人有权解除保险合同。在保险合同履行过程中,如果被保险人的职业发生变更,新职业的危险程度增加了,必须及时通知保险人,保险人有权解除保险合同或增收保险费。

2. 危险爱好

在从事滑雪、登山、攀岩、赛车、潜水、江河漂流、滑翔、拳击等惊险刺激的体育运动时,被保险人发生意外伤害的概率和危险程度极大的提高。核保时,保险人通常在保险条款中明确列明,被保险人在从事滑雪、登山、攀岩、赛车等活动期间遭受的意外伤害属于除外责任。

3. 年龄

虽然人身意外伤害保险承保的是外来的、非故意的风险,年龄不是影响意外事故发生概率的主要因素,但是如果被保险人年龄过大或过小时,年龄因素也会影响意外风险事故发生的概率。未成年人受意识水平和行为能力的限制,自身应对外来风险的能力很弱,再加上考虑道德风险,因此人身意外伤害保险很少提供给少儿,尤其是6周岁以下的儿童;老年人对外界突发事件的应变能力下降,风险发生时较难判断导致死亡的近因是意外事故还是被保险人自身的疾病,因此意外伤害保险的条款中通常规定被保险人的最高年龄不得超过65周岁。

4. 身体健康状况

疾病在一般的人身意外伤害保险中属于除外责任,但有时很难界定被保险人的死亡残疾的近因是疾病还是意外事故,有些高危病人的死亡往往伴有意外伤害的表象,为了避免保险理赔纠纷和防范道德风险,在意外伤害保险核保时,保险人通常要审核被保险人的身体健康状况。

5. 保险金额

由于人身意外伤害保险保费低廉、保障充分,很容易出现逆选择和道德风险,因此,在核保时,保险人既要审核被保险人的保额和实际的收入水平是否匹配,还要审核被保险人的家庭环境、职业状况、社会地位、信用状况等因素。

四、团体保险的核保要素

团体保险核保与个人保险核保迥然不同。一方面个人保险核保注重审核单个被保险人的危险性质,而团体保险以整个团体为核保的对象,重点评估整个被保险团体的危险程度,考察团体中大部分健康状况良好的成员是否能抵消少数非健康成员所造成的理赔经验上的不利波动;另一方面个人保险核保主要集中在投保时进行,而团体保险核保则是一种连续性的工作,核保人员需要定期评估该团体的风险是否仍符合寿险公司的承保要求。因此,团体保险核保分为对新业务的核保和对续保业务的核保。

1. 新业务的核保

团体核保人在审查所收集到的被保险团体有关核保资料的基础上,对新业务进行核保时主要考虑以下因素。

(1) 团体的资格。团体必须具备法人资格,而不是以获得团体保险保障为目的临时组成的团体,否则逆选择的可能性将会很大。适合参加保险的团体包括以下几类:机关团体企事业单位、工(公)会团体、协会团体和信用团体。值得注意的是除机关团体企事业单位外,其他团体通常没有退休年龄的限制,因此投保时必须严格限制承保年龄。

(2) 团体的规模。限制团体投保的最低人数,目的是减低投保团体的逆选择,摊低作业费用,因为投保团体越大,其风险越分散,理赔经验越稳定,成本越低。此外,团体规模的大小还将影响到是否采用某些特殊的承保条件,如参保率的高低、是否需提供可保性证明等。

(3) 团体成员的投保资格。包括团体保险中的成员必须是健康且正常在职工作的员工以及团体成员的年龄、性别和薪资等的构成,这些因素都会影响到团体的理赔经验和费率。

(4) 团体的业务性质。不同行业的团体其职业危险因素并不相同,因而应适用不同的差别费率。

(5) 参保率。当团体具有较高的投保人数时才可以减少逆选择。因此,保费由投保单位全额负担,要求所有符合投保条件的员工都必须参加;如果员工部分负担保费应规定一个最低参保率,如投保人数比例至少在75%以上。

(6)团体成员的流动率。团体成员的流动率太高,行政费用会增加,流动率太低则因平均年龄增大和平均健康状况恶化会使团体的危险程度加大,因此,对流动率有一个合理的评估。

(7)保险金额的确定。团体保险不论被保险人年龄的大小,规定统一的保额或依据雇员的年薪或职位预先确定,团体成员没有选择保障水平的自由,否则逆选择的风险很大。

2. 续保业务的核保

团体寿险大多是短期性业务,当保险期满时,核保人员需要重新对被保险团体进行评估,评估的重点主要集中在两个方面。

(1)团体的理赔经验。团体保险的初年度费率,因缺乏经验,通常采用表定费率。第二年续保时核保人员根据上一年度被保险团体的理赔经验,对费率进行调整。对于规模较大的团体而言,核保人员考察其本身的理赔经验即可,而对小规模团体,就需要综合许多小团体的理赔经验才能确定出较为合理的费率。

(2)参保率。保费由投保单位和员工共同负担的团体保险中,被保险团体员工的参保率是个重要的核保参照变量,在续保时仍应审核其是否达到规定要求。

虽然,团体保险核保一般不要求团体成员提供可保性证明,但对年龄过大、保额过高以及人数很少的团体,则可能因其逆选择风险较大而需要提供可保性证明。

第四节 人身保险合同的保全

一、保全的内涵

由于寿险保单的长期性,投保人必须在约定的缴费期内持续缴纳续期保费才能维持合同的效力。同时在保险有效期内投保人因经济条件或其他条件变化而出现的各种变更要求以及实现寿险合同赋予给投保人的各种权益,都需要寿险公司提供相应的保全服务。

人身保险合同的保全是指保险公司为了维护已生效的人身保险合同的持续有效,根据合同条款约定及客户要求而提供的一系列服务。保全的目的是保证人身保险合同的完整性和时效性。从风险控制的角度看,保全是对保险标的承保后理赔前的风险进行管理的过程。

随着寿险市场竞争的不断加剧,优质服务已成为寿险公司的一项重要的竞争策略。一般寿险公司都设有客户服务部，专门负责管理从保单签发到终止的大部分维护工作，在建立和维持寿险公司与代理人和保户之间的良好关系方面起着关键的作用。

二、保全的意义

为保证个人寿险业务的"几何级数"式增长，及时收取保费，提高保单继续率，做好合同的保全工作就显得尤为重要。

（1）个人寿险营销发展初期，人情保单以及营销员采用不当技术如误导、诱导等手段签发的保单的存在，可能导致续期保费收缴的困难，造成保单失效。全方位、高品质的保全服务可以提高续期保费的续缴率，唤醒和增强保户的寿险意识，及时消除保户对寿险公司的误解，避免因服务不周导致保单失效或退保。

（2）由于营销员业务量增大、营销员的脱落以及银行转账保单增多等因素，使寿险公司与原保户的接触和联系减少。全方位、高品质的保全服务不仅可以密切与客户的关系，避免竞争对手插足，造成客户的流失，而且可以加强对准保户的开拓。实践证明，高品质的服务是建立准保户的最佳方式。

（3）由于寿险合同的长期性，在保险期限内客户不仅会发生调动搬迁、经济条件、家庭结构、个人需求等方面的变化，而且利率以及通货膨胀也会影响客户的保单维持行为和未来的实际保障程度。面对客户生命周期、生活环境以及经济形势的各种变迁，保险公司必须迅速提供保全服务，以满足客户变化了的保险需求，树立良好的公司形象，降低同业竞争的威胁。

由此可见，如何为保户提供优良的售后服务，尽力保全已生效的保单，是保险公司合同管理的重要内容，它直接关系到保险公司的生存和发展。重视保险合同的保全已成为众多保险公司的共识。

三、保全服务的内容

保全服务专指售后的保单保全及与保单相关的附加服务，包括保单保全服务的基本作业、附加价值服务和咨询服务。

（一）保单保全服务的基本作业

保全服务在保单的不同阶段有不同的保全项目，大致可分为缴费期间内提供的保全项目、保险期间内提供的保全项目以及生存给付时提供的服务项目。

1. 缴费期内寿险公司提供的保全项目

（1）续期收费。续期收费是保险公司为了维持保险合同的持续有效，而按照保险合同约定向投保人收取第二期及以后各期保险费的业务活动。续期收费主要适用于人寿保险及长期附加险的续期收费。续期保费的收缴直接关系到业务的稳定和利润的实现,而收费服务的好坏又直接影响着续期保费的收缴。因此,收费服务是寿险公司保全的一项重要工作。

(2) 保额的变更。在保单有效期内,被保险人可以根据自己保障需求的变化和缴费能力申请变更保额。具体可分为主寿险加保、减保,附加险加保、减保,以及附加险的增加、续保与取消。变更后的续期保费按寿险公司计算的新保费缴纳。为了防止逆选择,办理加保时需要核保,对加保次数和保额也有限制。减保部分一般按部分退保处理。附加险取消时若有未到期保费应退还给客户。

(3) 保单转换。随着时间的推移,被保险人持有的原保单已不再适合其保险需求,客户对续期保费的缴纳缺乏信心,甚至出现退保的想法。随着保险公司新商品的不断推出,客户可以通过保单的转换以适应其变化后的需求,这是保险公司为防止保户不满意原有商品条款而应用的一种保全措施。保单转换可以继承转换前保单的红利权益,同时原保单的责任准备金转换为新保单的责任准备金,使保户避免因退保带来的利益损害。

(4) 复效。寿险保单因为超过宽限期仍不缴费,保单失效。如果投保人提出复效申请,经保险公司核保同意,交齐欠缴保费及利息,恢复保险合同效力。复效核保标准及生存调查方法与新单核保相同。

(5) 缴费方式和缴费期限变更。在缴费期间,由于投保人财务状况的变动而引起缴费能力的变化,投保人可以申请变更缴费方式和缴费期限。缴费期限的变更受到保单的费率和缴费期限档次的限制。为了防止逆选择,寿险公司在受理延长缴费期限的申请时需要核保,并且规定主险和附加险的缴费方式相同。对于趸缴和全期缴费方式一般不予变更。

(6) 缴清保险。在保单缴费期间,投保人停止缴纳续期保费,用保单已累积的责任准备金作为余下期间的趸缴保费,使保险金额减少,保单继续有效的一种保全措施。办理缴清保险后附加险同时终止,不得申请办理贷款和减保。

(7) 展期保险。在保单缴费期间,投保人停止缴纳续期保费,用保单已累积的责任准备金作为趸缴保费,继续维持保单中的定期死亡保险。

2. 保险期内寿险公司提供的保全项目有:

(1) 保险合同内容的变更。保险合同内容的变更包括投保人信息的变更、被保险人重要信息的变更、受益人的变更等。保险合同内容变更需由变更人提出申请并应及时通知保险公司,办理相关更改手续。① 通讯地址、住址的变更。② 性别、出生日期错误更正。性别和年龄的更改可能会引起承保手续的增加,如原来不需要体检的现在需要增加体检。③ 姓名更改。仅更正被保险人、投保人、受益人姓名,不得易人。若更改被保险人、受益人姓名,被保险人和受益人需要在申请书上签字。④ 证件类别及号码更正。被变更人需要在申请书上签字。⑤ 授权账号变更或撤销。⑥ 职业变更。被保险人职业变更,可能引起相关险种的费率变更。被变更人需要在申请书上签字。⑦ 投保人变更。新、旧投保人须在申请书上签名,新投保人对被保险人要有保险利益。新、旧投保人作出相关保证,以保证有关未偿款和未领款的权利和义务的交接。⑧ 受益人变更。受益人变更的前提条件是被保险人生存且未发生保险事故。投保人变更受益人需征得被保险人同意。当生存受益人在未开始领取前死亡,被保险人可另行指定受益人。如果主险变更受益人,附加险也随之改变。

(2) 补发保单。当原发保单遗失或被污损时,投保人或被保险人可以申请补发或换发保单,保险公司在收取一定的工本费的基础上补发或换发。但是保单质押贷款未还的合同不能挂失、污损补、换发。

(3) 贷款。寿险保单贷款分为一般贷款与自动贷款垫缴保费。当贷款本息达到保单的现金价值时,保险公司应及时通知投保人作全部或部分清偿。如果投保人没有按规定时间前来办理,保险公司有权解除保险合同。

(4) 红利事项。对于分红保险,保险公司在每一会计年度结束后向投保人提供分红保险年度报告,年度报告包括红利分配方式和红利金额的确认。如果投保人申请领取当年红利,应填写红利领取申请书。

(5) 退保。当保单生效经过一定年度后,投保人可提出退保申请,保险公司在接到退保申请之日起30天内按规定给付保单现金价值。

(6) 查询服务。在保险合同的有效期内,保险公司为投保人提供相应的查询服务,使投保人可以随时查询保单的缴费明细、退保情况、现金价值情况、分红保险的红利分配情况以及给付情况等。

(7) 保险合同的解除。对于长期性寿险保单,投保人在签收保险合同的10日(犹豫期),对于长期性健康保险合同,投保人在签收保险合同的15日(犹豫期)内提出解除保险合同的,投保人所交的保险费予以全额返还。

在犹豫期后投保人提出解除保险合同,须提前30日通知保险公司,并提交保险单、最后一次保险费缴费凭证、"解除保险合同申请书"、投保人身份证。若选择银行转账方式领款的,还需提供活期银行储蓄存折首页复印件。

3. 生存给付时,寿险公司提供的保全服务项目

生存给付是在保险合同有效期内,被保险人生存至保险期满或约定的年龄、约定领取时间,保险公司按合同约定向生存受益人给付满期保险金或年金。保险公司在生存及满期给付前通知保户按时来领取保险金,为了给客户提供方便,

增加给付渠道如柜台领取、邮政汇款、银行自动转账或派员送达，以及逾期领取时支付一定利息率。生存给付领取时所需提交的资料有："生存保险金领取申请书"、保险单、最近一次保费的缴费凭证、生存受益人的身份证明等。

（二）附加价值服务

附加价值服务是保险公司针对一定层次的客户（一般指公司的 VIP 客户）所提供的与保险业务无直接关系的额外服务。

保险公司开展附加值服务的主要目的是增进保险公司对客户具体服务需求的了解，加强投保人与保险公司之间的联系和沟通，提高客户的满意度和忠诚度，从而有效提升保险公司的市场竞争力。由于考虑成本费用因素，附加值服务有一定的条件，一般只针对一定保额或一定保费以上的有效保单。附加值服务项目有：

（1）大客户提供的免费体检、联谊、健康咨询；

（2）参与一些社会公益活动，通过回馈社会来树立公司形象，如赞助运动团体、赞助艺术团体以及对公益活动的捐赠；

（3）为自己的保户提供将保障与服务融为一体的项目，如急难救助卡、寿险磁卡等。

急难救助是将一般保险的"事后理赔"服务往前延伸为事故发生时的"立即"援助。急难救助与寿险的结合，向保户提供了更切实际与急需的服务。在欧美，寿险与紧急援助结合已成为市场的一种发展趋势。国内的寿险公司也有相应的附加值服务，如平安寿险的紧急援助服务、太平洋寿险的急难救助卡、太平人寿与国际 SOS 救援组织联手推出的"太平人寿急难救助服务"。

在日本，各大寿险公司除了为保户提供详尽而周全的服务外，还推出一种只要投保，即可申请寿险磁卡的作法吸引新保户。寿险磁卡功能齐全，既可以利用寿险磁卡在自动取款机上提取现金，又可以利用寿险磁卡查询保单的可贷款金额及红利累积余额，自动办理保单贷款，还可以利用磁卡提取生存保险金，对保户用寿险磁卡购物消费时提供折扣优待。

（三）咨询与投诉制度

当保户或准保户通过电话、信件及亲访等途径向寿险公司就投保前对险种以及险种条款咨询和投保后对保单退保、现金价值的累积、红利分配以及保单的变更、给付情况进行咨询时，保险公司的咨询人员应该热情接待，并登记每一个保户和准保户咨询的问题，通过电脑查询或在相关部门的协作下立即向保户作出准确的答复，尽量让每一个保户满意。

当投保人、被保险人和受益人通过电话、信件及亲访等途径就公司员工的工作态度与不适当的行为及各项申请办理的时效等事项,向寿险公司客户服务部投诉时,客户服务部门应该立即提出适当的建议或解决方法,努力与保户达成和解,让保户真正地体会到自己的权益受到了保护。同时客户服务人员应该对保户的每一件投诉资料进行整理分析,并提供给相关部门研究改进之用。投诉制度建立的目的就是不断规范保险公司的内部管理,努力提高保险公司的服务水平。目前国内的寿险公司的电话服务中都包括了查询、咨询、投诉等服务。

思考题

1. 简述人身保险核保的意义。
2. 简述人身保险核保的具体程序。
3. 个人寿险和健康保险的核保要素有哪些?
4. 团体人身保险的核保要素有哪些?
5. 简述条件承保的几种情况。
6. 什么叫保全?试述寿险公司在缴费期间和整个保险期间保全服务的内容。

第十一章 人身保险理赔

第一节 人身保险理赔概述

人身保险的理赔是人身保险经营的重要环节,做好理赔工作,对提高保险公司的经济效益和社会效益具有十分重大的意义。

一、人身保险理赔的概念

人身保险的理赔是指应投保方给付保险金的请求,保险人以法律规定和人身保险合同为依据,审核认定保险责任并进行保险金给付的行为。

按照实务惯例,满期给付和生存给付属于"寿险保全"的范畴,因此通常意义上人身保险理赔包括身故、残疾、意外伤害医疗、疾病住院医疗及重大疾病等保险金的给付,不包括满期给付和生存给付。

承担保险金给付责任是人身保险合同中规定的保险人的最基本的义务,也是投保人实现实际的保险保障和自身保险权益的途径。理赔工作的好坏,不仅关系到保险公司的形象和声誉,甚至关系到保险公司的生存和发展。

二、人身保险理赔的功能

人身保险的理赔工作从接受投保人、被保险人或者受益人的损失通知时开始,经过现场查勘、责任审定、赔款计算,保险金给付等主要过程来完成,是一项比较复杂而又繁重的工作。人身保险理赔的功能表现在以下三个方面。

1. 实现保障功能

人身保险本身的内涵决定了购买人身保险,对个人和家庭来说,目的是为了寻求未来的保障;对企业来说,目的是稳定企业的经营,而理赔是实现人寿保险经济补偿功能的最终体现。

2. 规范经营行为

保险理赔是对承保、保全风险控制的监督和检验,行使着"内部审计"的工作职责。通过理赔可以发现保险条款、保险费率制定中存在的问题和漏洞,有利于规范保险公司的业务行为,为业务核保和风险管理提供依据,减少和杜绝不规范业务和高风险业务,提高保险公司整体风险控制水平,促进保险法律、法规的进一步完善。

3. 树立保险公司品牌

商业保险公司的社会形象和信誉,在一定程度上是通过良好、及时、合理的理赔服务品质来树立和维持的。因为高品质的理赔服务最能反映保险公司对客户的尊重,每一件满意的理赔案件都是推动人身保险展业的最好广告。

4. 防范保险欺诈和骗赔

保险理赔是以事实为依据,以保险责任为准绳,既要为客户提供优质的理赔服务,又要通过保险理赔防范保险欺诈,避免其他被保险人的利益受到不法分子的侵犯。尤其在团体保险理赔时最容易出现利用团体的社会影响进行骗赔或者强行索赔。

三、人身保险理赔的宗旨

人寿保险是社会经济保障制度的重要组成部分,通过保险人及时、准确、迅速、合理的承担保险金给付责任,不仅直接体现了人身保险制度存在的价值,也体现了人寿保险作为"社会稳定器"的功能。保险公司在理赔时不仅要提供优质的保险服务,还应该让被保险人或者受益人获得其应有的保险保障,因此,人身保险理赔的宗旨是"质量第一、信誉至上、依法有据、公平合理"。

质量第一、信誉至上要求保险公司在保户发生了保险责任范围的保险事故时,以高品质的理赔服务及时、准确地承担保险金给付的责任。保险理赔要讲究时效性,即在最短的合理期限内将保险金送到被保险人或者受益人手中,延迟的理赔不但不能充分发挥保险的经济保障的功能,也无法获得保户的肯定,影响保险公司在社会上的形象和声誉。

依法有据、公平合理要求保险公司在保险理赔时依据保险合同和《保险法》的规定,正确认定保险责任范围,准确核定赔付金额,做到公平合理,既不能少赔惜赔,损害被保险人和受益人的利益,又不能乱赔滥赔,让少数不法分子获得不当利益,间接败坏社会风气和秩序。

为确保理赔质量,防止和控制理赔工作的错赔、乱赔、滥赔现象,提高保险公司的信誉,保险公司在理赔工作中必须严格遵循保险理赔的原则,即重合同和守信用原则、实事求是原则、主动、迅速、准确、合理的原则。医疗费用保险理赔时还要遵循特殊的原则,即实际现金价值原则、重复保险的分摊原则、代位追偿原则。

四、保险科技在人身保险理赔中的运用

随着大数据、人工智能、区块链等保险科技的大量运用,保险理赔成本大大降低,效率大大提高,反欺诈的水平也不断提升。在健康保险领域,大多数保险公司运用互联网技术和图像识别等人工智能技术,极大地提升了保险公司远程定损的精度和自动化水平。例如,2018年支付宝推出的"AI快赔"服务,客户只要拍照在线上传病例资料、医院发票信息后,即可在支付宝报销门诊费用和药费,从识别、审核、赔付全部流程都由人工智能自动处理,无需人工干预。又如平安医保科技发布的"云享e通"智慧商保服务解决方案利用先进的AI智能科技,以商保医院联网平台为基础,远程调阅平台为核心,线下共享平台为补充,打造了"线上+线下+AI"三位一体的服务网络,将普通理赔审核调阅病历的时效从传统的4天缩短至最快20秒。通过"云享e通"区块链技术认证的当地医院员工,能在第一时间代表保险公司慰问关怀客户,协助收集资料、陪诊和垫付诊疗费,克服了保险理赔服务在人力成本和地域上的限制。

大数据、人工智能、区块链等在保险理赔中的运用,极大提升了保险公司识别欺诈风险的能力,为优化理赔流程和反欺诈应用开辟了广阔的空间。例如在人寿保险生存保险金和养老保险养老金赔付中,引入活体识别技术,通过虹膜、声纹、眼纹等有效识别真人与视频、照片等区别,从而远程判断被保险人的真实生存状态,有效杜绝冒领生存保险金和养老金等欺诈行为。又如,在人身保险承保和理赔中,运用区块链技术的可追溯、不可篡改等特征,确保投保人和被保险人信息的真实透明,从而降低保险欺诈的风险。

第二节 人身保险理赔流程

人身保险的理赔关系到合同双方当事人的切身利益,具有很强的政策性。为了保证理赔工作质量,必须制定出一整套严密的保险理赔工作流程并严格遵照执行。人身保险理赔程序根据不同的险种和案情有所不同,一般需经过受理和立案、调查、审理、理算、复核、通知给付或拒赔、单证流转、结案归档等过程。

一、受理和立案

根据《保险法》第二十二条规定,投保人、被保险人或受益人知道保险事故发生后,应当及时通知保险人。一般的保险公司保险条款中通常规定保险事故通知时间限制为三天,有的条款为五天。报案方式可采用上门报案、电话或传真报案。报案内容为出险时间、地点及原因、被保险人姓名、投保险种、保额及投保日期、联系电话、联系地址等。理赔人员在接到出险通知后,应及时填写"出险登记簿",对通知事项予以记载,记载内容应包括报案时间、被保险人姓名、保单号码、事故发生日期、事故发生原因、事故发生地点以及报案人的情况等方面。保险关系人直接提出给付申请的,亦应进行上述登记,并要求其填写保险金给付申请书。及时查阅和核对有关保险单底,对申请人提供的与确认保险事故性质、原因及程度等有关的证明和材料,包括保险单及批单正本、最近一期保险费的凭证、有关被保险人情况的证明材料、保险事故证明及损害结果证明、索赔清单以及其他必要的原始单据和证明材料进行认真审核。审核应以单证是否齐全、事实是否清楚、证明材料是否确实充分以及各项单证是否一致为主要内容。审核后对符合下列条件编号立案:

(1) 保险事故发生在保险期间内;

(2) 出险人是保险单上的被保险人;

(3) 被保险人在保险有效期限内出险;

(4) 给付申请在《保险法》规定的时效之内(人寿保险自其知道保险事故发生起 5 年,其他人身险自其知道保险事故发生起 2 年);

(5) 证明材料齐全。

对于不符合立案条件的将处理决定及理由书面通知申请人,保险人按照合同约定,申请人提交的证明和资料不完整的及时一次性通知投保人、被保险人或者受益人补交提供。

被保险人或受益人提出索赔申请时,必须提供相关的证明材料:① 保险单或其他保险凭证(团体投保的须提供投保单位证明,如果是附加险还需主险保单);② 最近一期保险费收据(长期性的分期交付保费的保险);③ 被保险人身份证明;④ 受益人、继承人身份证明及户籍证明;⑤ 二级以上(包括二级)医院或保险公司指定或认可的医疗机构出具的医疗诊断证明;⑥ 被保险人被确定为合同约定保险事故导致死亡的,应提供由保险人指定或认可的机构出具的死亡证明书及被保险人的户籍注销证明;⑦ 如委托他人办理的须提供授权委托书,被保险人若为无民事行为能力人或限制民事行为能力人,需由其法定监护人申领,并提供法定监护人有效身份证明。

除了上述的索赔单证外,如客户发生意外事故时,理赔人员应提醒客户家属准备"意外事故证明"材料,如意外车祸应向交警部门索要"交通事故责任认定书",意外被盗或遭抢劫受伤应向 110 或当地公安部门报警并要其出具相关证明。

二、调查

调查人员应当客观地、全面地、细致地审查核实有关单证及证明材料真实性、合法性和有效性。调查的基本方法有走访、现场调查、咨询或委托鉴定,但是调查不是每一个给付案件的必经程序,单证齐全、证明材料确实充分、保险责任明确且给付金额较小的简单案件无须调查,出具书面审理报告,说明审理过程、结论及理由即可。对于及时报案的重大案件,调查人员在接到报案后应及时赶赴现场实地查勘,其他案件必要时也应进行实地查勘。例如对疑难案件、以死亡为给付保险金条件的案件,被保险人因意外死亡,自合同生效之日起两年内死亡或自杀案件,被保险人因疾病或意外伤害事故造成伤残的案件、有保险欺诈、保险犯罪或责任免除可能的案件等有必要进行实地查勘,调查案件发生的时间、地点、原因。案情事实调查完毕后,调查人员应当及时撰写案件调查报告,报告内容必须真实、完整,并应随附有关证明材料。

三、审理

审理是人身保险理赔工作的关键环节,理赔人员审理的内容包括:

(1) 审理申请材料和调查报告,审核所有证明材料的真实性、合法性和有效性;

(2) 审核保险合同的合法性和有效性,包括合同是否依法成立,是否已经期满,是否存在合同失效情况,合同是否依法解除,保险单是否违法转让或质押等内容;

(3) 审查保险关系人情况,包括审核投保时是否符合可保利益原则,被保险人的真实年龄、健康状况、职业和生活习惯等情况,受益人的身份证明及与被保险人的关系证明,受益人是否变更,受益人的受益权有无丧失等;

(4) 审核保险事故的经过,包括审核事故发生的原因、日期、地点、施救情况、事故结果以及损伤程度等。

审核后,由理赔人员对保险责任进行认定,即确认是否属于保险责任范围以及保险公司应承担多大的给付责任。

四、理算

理赔人员在核定保险责任的基础上,对于应承担保险责任的,准确计算保险金的给付数额。由于人身保险合同的特殊性,除法律规定和合同条款外,在计算保险金给付数额时还应注意:

(1) 在宽限期内发生保险事故而当期保费未缴,应从保险金中扣除当期保费;

(2) 有自动垫缴保费的应从保险金中扣除垫缴保费的本利和;

(3) 有保单质押贷款的应从保险金中扣除贷款本利和;

(4) 有预缴保费的应退还。

五、复核

复核是人身保险理赔的必经程序。复核人员接到案卷,要认真全面地复核案件材料,主要查对案件责任范围和责任免除,核对给付金额并签署意见和证明。在复核时要注意以下几点:

(1) 死亡或意外事故的日期是否在保险单有效期内;

(2) 应提交的各类单证(包括证明)是否齐全;

(3) 立案的案件是否属于保险责任;

(4) 保险单证上的年龄是否与户口簿上的年龄一致,如发现被保险人投保时填报年龄小于实际年龄,原则上可以通融赔付,但如按年龄分档计算保费的,则要追收其按实际年龄计算的差额;

(5) 对死亡案件的保险金给付申请要注意受益人问题。

经复核员审核后的单证,在审核栏内盖章,然后交部门负责人、公司经理审定。

六、通知给付或拒赔

根据《保险法》第二十三条规定:对属于保险责任的,保险人应当在与被保险人或者受益人达成协议后十日内,履行给付保险金义务;合同中对保险金额及给付期限有规定的,保险人应当按照合同约定履行给付保险金义务。《保险法》第二十五条规定:保险人自收到给付请求和有关证明材料之日起六十日内,对给付保险金的数额不能确定的,应当根据已有资料和证明可以决定的最低数额先予以支付;保险人最终确定给付数额后,应当支付相应的差额。

因此,理赔内勤根据复核结论对属于保险责任的案件向申请人作出理赔决定通知,将案卷通过交接手续送计财部门,同时通知受益人或受益人指定的代理人前来办理保险金领取手续。

领款人到保险公司领取保险金时要提供本人身份证、工作证和户口簿等身份证明。同时在领款收据上注明领款人身份与被保险人关系并签名盖章。

理赔员和计财部门仔细核对领款人的身份证明及收据上填写的领款人是否是申请人本人,若领款人是受申请人委托的,则要提供申请人的委托书或申请人的身份证、工作证及本人证件后,才能给付保险金。计财部门按领款收据上的给付金额与调查报告单上的数字核对相符后配款,在付款凭证上盖现金付讫章连同现金一起交领款人。

七、单证流转,结案归档

(1) 计财部门在调查报告单财务付讫章栏内盖现金付讫章。在赔款日结汇总表上盖现金付讫章,自留调查报告单。汇总日结表各一份及领款收据作传票附件,其余单证交统计,经统计后,调查报告单、日结汇总表各一份,及批单退还业务内勤,统计留一份日结汇总表。

(2) 业务内勤接到计财部门退还盖有现金付讫章的调查报告单后,对伤残给付案件,要将保险凭证、缴费收据及户口簿、批单一起交外勤退还被保险人。对死亡给付案件,保险凭证及缴费收据留保险公司入案卷袋。一份批单由业务内勤粘贴在保险凭证副本上,一份批单入案卷袋存档。

(3) 按调查报告单上的给付数,在理赔给付登记簿上逐项进行登录。并将结案日期在报案登记簿上注明。

(4) 赔案经登录后装订,放入案卷袋中归档,赔案套袋上注明给付金额、结案日期、经办人。归档赔案按年份、险种、编号分类放置,长期保存。

(5) 个人保险业务结案归档的方式是一人一案,团体保险业务的归档方式是一险种一案。

特别值得一提的是,团体保险的理赔除了处理具体的理赔案件,还有一项非常重要的内容就是统计分析,即对众多的理赔案件归类、分档、并进行统计分析。常见的统计方法有两种:一是按险种统计,统计该险种的单项赔付率;二是按投保人统计,统计该保单的赔付率。通过统计这些理赔数据,可以提出理赔分析及相关的建议,促进团体保险业务整体理赔风险控制和业务的发展。

八、追踪调查

对大额案件和超权限案件,保险公司在给付保险金后,应安排人员定期进行追踪调查。调查的重点:①受益人是否真正按所给付的金额获得了保险金。②有无保险欺诈的线索暴露(如死亡人员出现、残疾人员异常恢复等)。

在实务中,人身保险的理赔流程包括受理和立案、调查、审理、理算、复核、通知给付或拒赔、单证流转和结案归档、追踪调查八个环节。随着大数据、区块链以及人工智能等保险科技在保险理赔中的大量运用,不仅降低了保险公司的理赔成本,提高了保险理赔的效率,而且增强了保险公司反欺诈的能力。

第三节 人身保险理赔实务

人身保险险种繁多,不同类别的人身保险,其理赔的内容、性质和特点不尽相同。下面我们介绍个人寿险理赔、人身意外伤害保险理赔、重大疾病保险理赔以及费用型和津贴型医疗保险理赔。

一、人身保险索赔的单证和资料的获得

（一）人身保险索赔应备的申请单证

在人身保险理赔实务中,被保险人或者受益人履行了出险通知义务后,必须提交必要的索赔单证。在人身保险业务中应备申请单证有:①保险单、最近一期保费收据及单位证明。②索赔申请书。③被保险人身份证明。④被保险人户籍证明。⑤受益人身份证明。⑥门诊手册原件。⑦出院小结。⑧医疗费用收据原件。⑨医疗费用收据复印件。⑩重大疾病诊断证明。⑪手术证明。⑫意外事故证明。⑬死亡证明。⑭法医鉴定书。⑮户口注销证明。⑯火化证明。⑰宣告死亡证明。

（二）不同的索赔申请项目需要的单证(表 11-1)

表 11-1

申请项目	应备文件
1. 人寿保险	
疾病死亡	①②③④⑤⑥⑦⑬⑮⑯
意外死亡	①②③④⑤⑥⑦⑬⑮⑯
宣告死亡	①②③④⑤⑰
2. 人身意外伤害保险	
意外死亡	①②③④⑤⑥⑦⑬⑮⑯
意外残疾	①②③⑥⑫⑭
3. 健康保险	
重大疾病	①②③⑦⑨⑩
意外医疗(门诊)	①②③⑥⑧⑫
意外医疗(住院)	①②③⑦⑧⑫
住院医疗	①②③⑦⑧

(三)人身保险索赔资料的获得

1. "居民医学死亡证明书"的获得

客户若在医院内死亡,应提醒家属保管好医院出具的"居民医学死亡证明书"。

2. "户口注销证明"的获得

居民死亡后必须由其家属到当地派出所进行户口注销,户口注销后派出所会出具"户口注销证明"。

3. "尸体处理证明"的获得

城镇居民身故后大多就地火化,尸体火化后殡仪馆会出具"火化证",作为"尸体注销证明";农村居民身故后实行土葬的,可由所在村居委会或当地派出所出具"土葬证明书"。

4. "意外事故证明"的获得

客户发生意外时,应提醒客户家属准备"意外事故证明"材料,如意外车祸应向交警部门索要"交通事故责任认定书",意外被打伤或遭抢劫受伤应向110或当地公安部门报警并要其出具相关证明。

5. "门诊手册或门诊病历"的获得

客户在医院接受医疗服务时,医院会提供"门诊手册或门诊病历"和就医记录。

6. "出院小结或出院记录"的获得

住院医疗的客户,在办理出院手续时向其主治医生索要"出院小结或出院记录",这是医院必须提供给病人的医疗证明。

7. "重大疾病证明书或医疗诊断证明书"的获得

诊断明确后,及时向主治医生索要"重大疾病诊断证明书或医疗诊断证明书",避免事后索要困难。

8. "法医学鉴定书或医院鉴定诊断书"的获得

残疾保险金的索赔必须提供残疾鉴定证明,合法有效的残疾证明可从司法部门或保险公司规定的医院获得。

9. "宣告死亡证明书"的获得

对因失踪而推定被保险人"死亡"的案件,被保险人家属向当地法院申请被保险人"宣告死亡",经法院公告和法律规定的等待期后,法院会作出"宣告死亡判决书"。

二、主要险种保险公司的审核项目

(一)人寿保险理赔的审核项目

人寿保险理赔是指在保险的有效期内,被保险人因疾病或意外死亡时,保险人受理、审核、认定保险责任并给付保险金的过程。

人寿保险的保障项目有死亡和满期生存,满期生存通常划归保全作业的范畴。人寿保险理赔指的是死亡给付。死亡给付都是定额型给付,由补偿原则派生的重复保险分摊原则和代位追偿原则都不适用。一旦被保险人因疾病和意外死亡,保险人必须按保险金额给付保险金,不得有所增减。死亡保险金的给付对象是保单中指定的受益人,如果没有指定受益人,保险金作为被保险人的遗产,由法定继承人继承。

人寿保险审核的项目有以下几种。

1. 确定保险事故是否发生

在收到受益人或者法定继承人的索赔申请后,保险理赔人员首先必须分析保险金申请人所提供的索赔资料,确认保险事故是否发生。人寿保险的事故证明有死亡证明、户口注销证明和火化证明。我国现行的死亡证明有临床医学死亡证明、法医学死亡证明和法院宣判死亡证明三种,死亡证明是证明某人已经死亡,并载有授权签发这种证明的部门盖章。户口注销证明是被保险人死亡以后由户籍管理部门注销其身份的证明。火化证明也是客观反映被保险人死亡的重要证明资料。在确认保险事故是否发生的过程中,必须对保险金申请人所提供的信息进行调查核实,确认死者为被保险人本人。

2. 确认被保险人死亡是由于保险责任范围内的原因导致的

理赔人员在审核过程中,对保单所列明的责任免除事项进行检查,对明确属于责任免除范围的原因导致的死亡应予以拒付。同时理赔人员还要对被保险人投保前的身体健康状况进行核实,如果投保人未尽如实告知义务,并且对核保结果有严重影响的,将根据相关的法律和法规拒绝给付。

在人寿保险中,常见的责任免除条款有:① 投保人对被保险人的故意行为;② 被保险人犯罪、斗殴或酒醉行为;③ 被保险人服用、吸食或注射毒品;④ 被保险人自合同生效或效力恢复之日起两年内自杀、故意自伤身体;⑤ 被保险人酒后驾车,无有效驾驶证照驾驶,或驾驶无有效行驶证的机动交通工具;⑥ 被保险人患先天性疾病、遗传性疾病、获得性免疫缺陷综合征(艾滋病)或感染获得性免疫缺陷综合征(艾滋病)病毒;⑦ 战争、军事行动、暴乱或武装叛乱;⑧ 核爆炸、核辐射或核污染,以及由此引起的疾病。

寿险合同依法无效的案件有:① 投保人在投保时对被保险人不具有保险利益;② 以无民事行为能力的人为被保险人投保死亡给付保险金的保险合同;(父母为其未成年子女投保的除外);③ 以死亡为给付保险金条件的合同,未经被保险人书面同意并认可保险金额(父母为其未成年子女投保的除外);④ 违反法律法规或国家利益、社会公共利益而签订的合同;⑤ 采取欺诈、胁迫等手段签订的合同。

寿险合同效力终止的案件有:① 超过宽限期仍未交付保险费,保单中止满两年双方未达成任何协议,保险合同终止;② 自动垫缴保险费的本息超过保单现金价值,保险合同终止;③ 保单质押贷款的本息超过保单现金价值,保险合同终止。

寿险合同被依法解除的案件有:① 投保人或被保险人在投保时故意隐瞒事实,或因过失未履行如实告知义务,并足以影响保险人决定是否同意承保或者提高保险费率;② 投保人、被保险人或受益人未发生保险事故而谎称发生保险事故,向保险人提出给付保险金请求;③ 投保人、被保险人故意制造保险事故;④ 投保人、被保险人或受益人以伪造、变造的有关证明、资料或其他证据,编造虚假的事故原因或者夸大损失程度,保险人对虚报部分不承担给付保险金责任;⑤ 投保人、被保险人或受益人超过法定索赔时效提出保险金给付请求,保险人有权解除保险合同。

3. 确认保险金给付对象

在确定保险责任后,为了避免因误赔导致保险公司的财务损失和法律纠纷,保险理赔人员还要确认保险金给付对象。保单中有指定受益人,保险金归指定的受益人所有。如果被保险人在保险事故发生前以遗嘱形式变更受益人,又没有书面通知保险人,理赔时还是按照原保单指定的受益人给付保险金。对投保时被保险人没有指定受益人、撤消了原指定的受益人又没有重新指定、指定的受益人先于被保险人死亡或者同时死亡等情况时,保险理赔人员要依据《中华人民共和国保险法》和《中华人民共和国继承法》的有关规定,确认保险金的给付对象。

(二) 人身意外伤害保险的审核项目

人身意外伤害保险的理赔是指被保险人因意外伤害事故导致死亡和残疾时,保险人审核认定保险责任并给付保险金的过程。当被保险人因意外事故死亡时,保险人按保险金额给付;当被保险人因意外事故造成残疾时,保险人按残疾程度比例给付;对于因疾病导致的被保险人死亡或残疾,保险人不承担保险金给付责任。在人身意外伤害保险理赔时,为了保证理赔的公正性和合理性,一般要求由权威的残疾鉴定机构对被保险人的残疾程度进行鉴定,以决定给付的比例。

人身意外伤害保险理赔时,首先要确认意外事故是否发生在保险的有效期内。只要被保险人在保险期间遭受意外伤害,在责任期限内造成死亡或残疾的结果,即使保险期限已经结束,保险人同样负保险金给付责任。

为了确认事故发生的性质,理赔人员必须对事故发生的时间、地点、经过以及原因进行详细的调查了解,并要核实申请人所提供的意外事故证明的真实性和时效性,防止因虚假意外事故证明导致的骗赔。常见的意外事故证明有:

(1) 被保险人或受益人书写并签名确认的意外事故说明书;
(2) 公安、司法部门的证明(民事调解、刑事案件等);
(3) 交通管理部门的证明(交通事故);
(4) 消防部门的证明(重大火灾事故所致烧伤);
(5) 卫生防疫部门的证明(食物中毒);
(6) 所在单位的证明(工伤、意外事故);
(7) 旅游景点、游乐场所、学校的证明(意外事故)。

在确认导致被保险人死亡或残疾的意外事故属于保险责任范围内的事故后,保险理赔人员还要确认事故发生的结果。对于被保险人死亡,根据死亡证明、户口注销证明、火化证明予以认定。对于被保险人残疾,如肢体永久性残缺、身体器官机能永久性丧失等可以明确认定。对无法确认是否构成保险责任,可以通过权威的鉴定机构对被保险人的残疾程度进行鉴定,以确定是否构成保险合同约定的残疾标准。

人身意外伤害保险是一种保费低、保障高的险种,特别容易产生逆选择和保险欺诈。逆选择的主要表现是投保人在投保时对健康状况、职业危险程度、财务状况不如实告知。因此保险理赔人员在理赔时对投保人的投保动机进行调查和核实,尤其对死者生前患有严重疾病、死者生前有巨额债务、向多家公司投保且保险金额巨大者等案件必须引起高度的重视。同时对故意制造保险事故谋取保险金、捏造保险事故或伪造保险事故诈取保险金以及保险事故发生后采用欺骗行为骗取保险金的案件,除了拒绝赔付保险金外,还要协助有关部门追究法律责任。

(三) 重大疾病保险的审核项目

随着重大疾病保险的发展,它的保险责任范围不断扩大,由单一的附加险种,保险责任只包括三四种疾病向涵盖死亡给付、意外伤害给付以及30余种重大疾病的多元化产品发展。重大疾病保险的理赔是指被保险人发生合同约定的重大疾病或者被保险人因疾病或意外事故死亡时,保险人审核认定保险责任并给付保险金的过程。

在重大疾病理赔时,保险理赔人员首先要审核投保动机。审核投保动机的目的是规避被保险人逆选择的风险。通常理赔人员从保险金额与被保险人实际收入是否相符、出险时间是否在投保后或者保单复效后不久、既往健康状况有无如实告知、被保险人是否主动投保等方面进行审核。其次,保险理赔人员要确认重大疾病被确诊的时间。如果重大疾病确诊在投保前或保单失效期间或者在保单规定的观察期内,保险人不负保险金给付责任。如果被保险人在观察期内患病,在观察期满之后被确诊为重大疾病,保险人仍负给付的责任。最后是确认被保险人患的重大疾病是否属于保险责任范围,这是一个难度大又复杂的问题。为了作出正确的理赔结论,保险理赔过程中要组成理赔调查、讨论小组,必要时请教医学专家以全面了解某一重大疾病的特点,还要充分考虑保险医学和临床医学的区别,严格遵守保险条款约定的重大疾病标准。为此保险人除要求被保险人或受益人索赔时提供保险单、最近一期的保费收据、被保险人身份证明、保险公司指定或认可的医疗机构出具的附有病理检查、化验检查、血液检查和其他诊断报告的医疗诊断证明及病历外,保险公司还要审核以下项目:

(1) 审核病历、检查报告、诊断证明、鉴定书上的姓名、年龄、性别与保单上的被保险人是否一致;

(2) 审核重大疾病发生日期与病历、检查报告、诊断证明、鉴定书及有关证明上的日期是否一致,是否在保险期限内,是否在观察期之后,疾病只有初次发生和诊断都在观察期后,才属于保险责任范围;

(3) 必要时被保险人应到保险公司指定的医院或司法机构进行复查或司法鉴定。

当被保险人在保险期限内被确诊患有保单规定的重大疾病时,保险人按保险合同的规定作定额给付。为了防止逆选择和保险欺诈,当出现下列情况,保险人拒付保险金:① 被保险人患的重大疾病不符合保单中重大疾病定义的给付标准。② 被保险人所确诊的疾病不属于保单规定的重大疾病的范围。③ 被保险人在保单生效后或者保单复效后的观察期内被确诊患有重大疾病。④ 被保险人在投保时对自己的既往健康状况没有如实告知。⑤ 保单因投保人未按时交付续期保费而处在失效状态。⑥ 被保险人采用与医生联手提供虚假的病历资料或冒名顶替等方式骗取保险金。

(四) 费用型医疗保险的审核项目

医疗费用保险理赔是指被保险人因疾病或意外伤害需要治疗支出医疗费用时,保险人审核认定保险责任并赔付保险金的过程。

在医疗费用理赔时,保险人除了要求被保险人提供保险单或保险凭证及单位证明、被保险人身份证明、门诊病历原件及处方附联、住院病历复印件(包括首页、记录、出院小结、长短医嘱)、医疗费原始收据外,保险公司理赔人员还要审核以下项目:

(1) 所有医院证明是否为原件,医疗费用收据是否有效;

(2) 入院时间是否在保单规定的免责期(观察期)后;

(3) 被保险人所患疾病是否在保险责任范围内;

(4) 审核医疗证明材料时,要注意是否为被保险人本人住院,被保险人是否带病投保;

(5) 剔除不符合社会基本医疗保险规定范围的治疗和检查及其他各项费用;

(6) 不论是一次或多次住院,其累计给付金额不能超过保险金额;

(7) 被保险人因他人责任造成伤害而引起的医疗费用中依法应由他人承担的部分,保险公司不负赔偿责任。

被保险人在出差期间患病,原则上应在当地县(区)级或县(区)级以上的公立综合性医院就诊。

被保险人申请门诊医疗费赔偿时,应按门诊日期顺序提出索赔,否则,保险人有权拒赔。若被保险人弄虚作假,视情节轻重,保险人可拒付部分医疗费或全部医疗费。

被保险人因疾病或意外事故需门诊或住院治疗时,应在保险人所提供的医院治疗。除意外事故或其他疾病需紧急治疗外,凡在非指定医院就诊者,保险人不予赔偿。

(五)津贴型医疗保险的审核

津贴型医疗保险理赔时,保险理赔人员要求被保险人或受益人提供保险单、最近一期的保费收据、被保险人身份证明、医疗诊断书、住院证明、出院小结、病历等资料,保险公司还要审核:

(1) 初次投保或重新投保有一定的免责期,所患疾病必须是合同生效后初次发生的疾病,发生在免责期之后才属于保险责任;

(2) 实际住院天数是否与当地该病种平均住院天数相符;

(3) 审核住院人是否被保险人本人,有无冒名顶替现象。

三、保险金的给付

1. 人寿保险的给付

对于传统的人寿保险业务,保险事故造成被保险人死亡或保险期满时被保险人继续生存,保险人按保险合同中约定的保险金额给付。

对于投资型的人寿保险业务,保险事故造成被保险人死亡,保险人按个人投资账户的投资收益的多少决定保险金的给付,但最低不低于保单中规定的基本保额。

2. 人身意外伤害保险的给付

意外伤害造成被保险人死亡或残疾,保险人负以下给付责任:

(1) 被保险人因意外伤害死亡,保险公司按保单规定的保险金额给付保险金,保险责任即行终止。

(2) 被保险人在保险期间因意外事故下落不明并且经人民法院宣告死亡,保险人按保单规定的保险金额给付保险金,保险责任即行终止。若人民法院撤消死亡宣告时,保险金领取人必须将已领取的保险金全数退还保险人。

(3) 被保险人在保险期间因意外伤害残疾,保险人按照残疾程度给付相应的保险金。如果自造成意外伤害之日起经过180天治疗仍未结束,则按第180天的身体情况鉴定伤残程度,给付相应的保险金。

(4) 被保险人因意外伤害造成残疾并按规定领取残疾保险金后,在保险期间又因同一原因死亡,保险人只给付保险金额与已领取的残疾保险金的差额,保险责任即行终止。

(5) 在保险期间内,如果被保险人多次遭受意外伤害,对于每次意外伤害,保险人都必须按合同规定给付保险金,但累计给付的保险金总额以保险金额为限。当保险人累计给付的保险金总额达到保险金额时,保险责任即行终止。

特别注意的是人寿保险中的死亡保险金给付和人身意外伤害保险中的残疾保险金的给付不存在重复保险的比例分摊,也不存在代位追偿。被保险人拥有数份保单,保险事故发生时,任何一家保险公司必须按约定的保险金额给付,不得有所增减。如果是第三者的责任造成被保险人死亡和残疾,保险公司给付后不得行使代位追偿权。

3. 医疗费用保险的赔付

医疗费用保险属于费用损失保险,代位追偿原则和重复保险的比例分摊原则同样适用,被保险人不能通过保险额外获利。

(1) 被保险人无论门诊或住院治疗,一律按卫生部门和社会劳动保障部门规定的医疗标准用药。

(2) 被保险人在指定门诊治疗,由本人结算全部医疗费用,保险公司按规定审核被保险人提供的原始处方、药费收据后,在保额的限度内,按照被保险人实际支出的医疗费用赔付。

(3) 被保险人同时拥有社会医疗保险和商业医疗保险,根据社会保险是基础,商业保险是补充的原则,应该由社会医疗保险支付医疗费用后,对剩余部分医疗费用由商业保险公司进行赔付。

(4) 对于第三者责任,如交通事故、他人伤害等情况,根据《中华人民共和国民法通则》的规定,应该由第三者支付医疗费用,剩余部分由受害人自己承担的医疗费,由保险公司按照保险条款规定进行赔付。

(5) 对于用人单位支付医疗费用的,个人投保时视同为社会保险。对于被保险人支出的医疗费用先由用人单位赔付,剩余部分由保险公司赔付。对于用人单位团体投保的,可以由保险公司给予赔付。

(6) 如果被保险人在其他保险公司同时投保医疗费用保险出现重复保险时,被保险人应出具在其他公司的保险资料,在医疗费用赔付时,原则上按照保险金额进行比例分摊。

如果被保险人在其他保险公司公司已经理赔者,在本公司申请赔付时需要提供医疗费用的原始发票或复印件。当然被保险人也可以在本公司先行理赔,然后根据被保险人声明,向其他公司提供相应证明、医疗费用发票或复印件,并且注明理赔金额,目的使被保险人获得的保险金不超过他实际支出的医疗费用。

(7) 如果被保险人在同一家保险公司的其他系列同时投保医疗费用保险时,医疗费用赔付可以根据客户需求,在任何一个系列先予理赔。但是最终被保险人获得的赔付还是以实际支出的医疗费用为限,被保险人不可能因保险额外获利。

思考题

1. 简述人身保险理赔的功能和宗旨。
2. 简述人身保险理赔的步骤和主要内容。
3. 人身保险索赔时要提供的单证主要有哪些?
4. 人寿保险理赔时审核的主要内容有哪些?
5. 人身保险索赔的单证是如何获得的?
6. 简述重大疾病保险和医疗保险审核的项目。
7. 简述医疗费用保险金赔付时要注意的问题。

第十二章 人寿保险的数理基础

第一节 人寿保险保费的构成

保险费是投保人为取得保险保障，按保险合同约定向保险人支付的费用。保险费是保险基金的来源。确定合理的保险费是保险公司正常运营的重要前提。

一、人寿保险保费的构成

1. 纯保费和附加保费

投保人所交付的人寿保险费称为营业保费(office premium)或毛保险费(gross premium)。营业保费由纯保费(net premium)和附加保费(loading)两部分构成。纯保费是用于将来保险金给付的那部分保费。附加保费是用于保险公司经营费用支出的那部分保费。

2. 危险保费和储蓄保费

由于人寿保险大部分采用均衡保险费法，所以投保人所缴的保费中的纯保费部分可以分解为危险保费和储蓄保费。危险保费是用于当年保险金给付的那部分保费，储蓄保费是纯保费中扣除危险保费后的剩余部分，这部分保费计提成责任准备金进行投资运用，使之不断增值，用于将来保险金给付。

人寿保险的营业保费可用图 12-1 表示。

$$\text{营业保费} \begin{cases} \text{纯保费} \begin{cases} \text{危险保费} \\ \text{储蓄保费} \end{cases} \\ \text{附加保费} \end{cases}$$

图 12-1 人寿保险营业保费的组成

二、人寿保险的定价体系

人寿保险的定价体系有三种，即一次缴清保费体系、自然体费体系及均衡保费(level premium)体系。

1. 一次缴清保费体系

一次缴清保费体系是由投保人在投保时把所有保费一次全部缴清。这种定价体系往往使投保人的经济负担较重,尤其不利于收入水平相对较低的被保险人。因此,在寿险实务中其运用范围受到一定的限制。

2. 自然保费体系

自然保费体系是每年根据被保险人的死亡率厘定保险费率,收取保险费。这种定价体系有两个缺点:一是由于自然保费随着被保险人年龄增加不断上升,老年时的保险费高于年轻时的数倍,从而使被保险人在年老最需要保险保障时,因缺乏保费的承担能力而得不到保障,从而削弱人寿保险的社会效应;二是保险人容易受到逆选择的困扰,由于自然保费的逐年递增,使缴费负担与被保险人的收入水平不符,往往身体好的人因保费负担过重而退保,身体差的人却坚持投保,使正常情况下计算出的费率难以维持。

3. 均衡保费体系

为了克服自然保费体系和一次缴清保费体系的缺陷,寿险公司设计了均衡分摊,使得保单有效期内,投保人定期缴纳同样数额的均衡保险体系。均衡保费在早期高于自然保费,晚期低于自然保费,用早期超过保险成本的溢交保费的积累来弥补后期保费低于保险成本的缺口,将死亡风险造成的保险成本均匀地分摊于整个保险期间。

三、影响寿险定价假设的因素

在寿险产品定价时,定价方法及公式固然重要,但是定价中的各种假设是否符合实际将直接影响定价的有效性。由于寿险的长期性,对未来经济周期、社会环境、保险市场等因素不能准确预测,因而各种因素的假设具有一定的概率特征。

影响寿险产品定价假设的因素主要有以下几个。

1. 经济环境和社会环境因素

对经济环境和社会环境当前情况的评价以及未来发展趋势的预测是定价假设的第一步。人口及其结构的变化比如人口老龄化以及人口出生率下降等、社会保障制度的改革都将改变寿险公司的市场状况;资本市场的运行情况以及中长期债券和股票的投资收益率的高低将影响寿险公司的利率假设;经济衰退伴随着失业率的增长将导致伤残率、退保率的增加等。这些经济和社会因素都将影响寿险公司产品的开发和定价。

2. 寿险公司的特点

寿险公司的特点将会极大地影响定价假设的选择,公司的组织形式、经营理念和经营决策都反映出寿险公司的经营特点,例如:公司的类型是股份公司、相互公司还是互助合作公司;公司短期及长期目标的重点;公司经营目标——利润目标、保费增长目标以及股东权益对公司的重要性;公司管理的技术和水平等等。费率精算时必须根据这些特点来决定定价假设,以反映寿险公司的经营目标。

3. 寿险市场的特点

市场是瞬息万变的,当寿险公司决定开辟新的市场或开发新的险种,就必须了解市场变化对各种定价假设的影响。寿险公司需要考虑的与市场相关的因素包括:营销培训、目标市场(对于个人寿险,必须了解目标市场的收入水平、保单保额规模、年龄分布、地域分布、保险需求及保费支付能力等;对团体保险来说,需要分析和了解目标市场的规模、团体的类型及福利计划)等。

4. 寿险产品的特点

寿险公司所开发产品特点也将影响寿险公司的定价假设。例如传统非分红保险由寿险公司承担全部的经营风险,而分红保险采用保守的定价假设,通过红利的非保证性将利率风险转嫁给客户;投资型寿险的利率假设一般基于当前市场利率,而将投资风险全部转嫁给客户。

第二节 人寿保险费率厘定的要素分析

一、人寿保险费率厘定的基本要素

由于人寿保险承保的风险是生存或死亡,生存与死亡发生的概率随被保险人年龄的变化而变化,再加上人寿保险期限长,一般采用均衡保险费方式,需要考虑利息因素,所以人寿保险费率计算要依据死亡表和一定的利息率,形成了一套人寿保险专用的计算技术——寿险精算,为寿险经营的稳定和专业化奠定了科学的基础。

(一) 死亡率或生存率

由于人寿保险是以被保险人的生命作为保险标的,保险事故是被保险人的生存或死亡。因此必须依据被保险人的生存率和死亡率来厘定保险费率,而生存率与死亡率来自生命表。

1. 生命表(mortality table)的概念

生命表是根据一定时期、一定国家或地区、一定的人口群体为统计基础,计算出某一人群各种年龄的人的生存和死亡概率,并将其汇编而成的一种表格。在人寿保险中,不管以生存作为给付条件的年金保险,还是以死亡作为给付条件的定期寿险,都与生命表中的生存率和死亡率密切相关。生命表在有关人口理论的研究、社会经济政策的制定、寿险公司保险费的计算及责任准备金的计提等方面有着极其重要的作用。

2. 生命表的种类

(1) 国民生命表和经验生命表。生命表根据统计的对象不同可分为国民生命表和经验生命表。国民生命表是以全体国民或特定地区的人口统计资料编制的生命表;经验生命表是根据人寿保险公司的被保险人以往的死亡记录编制的生命表。为了保证费率计算的合理性和准确性,保险公司必须根据业务性质选择合适的生命表。例如,经营人寿保险业务应选用经验生命表而不是国民生命表,因为国民生命表是没有经过保险公司的风险选择,它的死亡率要高于经验生命表的死亡率。

(2) 寿险生命表和年金生命表。人寿保险是以被保险人在保险期限内死亡作为保险金给付条件,年金保险是以年金领取人在合同约定的领取日之后继续生存作为保险金给付条件。经验表明,购买年金保险者的死亡率要低于购买人寿保险者的死亡率,也就是说,年金保险与死亡保险的死差损益(即预期死亡率与实际死亡率之间的差异产生的损益)正好相反。很显然,用同一张生命表去计算寿险保费和年金保费是不合理的。因此从保险公司的业务稳定考虑,精算师编制了寿险生命表和年金生命表,对寿险业务费率的厘定选用寿险生命表,对年金保险费率的厘定选用年金生命表。

(3) 男性生命表和女性生命表。生命表是按照不同的年龄以及相应的死亡率编制的。事实上,对于同一年龄不同性别者死亡率并不一样。经验表明,在许多年龄段,女性的平均死亡率要低于男性。如果对不同性别的同年龄者采用同一张生命表厘定费率有失公平。为此精算师编制了男性生命表和女性生命表。在寿险和年金保险业务费率厘定时,对男性和女性被保险人分别选用相对应的生命表。

3. 生命表的内容

一张完整的生命表由 6 个栏目组成:

(1) x——表示年龄,生命表的年龄从零岁时开始每岁为一组。从出生时开始一直到生命表的终极年龄。终极年龄一般用 w 表示。

(2) l_x——年初生存人数,l_x 表示生命表中年初的生存人数。

(3) d_x——年内死亡人数,d_x 表示 x 岁至 $x+1$ 岁的年龄间死亡人数。

(4) p_x——生存率,p_x 表示 x 岁的人能够生存到 $x+1$ 岁的概率。

(5) q_x——死亡率,q_x 表示 x 岁的人在到达 $x+1$ 时一年间的死亡概率。

(6) $\mathring{e}_x$——平均余命,$\mathring{e}_x$ 表示 x 岁的人以后还能生存的平均年数。

4. 生命表中各项生命函数的关系

生命表中各项生命函数的关系如下:

(1) $l_x - l_{x+1} = d_x$, $\qquad l_x - l_{x+n} = d_x + d_{x+1} + \cdots + d_{x+n-1}$;

(2) $q_x = \dfrac{d_x}{l_x} = \dfrac{l_x - l_{x+1}}{l_x}$, $\qquad {}_n q_x = \dfrac{l_x - l_{x+n}}{l_x}$;

(3) $p_x = \dfrac{l_x - d_x}{l_x} = \dfrac{l_{x+1}}{l_x}$, $\qquad {}_n p_x = \dfrac{l_{x+n}}{l_x}$;

(4) $p_x + q_x = 1$。

[例1] 试求一个 25 岁的男性在达到 50 岁之前的死亡概率,1000 个 25 岁男性达到 50 岁之前的死亡人数。(查本章后所附生命表)

解:$\dfrac{l_{25} - l_{50}}{l_{25}} = \dfrac{9\,925\,337 - 9\,704\,150}{9\,925\,337} = 0.022\,285$

$1000 \times 0.022\,285 = 22$ 人

[例2] 试求一个 25 岁的男性生存到 50 岁的概率,1000 个 25 岁男性生存到 50 岁的人数。

解:$\dfrac{l_{50}}{l_{25}} = \dfrac{9\,704\,150}{9\,925\,337} = 0.977\,715$

$1000 \times 0.977\,71 = 977$ 人

5. 生命表选择时遵循的原则

为了保证寿险费率厘定的准确和合理,选用生命表时应遵循三个基本原则:

(1) 现在承保被保险人的生命状况应与生命表反映群体的生命规律尽量接近。因为生命表是群体统计规律的概括,表中反映的生死概率并非一个人真实发生的生死概率,只有使实际生死概率与生命表所反映的偏差非常小,才能保证费率厘定的准确。

(2) 承保的被保险人足够多,满足大样本的要求。因为生命表是建立在大样本的基础上的,只有选择的被保险人足够多,才能充分体现生命表所固有的应用性,减少实际生死概率与预期生死概率的偏差。

(3) 根据科技的进步,医疗保健水平的提高,人的平均寿命的延长,定期对生命表进行修正,以减少误差。

(二) 利息率

由于人寿保险的长期性,保费的收取和保险金的给付之间存在着很长的时间差,因此在寿险费率厘定时还要考虑利息因素。寿险产品大多具有储蓄和投资属性,寿险预定利率与银行储蓄利率的比较往往会影响投保人的行为。如果

寿险预定利率过低,会增加投保人的负担,削弱寿险险种的竞争力;如果预定利率过高,虽有利于寿险公司拓展业务,但会增加投资风险,从长远看,也不利于寿险企业的稳定经营。因此寿险公司必须从广大保户的长远利益和企业的稳定经营出发,必须科学合理地确定预定利率。

对于利率完全市场化的国家,寿险公司的精算师通常依据中长期债券的收益率来确定保单的预定利率。而对于利率没有完全市场化的国家,寿险公司的精算师在确定预定利率时,重点要关注银行利率变化,在关注银行利率变化时,更重要的是关注利率变化的长期趋势。寿险企业的精算部门应凭借其丰富的专业知识和经验,充分研究寿险预定利率,市场利率以及国际市场利率的关系,准确预测经济长期发展趋势和相对较长时期资金供求状况,以本公司及其他公司过去的投资收益率及未来投资收益率作为基本的参照系数,制定出合理的预定利率,以保证寿险合同承诺的兑现,同时还要考虑市场竞争中竞争对手的特殊市场行为对公司业务的影响,以保证预定利率决策的科学性。

1. 单利(simple interest)终值的计算方法

单利计息只对本金计算利息,而对每期所产生的利息并不计算利息。单利的终值等于本金加上利息。

$$S = P + P \cdot i \cdot n$$

所以
$$S = P(1 + i \cdot n)$$

式中 S——单利终值;

P——本金;

i——利息率;

n——时期数。

例如,某人将1000元钱存入银行,年利率为2.5%,问10年后这笔存款的本利和为多少?

$$P = 1000, i = 2.5\%, n = 10$$

根据单利计算公式可得:

$$S = P(1 + i \times n)$$

所以
$$S = 1000 \times (1 + 2.5\% \times 10)$$
$$= 1250 \text{ 元}$$

2. 复利终值(compound interest)的计算方法

复利既要对本金计息,还要对本金所产生的利息计息。人寿保险的利息是按复利计算的。复利终值的计算公式为:

$$S = P(1 + i)^n$$

式中　S——复利终值；
　　　P——本金；
　　　i——利息率；
　　　n——时期数。

例如，某人将 2000 元钱存入银行，年利率为 5%，按复利计息，10 年后这笔存款的本利和为多少？

$$P = 2000, i = 5\%, n = 10$$

根据复利计算公式 $S = P(1+i)^n$

可得 $S = 2000 \times (1+5\%)^{10}$
　　　$= 3257.78$ 元

3. 现值的计算

为了在一个特定的时期末取得一定金额而现在所需要投资的本金称为现值。计算公式为：

$$P = \frac{S}{(1+i)^n}$$

式中　S——终值；
　　　P——现值；
　　　i——利息率；
　　　n——时期数。

为了便于计算，保险公司根据不同的利率编制了复利终值表、复利现值表、年金终值表和年金现值表以备查用。在复利现值表中，用 v 表示折现因子。

4. 确定年金（annuity certain）

确定年金是指一定时期内的连续定期付款。在确定年金中，按照每期年金支付的时间划分，可分为期首付年金和期末付年金。期首付年金是指年金支付发生在每一期的期初，期末付年金是指年金支付发生在每一期的期末。

(1) 期首付确定年金的现值和终值

用符号 $\ddot{a}_{\overline{n|i}}$ 表示期首付确定年金的现值，$\ddot{S}_{\overline{n|i}}$ 表示期首付确定年金的终值。i 表示每期的利率，n 表示年金支付的期间，假定每期的支付额为 1 元，首先推导现值 $\ddot{a}_{\overline{n|i}}$ 的计算公式。

第 1 期 1 元在最初时的现值为 1；
第 2 期 1 元在最初时的现值为 $1 \cdot v$；
　　⋮
第 n 期 1 元在最初时的现值为 $1 \cdot v^{n-1}$。

由此可见,这 n 期付款在最初时的现值之和为:

$$\ddot{a}_{\overline{n/i}} = 1 + 1 \cdot v + \cdots + 1 \cdot v^{n-1} = \frac{1-v^n}{i \cdot v}$$

其中 $v = \dfrac{1}{1+i}$,即 $\ddot{a}_{\overline{n/i}} = \dfrac{1-v^n}{i \cdot v}$。

其次,推导终值 $\ddot{S}_{\overline{n/i}}$ 的计算公式:

第 1 期 1 元在最后时的终值为 $1 \cdot (1+i)^n$;

第 2 期 1 元在最后时的终值为 $1 \cdot (1+i)^{n-1}$;

⋮

第 n 期 1 元在最后时的终值为 $1 \cdot (1+i)$。

由此可见,这 n 期付款在最后的终值之和为:

$$\ddot{S}_{\overline{n/i}} = 1 \cdot (1+i)^n + 1 \cdot (1+i)^{n-1} + \cdots + 1 \cdot (1+i)$$
$$= (1+i) \cdot \frac{(1+i)^n - 1}{i}$$
$$= \frac{(1+i)^n - 1}{i \cdot v}$$

即
$$\ddot{S}_{\overline{n/i}} = \frac{(1+i)^n - 1}{i \cdot v}$$

(2) 期末付确定年金的现值和终值

用符号 $a_{\overline{n/i}}$ 表示期末付确定年金的现值,$S_{\overline{n/i}}$ 表示期末付确定年金的终值。i 表示每期的利率,n 表示年金支付的期间,假定每期的支付额为 1 元,首先推导现值 $a_{\overline{n/i}}$ 的计算公式。

第 1 期 1 元在最初时的现值为 $1 \cdot v$;

第 2 期 1 元在最初时的现值为 $1 \cdot v^2$;

⋮

第 n 期 1 元在最初时的现值为 $1 \cdot v^n$。

由此可见,这 n 期付款在最初时的现值之和为:

$$a_{\overline{n/i}} = 1 + 1 \cdot v^2 + \cdots + 1 \cdot v^n = \frac{1-v^n}{i}$$

即 $a_{\overline{n/i}} = \dfrac{1-v^n}{i}$

其次,推导终值 $S_{\overline{n/i}}$ 的计算公式:

第 1 期 1 元在最后时的终值为 $1 \cdot (1+i)^{n-1}$;

第 2 期 1 元在最后时的终值为 $1 \cdot (1+i)^{n-2}$;

⋮

第 n 期 1 元在最后时的终值为 1。

由此可见,这 n 期付款在最后的终值之和为:

$$S_{\overline{n|}i} = 1 \cdot (1+i)^{n-1} + 1 \cdot (1+i)^{n-2} + \cdots + 1$$
$$= \frac{(1+i)^n - 1}{i}$$

即 $\quad S_{\overline{n|}i} = \dfrac{(1+i)^n - 1}{i}$

(3) 几个重要的关系式

① 期首付确定年金的现值与终值的关系

因为 $\quad \ddot{a}_{\overline{n|}i} = \dfrac{1 - v^n}{i \cdot v}$

$$\ddot{a}_{\overline{n|}i} = \frac{(1+i)^n - 1}{(1+i)^n \cdot i \cdot v}$$

$$\ddot{S}_{\overline{n|}i} = \frac{(1+i)^n - 1}{i \cdot v}$$

可得 $\quad \ddot{S}_{\overline{n|}i} = \ddot{a}_{\overline{n|}i} \cdot (1+i)^n, \ \ddot{a}_{\overline{n|}i} = \ddot{S}_{\overline{n|}i} \cdot v^n$

② 期末付确定年金的现值与终值的关系

因为 $\quad a_{\overline{n|}i} = \dfrac{1 - v^n}{i}$

$$a_{\overline{n|}i} = \frac{(1+i)^n - 1}{i \cdot (1+i)^n}$$

$$S_{\overline{n|}i} = \frac{(1+i)^n - 1}{i}$$

可得 $\quad S_{\overline{n|}i} = a_{\overline{n|}i} \cdot (1+i)^n$

$$a_{\overline{n|}i} = S_{\overline{n|}i} \cdot v^n$$

③ 期首付确定年金的现值与期末付确定年金的现值之间的关系

因为 $\quad \ddot{a}_{\overline{n|}i} = \dfrac{1 - v^n}{i \cdot v}$

$$a_{\overline{n|}i} = \frac{1 - v^n}{i}$$

可得 $\quad a_{\overline{n|}i} = \ddot{a}_{\overline{n|}i} \cdot v$

$$\ddot{a}_{\overline{n|}i} = a_{\overline{n|}i} \cdot (1+i)$$

④ 期首付确定年金的终值与期末付确定年金的终值之间的关系

因为 $\quad \ddot{S}_{\overline{n|}i} = \dfrac{(1+i)^n - 1}{i \cdot v}$

可得
$$S_{\overline{n/i}} = \frac{(1+i)^n - 1}{i}$$
$$S_{\overline{n/i}} = \ddot{S}_{\overline{n/i}} \cdot v$$
$$\ddot{S}_{\overline{n/i}} = S_{\overline{n/i}} \cdot (1+i)$$

(三)营业费用率

由于寿险公司业务经营过程中的各项费用开支都由被保险人来负担,因此在附加费率计算时就要考虑营业费用率。

一般寿险公司的费用包括合同初始费用、代理人酬金、保单维持费用以及保单终止费用。合同初始费用有保单签发费用、承保费用和其他初终费用,如产品开发、招募和培训代理人的费用等。代理人酬金包括代理人佣金,代理人其他报酬,如奖金、奖励、竞赛、养老金计划支出等为代理人提供的福利。保单维持费用有与保费相关的费用如缴费费用、佣金的管理费用等以及其他的维持费用如客户服务费用、保单维持的记录费用等。保单终止费用包括退保费用、无现金价值保单失效费用、死亡给付费用、保单到期费用等。

人寿保险的附加费率的估计应适度、公平,既能抵补保险公司未来的实际费用支出,又能兼顾保险经营与被保险人的实际利益以及不同业务的差异,附加费用过高或过低,都不利于保险公司的业务发展。一般情况下,附加费率的确定需要精算师的评估和财会人员的配合,先由公司的成本会计人员分析保险公司所发生的费用以及未来业务费用,决定出费用额;然后将费用在保险合同各风险单位之间分配;最后将分配后的费用与保险金额挂钩决定附加费率水平。

二、寿险费率厘定的其他要素

在人寿保险费率厘定时,除了要考虑生存率和死亡率、利息率、营业费用率这三个基本要素外,随着保险市场竞争的加剧和保险产品责任范围的扩大,为确保费率厘定的准确、合理,还要考虑其他因素,如保单退保率、分红率、残疾率。

1. 退保率

退保是指投保人因各种原因不愿意继续缴纳保费,向保险人申请解除保险合同所确定的法律关系而导致保险合同终止。退保率是全年退保保单与年初有效保单的比率,退保率会影响保险企业的经营效率。因为个人寿险采用佣金制方式销售保单,首年度支付的成本很高,首年的费用成本要靠以后几年的续期保费逐渐摊回,一旦保单因不再缴费而失效时,不仅使寿险公司的有效保单不能增加,而且首年度垫付的费用也无法摊回,再加上寿险保单具有现金价值,被保险人在保单退保时可以取得退保金,这一系列行为不仅影响了寿险公司的资金运用,使寿险公司遭受经济上的损失,还将影响寿险产品的定价,退保率高,会动摇寿险费率厘定的可靠性,因此在寿险费率厘定时,必须考虑到保单的退保率。

2. 分红率

分红保单的红利源于死差益、费差益、利差益这三差收益。三差收益源于保单对预定死亡率、预定利息率、预定营业费用率的保守估算。从寿险公司的稳健经营出发,保单分红应事先予以考虑,并依据经验或其他因素,确定保单的分红率。这样,寿险公司费率厘定时,对预定死亡率、预定利息率、预定营业费用率的选择与确定必须与保单的分红率相匹配,才能保证实现保单的分红。因此寿险费率厘定时必须考虑分红率因素。

3. 残疾率

残疾率是指健康的被保险人在保险期限内发生残疾的概率。过去,人寿保险只注重被保险人的生存率和死亡率,随着寿险业的发展和寿险市场竞争的加剧,许多寿险公司都开发了一些综合性的寿险险种,除了传统的死亡、生存给付外,还附上了残疾给付或残疾优惠。保险责任的扩大,相应要求寿险公司在费率厘定时必须考虑残疾率,以确保险费率厘定的准确和保险双方权利、义务的对等。

4. 保单中嵌入的各种选择权被保单持有人行使的概率

为了增加寿险保单的灵活性和市场竞争力,满足保单持有人多层次的保险需求,保险公司为保单持有人提供了多种选择权,如保险金给付选择权、保单质押贷款选择权、退保选择权、超额储蓄选择权等,这些嵌入选择权是以保险公司的利益牺牲作为代价让保单持有人受益,保险公司在设计寿险合同和厘定费率时必须考虑这些选择权将来被保单持有人行使的可能性的大小,否则会影响保险费率厘定的准确性。

第三节　人寿保险保费的计算

一、人寿保险保费计算的原则

人寿保险是由纯保费和附加保费两部分构成。以预定死亡率和预定利息率为基础所计算的保险费称为纯保险费,它是保险金给付的来源。用于保险公司营业费用支出的保费称为附加保费,由于寿险期限很长,它的费用比较复杂,有些费用只在保单签发的首年度存在,有些费用分摊于保险的整个期间,有些费用可以表示为固定常数,有些费用表示为保费或保额的一定比例。

人寿保险费计算的基本原则是收支平衡原则。这一原则包含三层含义:

(1) 从保险人的角度看,收是指保险人收取的保费总额,支是指保险人支出的保险金和各种营业费用,收支平衡是指保险人收取的保费足以支付保险金和各项费用。从投保人的角度看,收支平衡是指投保人缴纳的保险费必须与他获得的保险保障相平衡。

(2) 收支平衡是精算意义上的平衡。由于人寿保险的长期性,以及保险费交付与保险金给付之间的时间差,人寿保险保费计算中的收支平衡并不是一般会计意义上的收支平衡,而是要考虑货币的时间价值,因此收支平衡实质上是一种精算意义上的收支平衡,即收入的现值等于将来支出的现值。

(3) 寿险保费计算的精算意义上的收支平衡可以描述为:

收入现值=支出现值

保险费收入现值=保险金给付现值+各项业务费用支出的现值

纯保费收入现值+附加保费收入现值=保险金给付现值+各项业务费用支出现值

根据纯保费和附加保费的定义可知:

纯保费现值=保险金给付现值

附加保费现值=各项业务费用支出现值

二、人寿保险趸缴纯保费的计算

人寿保险纯保费的计算必须遵循收支的现值相等的原则,即所有被保险人交付的纯保费的现值等于将来保险公司保险金给付的现值。人寿保险纯保费的计算分为两种:一种是趸缴纯保费的计算,一种是年缴纯保费的计算。

(一) 趸缴纯保费的计算

趸缴纯保费是在投保时将保费一次缴清。由于人寿保险的长期性,一次缴清保险费金额较大,一般的投保人在经济上难以承受,因此除年金保险以外,人寿保险很少以趸缴保费方式购买,但是趸交纯保险费的计算是年缴纯保险费和限期交付纯保险费计算的基础。

1. 定期死亡保险趸缴纯保险费的计算

定期死亡保险是被保险人在保险期限内因保险事故死亡,由保险人按照保险合同的规定给付保险金的保险,如果保险期满时,被保险人仍生存,保险人不做任何给付,也不退还保险费。

假定在 x 岁时有 l_x 人参加 n 年期死亡保险,年利率为 i,第一年有 d_x 人死亡,每人给付 1 元,共给付 d_x 元,给付额的现值为 $d_x \cdot \dfrac{1}{(1+i)}$;第二年有 d_{x+1} 人死亡,共给付 d_{x+1} 元,给付额的现值为 $d_{x+1} \cdot \dfrac{1}{(1+i)^2}$,……,第 n 年有 d_{x+n-1} 人死亡,其给付额现值的为 $d_{x+n-1} \cdot \dfrac{1}{(1+i)^n}$。根据纯保费厘定的原则,$l_x$ 人缴纳的总纯保费等于各年给付的保险金现值的总和,即

$$l_x \cdot A^1_{x:\overline{n}|} = d_x \cdot \frac{1}{1+i} + d_{x+1} \cdot \frac{1}{(1+i)^2} + \cdots + d_{x+n-1} \cdot \frac{1}{(1+i)^n}$$

每个人应缴的纯保费为:

$$A^1_{x:\overline{n}|} = \frac{d_x \cdot v + d_{x+1} \cdot v^2 + \cdots + d_{x+n-1} \cdot v^n}{l_x} \tag{1}$$

将式(1)分子、分母都乘以 v^x,

$$A^1_{x:\overline{n}|} = \frac{v^{x+1}d_x + v^{x+2}d_{x+1} + \cdots + v^{x+n}d_{x+n-1}}{v^x l_x}$$

代入换算函数,

$$C_x = v^{x+1}d_x$$
$$D_x = v^x l_x$$

$$A^1_{x:\overline{n}|} = (C_x + C_{x+1} + \cdots + C_{x+n-1}) \cdot \frac{1}{D_x}$$

又令 $C_x + C_{x+1} + \cdots + C_w = M_x, M_{x+n} = C_{x+n} + \cdots + C_w$($w$ 为生命表终端年龄)

则有

$$A^1_{x:\overline{n}|} = \frac{M_x - M_{x+n}}{D_x}$$

当 x 和利率 i 给定下, C_x, D_x, M_x 以及后面讲到的 N_x 都是定值。它们都是人寿保险费计算中的换算符号。

[**例 3**] 计算 25 岁的男性投保 10 年期死亡保险,保额为 10000 元的趸缴纯保费。

解: $A^1_{25:\overline{10}|} = 10000 \times \dfrac{M_{25} - M_{25+10}}{D_{25}}$

$= 10000 \times \dfrac{1\,402\,967.27 - 1\,375\,602.07}{5\,353\,633.60} = 51.12$ 元

2. 定期生存保险的趸缴纯保费的计算

定期生存保险是指被保险人在保险期限届满时仍生存,由保险人按照保险合同的规定给付保险金的保险。如果被保险人在保险期限内死亡,保险人不做任何给付,保费也不退还。

假定在 x 岁有 l_x 人投保 n 年期的生存保险,在 n 年保险期满时生存的 l_{x+n} 人每人领取 1 元保险金,其现值为 $l_{x+n} \cdot \dfrac{1}{(1+i)^n}$,根据纯保险费厘定的原则:

$$l_x \cdot A_{x:\overline{n}|}^{\ 1} = l_{x+n} \cdot \dfrac{1}{(1+i)^n}$$

$$A_{x:\overline{n}|}^{\ 1} = \dfrac{l_{x+n} \cdot v^n}{l_x} \tag{2}$$

将式(2)分子、分母都乘以 v^x,

$$A_{x:\overline{n}|}^{\ 1} = \dfrac{l_{x+n} \cdot v^{x+n}}{l_x \cdot v^x}$$

则有

$$A_{x:\overline{n}|}^{\ 1} = \dfrac{D_{x+n}}{D_x}$$

[例 4] 计算 25 岁的男性投保 10 年期生存保险,保额为 10000 元的趸缴保险费。

解:$A_{25:\overline{10}|}^{\ 1} = 10000 \times \dfrac{D_{25+10}}{D_{25}} = 10000 \times \dfrac{4\,157\,510.94}{5\,353\,633.60} = 7765.77$ 元

3. 终身寿险的趸缴纯保险费

每一张生命表都有终极年龄的规定,例如我国 1990—1993 年人寿保险的经验生命表的终极年龄为 105 岁。因此终身寿险可看作是一种长期的定期保险,将保险期限视为 $w - x + 1$ 年,终身寿险的趸缴纯保险费公式为:

$$A_x = \dfrac{v \cdot d_x + v^2 \cdot d_{x+1} + \cdots + v^{w-x+1} \cdot d_w}{l_x} \tag{3}$$

将式(3)分子、分母乘以 v^x,

$$A_x = \dfrac{v^{x+1} \cdot d_x + v^{x+2} \cdot d_{x+1} + \cdots + v^{w+1} \cdot d_w}{v^x l_x}$$

$$= \dfrac{C_x + C_{x+1} + \cdots + C_w}{D_x}$$

则 $A_x = \dfrac{M_x}{D_x}$

[例 5] 计算 25 岁男性投保终身寿险,保额为 10000 元的趸缴纯保费。

解:$A_{25} = 10000 \times \dfrac{M_{25}}{D_{25}} = 10000 \times \dfrac{1\,402\,967.27}{5\,353\,633.60} = 2620.59$ 元

4. 两全保险的趸缴纯保险费

两全保险是指在保险期限内不管被保险人死亡还是在保险期满时继续生存,保险人均按保险合同的规定给付保险金的保险。因此两全保险的趸缴纯保

险费等于定期生存保险纯保险费与定期死亡保险纯保险费之和。用 $A_{x:\overline{n}|}$ 表示 n 年期两全保险趸交纯保险费,则有

$$A_{x:\overline{n}|} = A^1_{x:\overline{n}|} + A_{x:\overline{n}|}^{1}$$
$$= \frac{M_x - M_{x+n}}{D_x} + \frac{D_{x+n}}{D_x} \tag{4}$$

这样式(4)就化成 $A_{x:\overline{n}|} = \dfrac{M_x - M_{x+n} + D_{x+n}}{D_x}$

5. 定期年金保险趸缴纯保险费

定期年金保险分为期首付定期年金和期末付定期年金。用 $\ddot{a}_{x:\overline{n}|}$ 表示期首付定期年金的趸缴纯保费。假设 x 岁时有 l_x 人参加,每个人都可在参加时得到 1 元年金给付,给付的现值为 l_x,第二年年初时,有 l_{x+1} 人存活,得到的年金给付现值为 $l_{x+1} \cdot \dfrac{1}{1+i}$ ⋯ 到第 n 年年初,有 l_{x+n-1} 存活,得到年金给付现值为 $l_{x+n-1} \cdot \dfrac{1}{(1+i)^{n-1}}$。

由于趸缴纯保费总额应该等于所有年金给付现值的和,则有

$$l_x \cdot \ddot{a}_{x:\overline{n}|} = \left[l_x + l_{x+1} \cdot \frac{1}{1+i} + \cdots + l_{x+n-1} \cdot \frac{1}{(1+i)^{n-1}} \right]$$
$$\ddot{a}_{x:\overline{n}|} = \frac{l_x + l_{x+1} \cdot v + \cdots + l_{x+n-1} \cdot v^{n-1}}{l_x} \tag{5}$$

将(5)式分子、分母都乘以 v^x

$$\ddot{a}_{\overline{n}|} = \frac{l_x v^x + l_{x+1} v^{x+1} + \cdots + l_{x+n-1} \cdot v^{x+n-1}}{l_x \cdot v_x}$$
$$= \frac{D_x + D_{x+1} + \cdots + D_{x+n-1}}{D_x}$$

代入换算函数, $\quad N_x = D_x + D_{x+1} + \cdots + D_w$

则有 $\quad \ddot{a}_{x:\overline{n}|} = \dfrac{N_x - N_{x+n}}{D_x}$

采用同样的方法计算出期末付年金的趸缴纯保费为

$$a_{x:\overline{n}|} = \frac{N_{x+1} - N_{x+n+1}}{D_x}$$

[例 6] 假若一名 25 岁的男性,投保每年 2000 元的年金保险,定期 5 年领完,假定他投保的是即期期首付定期年金,则他应缴的纯保费为多少?

解：$\ddot{a}_{25:\overline{5}|} = 2000 \times \dfrac{N_{25} - N_{30}}{D_{25}}$

$= 2000 \times \dfrac{161\,977\,319.58 - 136\,506\,924.48}{5\,353\,633.60} = 9515.18 \text{ 元}$

三、人寿保险年缴纯保险费的计算

年缴保险费是指投保人每年缴付保险费，直到保单期满或者被保险人死亡。限期缴付保费指投保人在规定的期限内每年缴付保险费。根据纯保险费厘定的原则，不论采取何种缴费方式，其保险费的现值均相等，即投保人年缴纯保费的现值之和等于投保人限期缴付纯保费的现值之和等于投保人趸缴纯保费的数额。只有这样，才难保证投保人与保险人双方权利、义务对等。

假定 A 为各类保险的趸缴纯保费，P 为年缴纯保费，由于 P 是每年支付的，设保费每年初缴纳一次，那么保险人各年收取纯保险费的累积现值为

$$P \cdot l_x + P \cdot v^1 l_{x+1} + P \cdot v^2 l_{x+2} + \cdots + P \cdot v^{n-1} \cdot l_{x+n-1}$$

令

$$l_x \cdot A = Pl_x + P \cdot v l_{x+1} + \cdots + P \cdot v^{n-1} \cdot l_{x+n-1}$$

$$P = A \cdot \dfrac{l_x}{l_x + v l_{x+1} + \cdots + v^{n-1} \cdot l_{x+n-1}}$$

则有

$$P = \dfrac{A}{\ddot{a}_{x:\overline{n}|}}$$

因此，只要把各类保险趸缴纯保险费除以 $\ddot{a}_{x:\overline{n}|}$，即可得相应的年缴纯保险费。

1. **定期死亡保险年缴纯保险费**

符号 $P^1_{x:\overline{n}|}$ 代表 x 岁人投保 n 年定期死亡保险，保险金额为 1 元的年缴纯保险费。

如果缴费期限与保险期限一致，则有

$$P^1_{x:\overline{n}|} = \dfrac{A^1_{x:\overline{n}|}}{\ddot{a}_{x:\overline{n}|}} = \dfrac{M_x - M_{x+n}}{D_x} \div \dfrac{N_x - N_{x+n}}{D_x} = \dfrac{M_x - M_{x+n}}{N_x - N_{x+n}}$$

如果缴费期限为 t 年，保险期限为 n 年（$t < n$），则有

$$_t P^1_{x:\overline{n}|} = \dfrac{A^1_{x:\overline{n}|}}{\ddot{a}_{x:\overline{t}|}} = \dfrac{M_x - M_{x+n}}{D_x} \div \dfrac{N_x - N_{x+t}}{D_x} = \dfrac{M_x - M_{x+n}}{N_x - N_{x+t}}$$

［例7］ 25岁男性投保20年期定期死亡保险，保额为10 000元，缴费期为10年，则每年年缴纯保费多少？

解：$_{10} P^1_{25:\overline{20}|} = 10\,000 \times \dfrac{M_{25} - M_{45}}{N_{25} - N_{35}}$

$= 10\,000 \times \dfrac{1\,402\,967.27 - 1\,330\,868.57}{161\,977\,319.58 - 114\,058\,263.65} = 15.05 \text{ 元}$

第十二章 人寿保险的数理基础

2. 定期生存保险年缴纯保险费

符号 $P_{x:\overline{n}|}^{\ 1}$ 表示保险金额为 1 元的保险期限为 n 年的定期生存保险的年缴纯保险费。

如果缴费期限与保险期限一致，则有

$$P_{x:\overline{n}|}^{\ 1} = \frac{A_{x:\overline{n}|}^{\ 1}}{\ddot{a}_{x:\overline{n}|}} = \frac{D_{x+n}}{D_x} \div \frac{N_x - N_{x+n}}{D_x} = \frac{D_{x+n}}{N_x - N_{x+n}}$$

如果缴费期限为 t 年，保险期限为 n 年 ($t < n$)，则有

$$_tP_{x:\overline{n}|}^{\ 1} = \frac{A_{x:\overline{n}|}^{\ 1}}{\ddot{a}_{x:\overline{t}|}} = \frac{D_{x+n}}{D_x} \div \frac{N_x - N_{x+t}}{D_x} = \frac{D_{x+n}}{N_x - N_{x+t}}$$

3. 终身寿险的年缴纯保险费

符号 $_tP_x$ 表示保险金额为 1 元，限期 t 年缴费的终身寿险年缴纯保险费。

$$_tP_x = \frac{A_x}{\ddot{a}_{x:\overline{t}|}} = \frac{M_x}{D_x} \div \frac{N_x - N_{x+t}}{D_x} = \frac{M_x}{N_x - N_{x+t}}$$

保费采用终身缴费的终身寿险年缴纯保险费的公式为：

$$P_x = \frac{A_x}{\ddot{a}_x} = \frac{M_x}{D_x} \div \frac{N_x}{D_x} = \frac{M_x}{N_x}$$

4. 两全保险的年缴纯保险费

符号 $P_{x:\overline{n}|}$ 表示保险金额为 1 元的两全保险年缴纯保险费。

如果缴费期限与保险期限一致，则有

$$P_{x:\overline{n}|} = \frac{A_{x:\overline{n}|}}{\ddot{a}_{x:\overline{n}|}} = \frac{M_x - M_{x+n} + D_{x+n}}{D_x} \div \frac{N_x - N_{x+n}}{D_x}$$

$$= \frac{M_x - M_{x+n} + D_{x+n}}{N_x - N_{x+n}}$$

如果缴费期限为 t 年，保险期限为 n 年 ($t < n$) 时，则有

$$_tP_{x:\overline{n}|} = \frac{A_{x:\overline{n}|}}{\ddot{a}_{x:\overline{t}|}}$$

$$= \frac{M_x - M_{x+n} + D_{x+n}}{D_x} \div \frac{N_x - N_{x+t}}{D_x}$$

$$= \frac{M_x - M_{x+n} + D_{x+n}}{N_x - N_{x+t}}$$

四、人寿保险附加保费的计算

人寿保险中附加费率的计算是以人寿保险公司的各项费用支出、税款和预期利润为基础，可以采用比例法、固定法、混合法确定附加费率。比例法是不论

人寿保险的种类和投保人的年龄,都按纯费率的一定比例作为附加费率。固定法按保险金额的一定比例作为附加费率。而混合法是将附加费率分成两部分:一部分按保险金额的一定比例来确定,另一部分按纯费率的一定比例来确定。我国人寿保险的附加费率采用比例法计算。

第四节 人寿保险责任准备金的计提

人寿保险业务是一种长期性业务,采用均衡保费的缴费方式,为了保证未来保险期内的各种给付,同时也为了正确计算每年损益,保险公司必须在年底提存合理的未到期责任准备金。人寿保险准备金有两种,一种是理论责任准备金,另一种是实际责任准备金。

一、理论责任准备金

(一)理论责任准备金的概念

理论责任准备是根据均衡保险费与自然保险费之间的差额来计算应提存的金额,至于保险企业在经营过程中发生的各项费用,以及这些费用在时间上如何分摊,均不作考虑。

理论责任准备金按照已缴保费精算积存值扣除已给付保险金精算积存值来提存责任准备金,在理论上是非常合理的,但它是在简化了其他因素的理想状态下,考察责任准备金性质、来源和计算方法的。

(二)理论责任准备金的计算方法

理论责任准备金的计算方法有两种,一种是过去法,另一种是未来法,不论采用哪种方法,计提的理论责任准备金都是相同的。

1. 过去法(retro spective method)

过去法是根据以前历年已缴纯保费的积存值与已给付保险金的积存值的差额来计算责任准备金。

设 x 岁的投保人有 l_x 人,每年初的生存者缴纯保费为 1 元,则 t 年末时,各年缴费的终值累计由当时的生存者 l_{x+t} 人均分,令 $_tU_x$ 为每一个生存者所分得的金额,则有:

$$_tU_x = \frac{l_x \cdot (1+i)^t + l_{x+1} \cdot (1+i)^{t-1} + \cdots + l_{x+t-1} \cdot (1+i)}{l_{x+t}}$$

$$= \frac{l_x \cdot v^x + l_{x+1} \cdot v^{x+1} + \cdots + l_{x+t-1} \cdot v^{x+t-1}}{v^{x+t} \cdot l_{x+t}}$$

$$= \frac{D_x - D_{x+t} + \cdots + D_{x+t-1}}{D_{x+t}}$$

$$= \frac{N_x - N_{x+t}}{D_{x+t}}$$

即 $_tU_x = \frac{N_x - N_{x+t}}{D_{x+t}}$，$_tU_x$ 就是已缴 1 元的纯保费的积存值。

再设 x 岁的投保人有 l_x 人，对每年内死亡的被保险人给付 1 元保险金，t 年末时历年给付的死亡保险金的终值之和由当时生存的人 l_{x+t} 负担，令 $_tK_x$ 为每位生存者应负担的数额，则有：

$$_tK_x = \frac{d_x \cdot (1+i)^{t-1} + d_{x+1} \cdot (1+i)^{t-2} + \cdots + d_{x+t-1}}{l_{x+t}}$$

$$= \frac{d_x \cdot v^{x+1} + d_{x+1} \cdot v^{x+2} + \cdots + d_{x+t-1} \cdot v^{x+t}}{v^{x+t} \cdot l_{x+t}}$$

$$= \frac{C_x + C_{x+1} + \cdots + C_{x+t-1}}{D_{x+t}}$$

$$= \frac{M_x - M_{x+t}}{D_{x+t}}$$

即
$$_tK_x = \frac{M_x - M_{x+t}}{D_{x+t}}$$

由此可见，用过去法计算的纯保费为 P 元，保额为 1 元的保单在第 t 年末的责任准备金公式为：

$$_tV_x = P \cdot {_tU_x} - {_tK_x}$$
$$= P \cdot \frac{N_x - N_{x+t}}{D_{x+t}} - \frac{M_x - M_{x+t}}{D_{x+t}}$$

其中，$_tV_x$ 表示 x 岁人在 t 年末的责任准备金；

P 为各险种的年缴纯保险费。

同样可以推出，用过去法计算的各险种理论责任准备金的公式如下：

(1) n 年定期寿险第 t 年末的理论责任准备金为：
$$_tV^1_{x:\overline{n}|} = P^1_{x:\overline{n}|} \cdot {_tU_x} - {_tK_x}$$

(2) 终身寿险第 t 年末的理论责任准备金为：
$$_tV_x = P_x \cdot {_tU_x} - {_tK_x}$$

(3) n 年两全保险第 t 年末的理论责任准备金为：
$$_tV_{x:\overline{n}|} = P_{x:\overline{n}|} \cdot {_tU_x} - {_tK_x}$$

2. 未来法（prospective method）

未来法是根据将来保险金给付的现值与将来可收取的未缴保费的现值的差

额来计提责任准备金。

因为从 $x+t$ 的时点上看,未来 $n-t$ 年应付的保险金的现值为 $A_{x+t;\overline{n-t|}}$,未来 $n-t$ 年应收的纯保费的现值为 $P \cdot \ddot{a}_{x+t;\overline{n-t|}}$,所以

未来法的计算公式为:
$$_tV_{x;\overline{n|}} = A_{x+t;\overline{n-t|}} - P \cdot \ddot{a}_{x+t;\overline{n-t|}}$$

其中,$_tV_x$ 表示 x 岁的人在 t 年末的责任准备金;

$A_{x+t;\overline{n-t|}}$ 为年龄 $x+t$ 岁的被保险人投保各种寿险的趸缴纯保费;

$P \cdot \ddot{a}_{x+t;\overline{n-t|}}$ 为将来 $n-t$ 年内每年缴纳纯保费 P 的现值。

如是是限期缴费的人寿保险,保险期限为 n 年,被保险人只在最初的 m 年内缴费,则缴费期内年第 t 年末的责任准备金为:
$$_tV_x = A_{x+t;\overline{n-t|}} - P_x \cdot \ddot{a}_{x+t;\overline{m-t|}} \quad (t<m)$$

同样可以推出,用未来法计算的各险种理论责任准备金的公式如下:

(1) n 年定期寿险第 t 年末的理论责任准备金
$$_tV^1_{x;\overline{n|}} = A^1_{x+t;\overline{n-t|}} - P^1_{x;\overline{n|}} \cdot \ddot{a}_{x+t;\overline{n-t|}}$$

(2) 终身寿险第 t 年末的理论责任准备金
$$_tV_x = A_{x+t} - P_x \cdot \ddot{a}_{x+t}$$

(3) n 年两全保险第 t 年末的理论责任准备金
$$_tV_{x;\overline{n|}} = A_{x+t;\overline{n-t|}} - P_{x;\overline{n|}} \cdot \ddot{a}_{x+t;\overline{n-t|}}$$

根据精算意义上的收支相等原则,在保单生效后的任何时刻,都有以下关系:

历年已交付纯保费精算积存值 + 未缴纯保费现值 = 已给付保险金精算积存值 + 将来保险金给付现值

移项后可得:

历年已交付纯保费精算积存值 − 已给付保险金精算积存值 = 将来保险金给付现值 − 未缴纯保费现值

等式左边是过去计算责任准备金的依据,等式右边是未来法计算责任准备金的依据。因此,在既定条件下,用过去法和未来法计算责任准备金的结果都是相同的。

寿险未到期责任准备金计提更多地采用未来法。这是因为按照过去法计算的是寿险公司保费收入额扣除赔款支出的折现值,相当于寿险公司账户中剩余的用于未来给付的资产余额,由于未来给付是寿险公司的一种法律责任,如果未来的死亡率、利息率和管理费用率朝着不利于保险人的方向变动时,寿险公司仍必须按合同规定给付,这时按照过去法提存的责任准备金就显得不足。但是过去法的优点是精算师不必去考虑提计所需要的变量的数值,因为运用过去法计

算责任准备金依据的是过去的历史资料,所有计算需要的数据都是已知的。未来法的优缺点与过去法正好相反,利用未来法计提责任准备金要求精算师对寿险公司的现状、未来的发展趋势、公司的外部环境有充分的认识,并且能谨慎、理智地思考问题。因此未来法的技术要求比过去法高,采用未来法提存的责任准备金也比过去法更充足。

对于寿险未到期责任准备金的计提,各国监管机构具体规定不同。例如,在加拿大,监管当局注重的是责任准备金提存的合理性,为此规定,寿险未到期责任准备金是所有未来给付和费用(包括死亡给付、退保金、红利、管理费用、佣金等)的现值与未来毛保费收入的现值之差。计算时不仅考虑利率、死亡率,还考虑失效率、费用率等。美国监管当局注重的是责任准备金提存的充足性。美国"标准估价法"(standard valuation law)规定了计算保单责任准备金的三要素,即适用的生命表、最高利率和计算方法,这三要素随保单种类和期限的不同而不同。监管当局规定寿险企业必须按保单签发时指定的生命表和利率来计算未来保险给付的现值与未来纯保费收入现值之差,作为保单责任准备金的最低标准。现在美国监管当局也允许寿险企业使用其他原则计算未到期责任准备金,只要计算出来的准备金等于或大于按照法律规定原则所得出的即可。

我国保监会规定寿险未到期责任准备金应采用"未来法"计提,采用保费厘定时所使用的经验生命表,评估利率不得超过保监会每年公布的未到期责任准备金评估利率和厘定保费时使用的利率两项规定的最低值。

[例8] 某被保险人(男性)现年35岁,购买一定期20年的死亡保险,保额为20000元,试用过去法和未来法计算第10年末的责任准备金。

解:(1) 过去法

根据过去法的计算公式可知:

$$20\,000 \cdot {}_{10}V^1_{35:\overline{20|}} = 20\,000 \times (P^1_{35:\overline{20|}} \cdot {}_{10}U_{35} - {}_{10}K_{35})$$

$$P^1_{35:\overline{20|}} = \frac{M_{35} - M_{55}}{N_{35} - N_{55}}$$

$$= \frac{1\,375\,602.07 - 1\,252\,868.43}{114\,058\,263.65 - 48\,458\,220.17}$$

$$= 0.001\,870\,94$$

$${}_{10}U_{35} = \frac{N_{35} - N_{45}}{D_{45}}$$

$$= \frac{114\,058\,263.65 - 76\,931\,799.99}{3\,207\,253.93}$$

$$= 11.575\,78$$

$$_{10}K_{35} = \frac{M_{35} - M_{45}}{D_{45}}$$

$$= \frac{1\,375\,602.07 - 1\,330\,868.57}{3\,207\,253.93}$$

$$= 0.013\,948$$

因此 $20\,000 \cdot {}_{10}V^1_{35:\overline{20|}} = 20\,000 \times (0.001\,870\,94 \times 11.575\,78 - 0.013\,948)$

$$= 154.191\,3 \text{ 元}$$

(2) 未来法

$$20\,000 \cdot {}_{10}V^1_{35:\overline{20|}} = 20\,000(A^1_{45:\overline{10|}} - P^1_{35:\overline{20|}} \cdot \ddot{a}_{45:\overline{10|}})$$

因为

$$A^1_{45:\overline{10|}} = \frac{M_{45} - M_{55}}{D_{45}}$$

$$= \frac{1\,330\,868.57 - 1\,252\,868.43}{3\,207\,253.93}$$

$$= 0.024\,319\,9$$

$$\ddot{a}_{45:\overline{10|}} = \frac{N_{45} - N_{55}}{D_{45}}$$

$$= \frac{76\,931\,799.99 - 48\,458\,220.17}{3\,207\,253.93}$$

$$= 8.877\,87$$

所以 $20\,000 \cdot {}_{10}V^1_{35:\overline{20|}} = 20\,000 \times (0.024\,319\,9 - 0.001\,870\,94 \times 11.575\,78)$

$$= 154.199\,1 \text{ 元}$$

用过去法和用未来法求出的责任准备金相差 0.007 8 元,这是由于计算上的误差产生的。

二、实际责任准备金

理论责任准备金是在简化了其他因素的理想状况下提存的责任准备金,忽视了保险公司在早期经营上支出的大量费用,如代理人佣金、体检费用、管理费用、凭证印刷费用等。第一年交付保险费中的附加费远远不能弥补这些费用开支,有时这些费用甚至会超过第一年收到的全部保险费。因此,对第一年的大量费用开支必须靠其他资金来源弥补,如从公司盈余中开支,或者对理论责任准备金作一些修正,减少前几年的理论责任准备金,以分摊保险初期的大量费用,保证保险经营的持续性和财务的稳定性。

(一) 实际责任准备金的概念

实际责任准备金是以理论责任准备金为基础,根据保险业务经营的实际情况,把理论责任准备金加以修正而成的准备金。理论责任准备金和实际责任准备金在一段时期金额不等,实际责任准备金小于理论责任准备金,但是随着时间的推延逐年缩小,到了保险期满或保费缴清时,两者完全一致。

(二)实际责任准备金的修正方法

实际责任准备金的修正原理是:先计算修正纯保费,假定年缴纯保费为 P,缴费期限为 n 年,与修正期限一样,如果第一年修正纯保费为 $a<P$,以后各年的修正纯保费为 $\beta>P$,那么 $P-a$ 就是第一年借用纯保费来弥补营业费不足的金额,以后每年从附加费中扣除 $\beta-p$,摊还到当年的纯保费中。a,β 的值可根据修正前后纯保费的现值相等的原则确定如下:

$$P \cdot \ddot{a}_{x,\overline{n}|} = \alpha + \beta \cdot a_{x:\overline{n-1}|}$$

1. 一年定期修正法(FPT 法)

一年定期修正法是将第一年修正纯保费 α^F 定为第一年的自然纯保费,即 $\alpha^F = c_x$,然后根据修正原则:

$$\alpha^F + \beta^F \cdot a_{x:\overline{n-1}|} = P \cdot \ddot{a}_{x,\overline{n}|}$$

可得
$$\beta^F = P + \frac{P - c_x}{a_{x:\overline{n-1}|}}$$

对于 x 岁的人投保 n 年期保险在 t 年末的实际责任准备金,可用未来法,按修正好的 β^F 作为年缴纯保费来计算。

为了计算简便,假定 x 岁的人投保 n 年期保险,按一年定期修正法,原保险可视为两张保单的结合:一张是一年定期死亡保险,第一年纯保费 $\alpha^F = c_x$,恰好支付当年的死亡保险金,其余全部作为附加保费,因此第一年末理论责任准备金为零。另一张是年龄 $x+1$ 的人投保原保额原险别的保单。这样,x 岁的人投保 n 年的实际责任准备金只需按照 $x+1$ 岁的人投保 $n-1$ 原保额原险别计提的理论责任准备金。β^F 正好是同类保单签单年龄增加 1 岁,保险期限减少 1 年的年缴纯保费值,即

$$\beta^F = P_{x+1:\overline{n-1}|}$$

按照一年定期修正法修正后的实际责任准备金,每年都比理论责任准备金少,要到保险期满或保险费缴清时,才能达到与理论责任准备相同的数额。此外,在一年定期修正法中,α^F 的下限值为 c_x,致使 $P-c_x$ 达到最大值,这时高保费保单第一年可能提取过多的附加费而造成浪费,同时由于 $P-\beta^F$ 较小而使续年的附加费不足。为了避免这些情况的发生,有必要对一年定期修正法继续作一修正。

2. 保险监督官修正法(CRVM 法)

保险监督管修正法是美国全国保险监督管协会于 1942 年 12 月通过的,现

在已经被多数州的政府定为法定的修正方法。这一方法是为了避免高保费保单在一年定期修正法下第一年附加费浪费而提出的,以 20 年缴清保险费的终身寿险单作为最高基准。该方法试图减少第一年与续年修正纯保费之间的差额。假定第一年修正纯保费为 a^c,以后各年的修正纯保费为 β^c,则 β^c 与 a^c 的差额为签单年龄增加 1 岁 19 年限期缴费终身寿险的年缴纯保费与自然保费 c_x 之差,即

$$\beta^c - a^c = {}_{19}P_{x+1} - c_x$$

根据修正前后纯保费的现值相等的原则,可得

$$\beta^c = P + \frac{{}_{19}P_{x+1} - c_x}{\ddot{a}_{x:\overline{n}|}}$$

再根据未来法计算修正后的实际责任准备金。按保险监督官修正法修正后的实际责任准备金,第一年留有少量的责任准备金,而每年的责任准备金都比理论责任准备金少,只有保险期满或保费缴清时,才能达到与理论责任准备金相同的数额。

目前我国寿险实际责任准备金的调整采用一年定期修正法。

三、责任准备金与退保金

在寿险公司经营中,责任准备金与现金价值是两个比较重要的概念,也是经常使用的概念。

对长期性寿险业务,保险人为履行未来的保险责任,需要提存一定数额的责任准备金,这些责任准备金是保险公司对投保人的负债。当投保人在保险有效期内要求退保时,保险人按不丧失的现金价值条款的规定,将提存的责任准备金减去退保费用后的余额还给被保险人,这部分余额即退保金,亦即退保时保单所具有的现金价值。

寿险公司之所以要进行退保扣除而不是将全部提存的责任准备金退给被保险人,是鉴于以下几个原因。

1. 死亡逆选择增加

健康的被保险人感到缴费有困难时,往往毫不犹豫地退保,而健康状况差的被保险人会充分认识保险的价值,不肯轻易退保,因此退保或失效的保险单大多是死亡率低的被保险人,这种逆选择势必导致被保险人的平均死亡率提高。

2. 影响保险公司的投资计划和投资收益

人寿保险的投资大多是中长期投资,一旦经济情况恶化,许多被保险人退保,必将影响人寿保险公司整体的投资计划和投资收益,并且损害其他被保险人

的利益，因此对退保者应收取投资收益损失费。

3. 费用需要摊还

签发保单的初年度因各项费用较高，需在续年度中逐渐摊回，如果投保人中途退保而停止交付费用，使一部分附加保费无法收回，这些未摊回的费用在退保时一次性"摊回"。

4. 退保费用

保险公司在处理退保时会发生一些费用，这些费用也需要从现金价值中扣除。

由于上述不利因素的影响，在客户单方面提出退保时，应承担保险人的部分损失，从责任准备金中扣除一定的费用作为对保险公司的补偿，从而使退保金低于退保时的责任准备金。

在实务操作中，要准确的计算退保费用并不容易，因此寿险公司通常将退保费用约定为一个固定的金额或者规定为保额或者责任准备金的比例。例如，台湾地区的保险法规定，退保费用不得超过实际责任准备金的25%。

四、责任准备金与风险保额

保险金额是投保人与保险人在保险合同中约定的，保险人承担赔偿或者给付保险金责任的最高限额。

每张人寿保险保单都要计提责任准备金，责任准备金是保险公司对保单持有人的负债。责任准备金随着保单年度的变化而变化，并基本与死亡率的分布曲线一致，而且还保持逐年增长的趋势。当保单满期时，责任准备金恰好等于满期保险金额。

在保险期间内，若发生保险事故，保险公司所给付的保险金中，有一部分是保单准备金的积累，而保险公司真正承担的风险是保险金额与实际责任准备金的差额，这个差额就是风险保额。在一张保单的有效期间内，保单的风险保额也是不断变化的，并且与此保单的责任准备金变化趋势正好相反。在保单有效初期，责任准备金积累较小，保险公司承担的风险保额就高；而在保险期间的后期，随着责任准备金有较大的累积，保险公司承担的风险保额就低，至保险期满时，风险保额即趋于零。如果以 $_tN_x$ 表示风险保额，S 表示保险金额，$_tV$ 表示责任准备金，则：

$$_tN_x = S - {_tV}$$

思考题

1. 名词解释：纯保费　附加保费　危险保费　储蓄保费　自然保费　均衡保费　生命表　风险保额　退保金
2. 简述人身保险费率厘定的基本原则。
3. 分析人身保险费率厘定要考虑的基本因素和其他因素。
4. 什么叫理论责任准备金？它的计算方法有哪些？
5. 什么叫实际责任准备金？它的修正方法有哪些？
6. 为什么退保金要低于保单的现金价值？
7. 计算30岁男性投保终身寿险，保额为50 000元的趸缴纯保费。
8. 现年35岁的男性投保20年期的两全保险，保额为100 000元，如果缴费期与保险期限一致，每年的年缴纯保费是多少？如果缴费期为10年，则每年年缴纯保费多少？
9. 现年30岁的男性购买20年期的两全保险，保额为200 000元，试用过去法和未来法计算第10年末的理论责任准备金。
10. 现年35岁的男性购买20年期的两全保险，保额为300 000元，如果采用一年定期修正法修正理论责任准备金，计算第8年末的实际责任准备金。

[相关链接]

中国人寿保险业经验生命表——非养老类业务男表（2010—2013年）

年龄 x	死亡率 q_x	生存人数 l_x	死亡人数 d_x	生存人年数 L_x	生存人年数 T_x	平均余寿 e_x
0	0.00062	10000000	6200	9996900	803511209	80.38
1	0.000465	9993800	4647	9991476	793514309	79.42
2	0.000353	9989153	3526	9987390	783522833	78.45
3	0.000278	9985627	2776	9984239	773535443	77.48
4	0.000229	9982851	2286	9981708	763551204	76.50
5	0.0002	9980565	1996	9979567	753569497	75.51
6	0.000182	9978569	1816	9977660	743589930	74.53
7	0.000172	9976752	1716	9975894	733612270	73.54
8	0.000171	9975036	1706	9974184	723636375	72.55
9	0.000177	9973331	1765	9972448	713662192	71.56
10	0.000187	9971565	1865	9970633	703689744	70.58

续表

年龄 x	死亡率 q_x	生存人数 l_x	死亡人数 d_x	生存人年数 L_x	生存人年数 T_x	平均余寿 $\overset{\circ}{e}_x$
11	0.000202	9969701	2014	9968694	693719111	69.59
12	0.00022	9967687	2193	9966590	683750417	68.60
13	0.00024	9965494	2392	9964298	673783826	67.62
14	0.000261	9963102	2600	9961802	663819528	66.64
15	0.00028	9960502	2789	9959107	653857726	65.65
16	0.000298	9957713	2967	9956229	643898619	64.67
17	0.000315	9954746	3136	9953178	633942390	63.69
18	0.000331	9951610	3294	9949963	623989212	62.71
19	0.000346	9948316	3442	9946595	614039249	61.73
20	0.000361	9944874	3590	9943079	604092654	60.76
21	0.000376	9941284	3738	9939415	594149576	59.78
22	0.000392	9937546	3896	9935598	584210161	58.80
23	0.000409	9933650	4063	9931619	574274563	57.82
24	0.000428	9929587	4250	9927462	564342945	56.85
25	0.000448	9925337	4447	9923114	554415482	55.87
26	0.000471	9920891	4673	9918554	544492368	54.90
27	0.000497	9916218	4928	9913754	534573814	53.92
28	0.000526	9911290	5213	9908683	524660060	52.95
29	0.000558	9906076	5528	9903313	514751377	51.98
30	0.000595	9900549	5891	9897603	504848064	51.01
31	0.000635	9894658	6283	9891516	494950460	50.04
32	0.000681	9888375	6734	9885008	485058944	49.07
33	0.000732	9881641	7233	9878024	475173936	48.10
34	0.000788	9874408	7781	9870517	465295912	47.14
35	0.00085	9866627	8387	9862433	455425395	46.18
36	0.000919	9858240	9060	9996900	803511209	45.22
37	0.000995	9849180	9800	9991476	793514309	44.26
38	0.001078	9839380	10607	9987390	783522833	43.31
39	0.000919	9858240	9060	959684	35408522	42.35
40	0.000995	9849180	9800	957802	34448838	41.40
41	0.001078	9839380	10607	955742	33491036	40.46
42	0.00117	9828773	11500	953487	32535294	39.51
43	0.00127	9817274	12468	951016	31581807	38.57
44	0.00138	9804806	13531	948309	30630791	37.64
45	0.0015	9791275	14687	945342	29682482	36.71
46	0.001631	9776588	15946	942092	28737140	35.78

续表

年龄 x	死亡率 q_x	生存人数 l_x	死亡人数 d_x	生存人年数 L_x	生存人年数 T_x	平均余寿 e_x
47	0.001774	9760643	17315	938532	27795048	34.85
48	0.001929	9743327	18795	934632	26856516	33.93
49	0.002096	9724532	20383	930363	25921884	33.02
50	0.002277	9704150	22096	925692	24991521	32.11
51	0.002472	9682053	23934	920581	24065829	31.20
52	0.002682	9658119	25903	914993	23145248	30.30
53	0.002908	9632216	28010	908887	22230255	29.41
54	0.00315	9604206	30253	902218	21321368	28.52
55	0.003409	9573953	32638	894941	20419149	27.63
56	0.003686	9541315	35169	887006	19524208	26.75
57	0.003982	9506146	37853	878360	18637202	25.88
58	0.004297	9468292	40685	868950	17758842	25.01
59	0.004636	9427607	43706	858719	16889892	24.14
60	0.004999	9383901	46910	847608	16031173	23.28
61	0.005389	9336990	50317	835556	15183565	22.43
62	0.005807	9286673	53928	822504	14348009	21.58
63	0.006258	9232746	57779	808390	13525504	20.73
64	0.006742	9174967	61858	793154	12717114	19.90
65	0.007261	9113110	66170	776736	11923961	19.06
66	0.007815	9046939	70702	759084	11147224	18.23
67	0.008405	8976237	75445	740146	10388141	17.41
68	0.009039	8900792	80454	719879	9647995	16.59
69	0.009738	8820338	85892	698252	8928116	15.78
70	0.010538	8734445	92044	675240	8229864	14.98
71	0.011496	8642402	99353	650837	7554624	14.20
72	0.012686	8543049	108377	625051	6903788	13.43
73	0.014192	8434672	119705	597912	6278737	12.69
74	0.016106	8314967	133921	569474	5680825	11.96
75	0.018517	8181046	151488	539816	5111350	11.27
76	0.02151	8029558	172716	509047	4571534	10.61
77	0.025151	7856842	197607	477305	4062487	9.98
78	0.02949	7659234	225871	444765	3585182	9.39
79	0.053801	6565330	353221	6388719	56451202	8.84
80	0.061403	6212109	381442	6021388	50062483	8.31
81	0.069485	5830667	405144	5628095	44041095	7.83
82	0.077987	5425523	423120	5213963	38413000	7.37

续表

年龄 x	死亡率 q_x	生存人数 l_x	死亡人数 d_x	生存人年数 L_x	生存人年数 T_x	平均余寿 e_x
83	0.086872	5002402	434569	4785118	33199038	6.94
84	0.09613	4567834	439106	4348281	28413920	6.53
85	0.105786	4128728	436762	3910347	24065639	6.15
86	0.1159	3691966	427899	3478017	20155292	5.80
87	0.126569	3264067	413130	3057502	16677275	5.45
88	0.137917	2850938	393193	2654341	13619773	5.13
89	0.150089	2457745	368880	2273305	10965431	4.82
90	0.163239	2088864	340984	1918372	8692126.8	4.53
91	0.177519	1747880	310282	1592739	6773754.5	4.25
92	0.193067	1437598	277553	1298822	5181015.2	3.99
93	0.209999	1160046	243608	1038241	3882193.3	3.74
94	0.228394	916437	209309	811782.7	2843952	3.50
95	0.248299	707128	175579	619338.7	2032169.2	3.28
96	0.269718	531549	143368	459864.9	1412830.5	3.07
97	0.292621	388181	113590	331385.8	952965.56	2.88
98	0.316951	274591	87032	231075	621579.73	2.69
99	0.342628	187559	64263	155427.6	390504.76	2.51
100	0.369561	123296	45565	100513.4	235077.2	2.34
101	0.397652	77731	30910	62275.77	134563.85	2.16
102	0.426801	46821	19983	36829.3	72288.071	1.96
103	0.456906	26838	12262	20706.54	35458.775	1.71
104	0.487867	14575	7111	11019.96	14752.233	1.34
105	1	7465	7465	3732.269	3732.2691	1.00

中国人寿保险业经验生命表非养老金业务(2010—2013年)基数表(男)
换算函数表　　　　　　　　　　　　　　利率:2.5%

年龄 x	D_x	N_x	S_x	C_x	M_x	R_x
0	10000000.00	350234121.85	9915584146.53	6048.78	1457704.35	108390606.08
1	9750048.78	340234121.85	9565350024.67	4423.19	1451655.56	106932901.74
2	9507819.52	330484073.07	9225115902.82	3274.40	1447232.37	105481246.17
3	9272647.08	320976253.55	8894631829.75	2514.92	1443957.97	104034013.80
4	9043970.04	311703606.47	8573655576.20	2020.56	1441443.05	102590055.83
5	8821364.85	302659636.43	8261951969.73	1721.24	1439422.49	101148612.78
6	8604488.36	293838271.59	7959292333.30	1527.82	1437701.25	99709190.29
7	8393094.97	285233783.22	7665454061.72	1408.40	1436173.43	98271489.04
8	8186976.94	276840688.25	7380220278.49	1365.83	1434765.03	96835315.61
9	7985928.74	268653711.32	7103379590.24	1379.03	1433399.20	95400550.58
10	7789770.96	260667782.57	6834725878.93	1421.16	1432020.17	93967151.38
11	7598355.39	252878011.61	6574058096.35	1497.43	1430599.01	92535131.21
12	7411532.22	245279656.22	6321180084.75	1590.77	1429101.58	91104532.20
13	7229172.37	237868124.00	6075900428.53	1692.68	1427510.81	89675430.62
14	7051158.41	230638951.63	5838032304.52	1795.47	1425818.12	88247919.82
15	6877383.47	223587793.23	5607393352.89	1878.70	1424022.66	86822101.69
16	6707763.71	216710409.76	5383805559.66	1950.16	1422143.96	85398079.03
17	6542209.56	210002646.05	5167095149.91	2010.53	1420193.80	83975935.07
18	6380632.94	203460436.49	4957092503.86	2060.48	1418183.27	82555741.27
19	6222947.27	197079803.55	4753632067.37	2100.62	1416122.79	81137558.01
20	6069067.44	190856856.29	4556552263.82	2137.50	1414022.16	79721435.22
21	5918903.91	184787788.85	4365695407.53	2171.23	1411884.67	78307413.05
22	5772369.17	178868884.94	4180907618.68	2207.58	1409713.44	76895528.38
23	5629372.10	173096515.77	4002038733.75	2246.26	1407505.86	75485814.94
24	5489824.09	167467143.66	3828942217.98	2292.34	1405259.61	74078309.08
25	5353633.60	161977319.58	3661475074.32	2339.93	1402967.27	72673049.47
26	5220717.24	156623685.98	3499497754.74	2398.98	1400627.34	71270082.20
27	5090983.69	151402968.74	3342874068.76	2468.51	1398228.36	69869454.86
28	4964344.85	146311985.04	3191471100.02	2547.56	1395759.85	68471226.51
29	4840715.71	141347640.19	3045159114.98	2635.24	1393212.29	67075466.66
30	4720014.24	136506924.48	2903811474.79	2739.91	1390577.06	65682254.36
31	4602152.03	131786910.24	2767304550.31	2851.09	1387837.14	64291677.31
32	4487053.33	127184758.21	2635517640.06	2981.15	1384986.06	62903840.16

续表

年龄 x	D_x	N_x	S_x	C_x	M_x	R_x
33	4374631.85	122697704.88	2508332881.85	3124.13	1382004.90	61518854.11
34	4264809.38	118323073.03	2385635176.97	3278.70	1378880.77	60136849.21
35	4157510.94	114058263.65	2267312103.93	3447.69	1375602.07	58757968.43
36	4052660.54	109900752.71	2153253840.28	3633.56	1372154.38	57382366.36
37	3950181.61	105848092.17	2043353087.57	3834.57	1368520.82	56010211.98
38	3850001.15	101897910.56	1937504995.41	4049.07	1364686.26	54641691.16
39	3752049.61	98047909.41	1835607084.85	4282.83	1360637.18	53277004.90
40	3656253.37	94295859.80	1737559175.44	4530.19	1356354.36	51916367.72
41	3562546.28	90639606.43	1643263315.64	4796.40	1351824.17	50560013.36
42	3470858.50	87077060.15	1552623709.21	5079.31	1347027.76	49208189.20
43	3381124.11	83606201.65	1465546649.06	5380.11	1341948.46	47861161.43
44	3293277.56	80225077.54	1381940447.40	5699.78	1336568.35	46519212.97
45	3207253.93	76931799.99	1301715369.86	6035.90	1330868.57	45182644.62
46	3122992.33	73724546.05	1224783569.88	6386.14	1324832.67	43851776.05
47	3040435.65	70601553.72	1151059023.82	6754.22	1318446.53	42526943.38
48	2959524.47	67561118.07	1080457470.10	7137.51	1311692.32	41208496.85
49	2880203.44	64601593.60	1012896352.04	7536.30	1304554.81	39896804.53
50	2802418.27	61721390.17	948294758.43	7950.67	1297018.51	38592249.72
51	2726115.94	58918971.89	886573368.26	8377.82	1289067.85	37295231.20
52	2651247.49	56192855.95	827654396.37	8817.66	1280690.03	36006163.36
53	2577765.26	53541608.46	771461540.42	9269.90	1271872.37	34725473.33
54	2505623.04	50963843.21	717919931.96	9734.04	1262602.47	33453600.96
55	2434776.24	48458220.17	666956088.75	10207.06	1252868.43	32190998.49
56	2365184.40	46023443.93	618497868.58	10697.56	1242661.37	30938130.06
57	2296799.42	43658259.53	572474424.65	11201.66	1231963.82	29695468.69
58	2229578.26	41361460.11	528816165.12	11722.14	1220762.16	28463504.87
59	2163476.16	39131881.86	487454705.01	12256.88	1209040.02	27242742.71
60	2098451.56	36968405.70	448322823.15	12811.81	1196783.13	26033702.69
61	2034458.00	34869954.13	411354417.46	13381.77	1183971.32	24836919.56
62	1971455.30	32835496.13	376484463.32	13965.60	1170589.55	23652948.24
63	1909405.43	30864040.82	343648967.19	14558.05	1156623.95	22482358.70
64	1848276.52	28954635.39	312784926.37	15155.87	1142065.90	21325734.75
65	1788040.73	27106358.88	283830290.98	15767.90	1126910.03	20183668.85
66	1728662.08	25318318.14	256723932.10	16423.13	1111142.13	19056758.82

续表

年龄 x	D_x	N_x	S_x	C_x	M_x	R_x
67	1670076.46	23589656.06	231405613.96	17170.02	1094718.99	17945616.70
68	1612172.87	21919579.60	207815957.89	18081.50	1077548.98	16850897.70
69	1554770.08	20307406.73	185896378.29	19242.74	1059467.48	15773348.73
70	1497606.11	18752636.65	165588971.56	20735.64	1040224.73	14713881.25
71	1440343.50	17255030.54	146836334.90	22632.36	1019489.10	13673656.52
72	1382580.81	15814687.04	129581304.36	24976.83	996856.73	12654167.42
73	1323882.50	14432106.23	113766617.32	27782.16	971879.91	11657310.69
74	1263810.52	13108223.74	99334511.09	31010.83	944097.75	10685430.78
75	1201975.05	11844413.22	86226287.36	34581.70	913086.92	9741333.04
76	1138076.88	10642438.17	74381874.14	38355.97	878505.22	8828246.12
77	1071962.94	9504361.29	63739435.97	42156.90	840149.25	7949740.90
78	1003660.60	8432398.35	54235074.68	45773.78	797992.35	7109591.65
79	933407.30	7428737.75	45802676.33	48993.41	752218.57	6311599.30
80	861647.85	6495330.45	38373938.58	51617.33	703225.16	5559380.73
81	789014.72	5633682.60	31878608.13	53487.50	651607.83	4856155.57
82	716282.96	4844667.88	26244925.53	54498.30	598120.33	4204547.74
83	644314.34	4128384.92	21400257.65	54607.68	543622.03	3606427.42
84	573991.67	3484070.58	17271872.73	53832.02	489014.34	3062805.39
85	506159.86	2910078.90	13787802.15	52238.66	435182.32	2573791.04
86	441575.84	2403919.04	10877723.25	49930.38	382943.66	2138608.72
87	380875.31	1962343.21	8473804.21	47031.23	333013.28	1755665.06
88	324554.44	1581467.89	6511461.00	43669.83	285982.06	1422651.77
89	272968.65	1256913.45	4929993.11	39970.33	242312.23	1136669.72
90	226340.55	983944.80	3673079.66	36046.44	202341.89	894357.49
91	184773.60	757604.25	2689134.86	32000.81	166295.45	692015.59
92	148266.12	572830.65	1931530.61	27927.12	134294.65	525720.14
93	116722.76	424564.52	1358699.96	23913.82	106367.53	391425.50
94	89962.05	307841.76	934135.44	20045.65	82453.71	285057.97
95	67722.20	217879.72	626293.68	16405.22	62408.06	202604.26
96	49665.21	150157.52	408413.96	13068.88	46002.84	140196.20
97	35384.99	100492.30	258256.45	10101.84	32933.96	94193.37
98	24420.09	65107.32	157764.14	7551.19	22832.11	61259.41
99	16273.29	40687.22	92656.83	5439.69	15280.92	38427.30
100	10436.69	24413.93	51969.61	3762.92	9841.23	23146.38

续表

年龄 x	D_x	N_x	S_x	C_x	M_x	R_x
101	6419.21	13977.24	27555.68	2490.35	6078.31	13305.15
102	3772.29	7558.03	13578.43	1570.75	3587.95	7226.85
103	2109.54	3785.74	6020.40	940.35	2017.20	3638.90
104	1117.73	1676.20	2234.67	532.01	1076.85	1621.70
105	558.47	558.47	558.47	544.85	544.85	544.85

参考文献

[1] 庹国柱.保险学[M].9版.北京:首都经济贸易大学出版社,2020.

[2] 魏巧琴.保险投资风险管理的国际比较与中国实践[M].上海:同济大学出版社,2005.

[3] 魏巧琴.保险企业风险管理[M].上海:上海财经大学出版社,2002.

[4] 魏巧琴.保险公司经营管理[M].上海:上海财经大学出版社,2002.

[5] 周伏平.个人风险管理与保险规划[M].北京:中信出版社,2004.

[6] 张洪涛,庄作瑾.人身保险[M].北京:中国人民大学出版社,2002.

[7] 李钢.寿险经营论[M].北京:中国商业出版社,1996.

[8] 魏迎宁.人身保险[M].成都:西南财经大学出版社,1993.

[9] 魏迎宁.人身意外伤害保险[M].北京:中国金融出版社,1990.

[10] 钟明.保险学[M].3版.上海:上海财经大学出版社,2015.

[11] 欧阳天娜.人寿保险理赔概论[M].北京:中国金融出版社,2004.

[12] 刘云龙,傅安平.企业年金模式探讨与国际比较[M].北京:中国金融出版社,2004.

[13] 章琪,朱文革.寿险精算原理[M].上海:上海财经大学出版社,1997.

[14] 万峰.人身保险基础知识[M].北京:中国金融出版社,2002.

[15] 刘经纶.重大疾病保险[M].北京:中国金融出版社,2001.

[16] 刘冬姣.人身保险[M].北京:中国金融出版社,2001.

[17] 朱进元,刘勇,魏丽.保险科技[M].北京:中信出版集团,2018.

[18] 清华大学五道口金融学院中国保险与养老金研究中心.2018全球保险科技报告(专题篇)[M].北京:清华大学出版社,2018.

[19] [美]肯尼斯·布莱克,哈罗德·斯基铂.人寿保险[M].北京:北京大学出版社,1999.

[20] 孟生旺,周立基.保险原理[M].黄向阳,赵凯,译.人寿、健康和年金.中文FLMI计划

[21] 滕斌."大数据"对我国保险营销影响探析[J].中国管理信息化,2019.10,30-35.

[22] 张烨平.人身保险大数据精准营销的前景展望[J].中国保险,2018.7,40-45.

[23] BLACK K, SKIPPER H D. Life Insurance[M]. 12th Edition. Decatur, AL: Prentice Hall College Div, 1993.

[24] JONES H. Principles of Insurance: Life, Health, and Annuity[M]. Atlanta, GA: LOMA, 1999.